Knaur.

**Michaela Vieser**

# *Heimatkunde*
## für Fortgeschrittene

Bodenlose Löcher, Lügenmuseen
und andere kuriose Sehenswürdigkeiten

KNAUR TASCHENBUCH VERLAG

Besuchen Sie uns im Internet:
www.knaur.de

Originalausgabe August 2008
Copyright © 2008 bei Knaur Taschenbuch.
Ein Unternehmen der Droemerschen Verlagsanstalt
Th. Knaur Nachf. GmbH & Co. KG, München
Alle Rechte vorbehalten. Das Werk darf – auch teilweise –
nur mit Genehmigung des Verlages wiedergegeben werden.
Redaktion: Martina Wielenberg
Umschlaggestaltung: ZERO Werbeagentur, München
Umschlagabbildung: Lokomotiv / Thomas Willemsen
Alle Fotos im Text: Michaela Vieser, Reto Wettach;
außer S. 10 und 13: Geert und Heidi Vieser
Satz: Adobe InDesign im Verlag
Druck und Bindung: CPI – Clausen & Bosse, Leck
Printed in Germany
ISBN 978-3-426-78069-5

2 4 5 3 1

# Inhalt

**Vorwort** 7

1 Von Monstern und Magneten  9
2 Saurier fürs Volk  16
3 Die fast unsterbliche Seele der BRD  24
4 So langsam wie möglich  32
5 Leuchten auf Kommando  36
6 Das Mammut im Heimatmuseum  39
7 Potzblitz  45
8 Der furzende Drache von Furth  47
9 Die arischen Truthähne  55
10 Der mecklenburgische Pfeilstorch  62
11 Und ewig hallt es noch: Die Germanen leben hoch!  67
12 Zu Hause beim Wanderprediger  76
13 Von einem, der zu Hause blieb, um Künstler zu werden  87
14 Unter der Alb, da leuchtet es blau  95
15 Das bodenlose Loch  101
16 Vom praktischen Aufklären und von erhabenen Gefühlen  104
17 Eden sucht Gärtner  113
18 Schwundgeld gegen Weltwirtschaftskrise  118
19 Ein Haus für Kinder  121
20 Im Märchenwald  128
21 Bevor sich das Sandmännchen einen Hubschrauber leisten konnte  134
22 Von Gräfenroda in die Welt hinaus  140
23 Mein kleiner grüner Kaktus  146
24 Vitrinen des Wissens  154
25 Das Museum der Stimmen  162
26 Karl Marx steht nicht in Karl-Marx-Stadt  169
27 Der Mittelpunkt der Erde  177
28 Die Wahrheit über den Lügenbaron  183

**29** Vom Aufschwung Ost und vom Untergang der »Titanic«  192

**30** Reise nach Jerusalem  199

**31** Einmal im Leben bei Kahlbutz gewesen  205

**32** Multi-Kult(i)-Stätte  212

**33** Nächster Halt: Externsteine!  219

**34** Vermummt im Schwarzwald  222

**35** Tempelfest in Hamm (Sri Hamm)  230

**36** Simultan in Bautzen  236

**37** Kein Wunder in Waldbröl  241

**38** Zimmer mit Aussicht  246

**39** Teletubbiland  248

**Danksagung**  253

**Literatur**  255

**Anmerkungen**  257

**Register**  263

# Vorwort

Heimatkunde für Fortgeschrittene ist kein gewöhnlicher Reiseführer. In diesem Buch geht es nicht um die großen Denkmäler Deutschlands. Es geht um kleine Orte und kleine Geschichten.

Das Buch richtet sich an Leser und kühne Reisende, die noch mehr wissen wollen – so wie es Bücher gibt mit dem Titel »Deutsch für Fortgeschrittene«. Es ist aber auch für Leser, die lieber fortschreiten von dem, was sonst in Reiseführern angepriesen wird.

Es ist ja nicht so, dass Orte wie Neuschwanstein, der Kölner Dom oder das Brandenburger Tor per se langweilig sind – obwohl bei einer Umfrage unter ausländischen Touristen das Brandenburger Tor als der Touristenflop Nr. 1 ausgezeichnet wurde. Ein Besuch von Neuschwanstein ist durchaus empfehlenswert, es ist ein hübscher Ort. Aber mir fällt nicht viel bzw. gar nichts Neues ein, was ich darüber berichten könnte. Ohne große Schwierigkeiten lässt sich alles Wissenswerte darüber einfach anlesen.

Sind es also Geheimtipps, die ich hier zusammengesucht habe? Geheim ist keiner der Orte. Noch nicht mal der Barbarastollen (S. 24) ist geheim. Aber die Orte sind ungewöhnlich und oft wenig beachtet. Warum, ist mir manchmal selbst ein Rätsel. Für die Orte spricht, dass sie eine Authentizität wiedergeben, wie man sie in keinem Museum findet.

Oft werde ich gefragt, wie ich denn all die Orte gefunden habe. Ich fuhr mit meinem Partner ein halbes Jahr lang durch Deutschland. Wir sammelten, dokumentierten, schrieben.

Heute begleiten uns dabei unsere Kinder, die ein ziemlich ungewöhnliches Deutschlandbild entwickeln. Ein Land voller Drachen, bodenloser Löcher und Kohlrabiapostel.

## || 1 ||

# Von Monstern und Magneten

*Dr. Frankenstein und Magnetberge haben gemeinsam, dass sie ins Reich der Gruselmärchen und Legenden gehören – oder aber in den Odenwald.*

Die Ruine der Burg Frankenstein thront hoch über Darmstadt-Eberstadt. Sie hat alles, was man im 21. Jahrhundert von einer Ruine erwartet: eine Burgmauer mit Tor, ein paar Türme – zum Teil verfallen –, eine Kapelle mit Standesamt; und ein Ausflugslokal, das in den siebziger Jahren in Form eines Betonklotzes neue Akzente setzen sollte. Die Burg selbst soll auf einem keltischen Heiligtum gebaut worden sein, ganz in der Nähe wird ein bedeutender Hexentanzplatz vermutet, und auch von einem Jungbrunnen ist die Rede. Wer in der richtigen Stimmung durch den Wald wandert, kann sich all das in seiner Phantasie ausmalen, die Landschaft eignet sich dafür hervorragend. Ausgrabungen, Funde oder Beweise gibt es – bisher zumindest – allerdings keine.

Bis vor kurzem war selbst der Name der Burg nur Programm. Die Assoziation Burg Frankenstein und Dr. Frankenstein entging sogar den am Fuße des Berges in einer Kaserne stationierten amerikanischen Soldaten nicht, und Mitte der siebziger Jahre des letzten Jahrhunderts hatte dort einer von ihnen die glorreiche Idee, auf der Burg eine Halloween-Party zu feiern. Was klein anfing, hat sich heute zum größten Halloween-Spektakel seiner Art in Europa entwickelt. An drei Wochenenden um Allerheiligen verwandelt sich die Burg in ein lebendiges Gruselkabinett: Ein Werwolf grüßt von den Zinnen, Skelette hängen an den Wän-

Burg Frankenstein: eine ganz gewöhnliche Ruine, oder?

den, und Plastik-Leichenteile liegen im Burghof verstreut. Um Mitternacht wird ein Monster erschaffen, und im verfallenen Pulverturm ist ein Hexenlabor untergebracht.

Die wenigsten wissen, dass der Pulverturm einst tatsächlich als Labor diente: einem gewissen Johann Konrad Dippel von Frankenstein, der ihn in die Luft sprengte, als er etwas zu viel Nitroglyzerin in sein »Lebenselixier« mischte.

Dippel wurde 1673 geboren und hatte Theologie, Chemie und Medizin in Gießen studiert. Er lebte immer wieder auf der Burg, zuletzt als er dem Darmstädter Hof versprach, »Perlen, Gold und edles Geschmeid« herzustellen.

Dippel war begabt, konnte aber seine Ansichten nicht zurückhalten, weshalb er oft bei Hofe arbeitete und genauso oft auf der Flucht war. So war er sowohl beim dänischen als auch beim schwedischen König als Alchemist tätig, erfand ruhmreiche Dinge wie das Dippelsche Blau, mit dem bei den Porzellanmanufakturen in Meißen zum ersten Mal blaue Dekorationen gebrannt werden konnten, ein Hustenallzweckmittel und schließlich das Dippelsche Öl, mit dem die Räder von Kutschen geschmiert werden konnten, ohne dass die Räder abmontiert werden mussten.

Auf der Burg soll er zum Missfallen des Pfarrers sogar mit Leichenteilen des Nieder-Beerbacher Friedhofs herumexperimentiert und das Blut von Kindern und Jungfrauen in Gefäßen gesammelt haben – wichtige Zutaten für sein Lebenselixier. Ein Monster erschuf er nicht, wohl aber genug Stoff für eine der bekanntesten Gruselgeschichten der Weltliteratur.

Es ist nicht von der Hand zu weisen, dass das 1818 entstandene Buch »Frankenstein or the Modern Prometheus« von Mary Shelley von den Personen und Legenden der Burg Frankenstein inspiriert wurde. Doch wie hörte die Frau aus England davon?

Anders als im Märchen hatte Shelley eine gute Stiefmutter, die sie mit den Brüdern Grimm bekannt machte und ihren Hang zum Fantastischen schürte. Das war niemand anderes als Mary Jane Clairmont, die englische Übersetzerin der Grimmschen Kinder- und Hausmärchen.

Der Märchenschatz der Brüder Grimm ist bekanntermaßen nichts für zimperliche Gemüter. Dem noch minderjährigen Schneewittchen sollen Lunge und Leber herausgerissen werden, Rotkäppchen wird mit Haut und Haar vom Wolf gefressen, und Rapunzels Prinz verliert seine Augen in einer Dornenhecke.

Schlimm, aber nichts im Vergleich zu dem, was den zwei wackeren Brüdern im Odenwald aufgetischt wurde. Bei ihren Recherchereisen durch Deutschland hörten sie im Beerbacher Tal, auf der anderen Seite der Burg Frankenstein, eine so schrecklich schaurige Geschichte, dass sie sich entschlossen, diese nicht in ihren Kanon aufzunehmen.

Aufgeschrieben wurde sie dennoch: im Jahre 1813 in einem Briefwechsel zwischen Jacob Grimm und Mary Jane Clairmont. Der Brief ist heute in englischem Privatbesitz und für die Öffentlichkeit nicht zugänglich. Walter Scheele, ein odenwäldischer Heimatforscher, der den Inhalt dieses Briefes gelesen hat, gibt ihn so wieder:

»Nach dieser Geschichte hat auf der Burg ein Zauberer gehaust, der Leichen von Friedhöfen im Tal und an der Bergstraße stahl und aus den Leichen ein Monster schuf, das er ins Burggefängnis steckte. Eines trüben Novembertags ist es aus seinem Verlies ausgebrochen, hat seinen Erzeuger erschlagen und ist in den Wald geflohen. Dort lebt es noch heute, einsam und als Feind aller Menschen. Aus Einsamkeit raubt das Monster kleine Kinder, die in den Wäldern alleine unterwegs sind, und verschleppt sie in sein Versteck. Dort spielt es so lange mit ihnen, bis es ihrer überdrüssig wird. Dann taucht es die Unseligen in siedendes Wasser und frisst sie auf.«[1]

Laut Walter Scheele wurde diese Gruselmär von Pfarrer Moritz Gräber aus Nieder-Beerbach, einem Zeitgenossen des Alchemisten Johann Konrad Dippel von Frankenstein, in Umlauf gebracht, um die Bevölkerung gegen Dippel aufzuhetzen.

1814 ging Mary Shelley zusammen mit ihrem verheirateten Geliebten Percy und ihrer Stiefschwester Claire Clairmont in Gernsheim am Rhein an Land, also in unmittelbarer Nähe der Burg. In ihrem Tagebuch von 1814 berichtet sie sogar von der Burg Frankenstein. Der Stoff muss sie weiterhin beschäftigt haben und verknüpft sich mit anderen tatsächlichen Ereignissen, denn zwei Jahre später ertrank Percys Frau in London. Wiederbelebungsversuche, auch mit Hilfe von Elektrizität, scheiterten. Im selben Jahr verbrachte Shelley wieder zusammen mit Percy und ihrer Stiefschwester den Urlaub als Gäste von Lord Byron am Genfer See. Dieser Aufenthalt ging als »der Genfer Sommer, der kein Sommer war« in die englische Literaturgeschichte ein, er war eine Art Sturm und Drang für die Literaten der Insel. Aufgrund eines Vulkanausbruchs im Süden Italiens war so schlechtes Wetter, dass sich die Gesellschaft meist im Haus aufhalten musste und sich die Zeit mit dem Erzählen von Gruselgeschichten totschlug. Mary erfindet die Story vom Monster, das aus Leichenteilen und mit Hilfe von Elektrizität zum Leben erweckt wird. Nach einer spiritistischen Sitzung soll Lord Byron ausgerufen haben: «Wir werden jetzt alle eine Geistergeschichte schreiben.» Die fleißige Mary tat's und wurde prompt unsterblich. Heute gibt es über 100 Frankenstein-Verfilmungen und mehr als 281 Ausgaben des Buches, seit 1978 sogar als »K'o hsueh kuai jen« auf Chinesisch.

Neben guter Sicht und der Referenz zu einem Monster lohnt der Besuch der Burg Frankenstein aber auch wegen eines ganz natürlich unnatürlichen Phänomens: der Magnetfelsen. Sie stehen auf einem Bergkamm, gerade mal 600 Meter Luftlinie von der Burg entfernt, und sind über einen Wanderpfad leicht zu erreichen.

Von Magnetfelsen an sich wussten schon die alten Griechen, die die Kraft von bestimmten Mineralien auf Metall entdeckten. Da es sehr viele dieser Mineralsteine in Magnesia, in Vorderasien, gab, wurde diese Kraft nach dem Landstrich benannt. Um ca. 1000 nach Christi erfanden die Chinesen schließlich die Funktion des Kompasses: ein in Wasser schwimmender Magnet zeigt immer nach Süden. Und für Sindbad den Seefahrer waren Magnetfelsen immerhin eine akute Bedrohung:

Sind das wirklich die Magnetfelsen? Ohne Kompass sind sie nicht von gewöhnlichen Steinen im Wald zu unterscheiden.

**13**

*»Morgen gegen Mittag werden wir an einen schwarzen Berg kommen, der aus einem Mineral besteht, das Magnet heißt. Das Wasser wird uns mit Gewalt an diesen Berg hintreiben, das Schiff wird zerschellen und jeder Nagel wird sich am Berge befestigen, denn der erhabene Gott hat dem Magnetsteine die Kraft verliehen, das Eisen anzuziehen; am Berg ist viel Eisen, denn mit der Zeit ist der größte Teil desselben durch die vielen Schiffe, die vorüberfuhren, damit bedeckt worden.«*[2]

Aber auch in der nordischen Sagenwelt stellen Magnetfelsen eine Gefahrenzone dar:

*»Nach langer gefahrvoller Fahrt in den Winterstürmen an einem Magnetberg vorbei, der grimmig an den Planken der Fahrzeuge rüttelte, erreichten die Hegelingen um die Fastenzeit das Normannenland und gingen in einer geschützten Bucht in der Nähe der Burg Kassaine vor Anker.«*[3]

Entwarnung im Odenwald: Die Magnetsteine hier ziehen dem Wanderer nicht einmal die Nägel aus den Wanderstöcken. Ihre Kraft reicht aber immerhin aus, Kompassnadeln ihrer Funktion zu berauben: Sie nehmen ihnen schlichtweg die Orientierung.

Die Frankensteiner Magnetfelsen werden zum ersten Mal 1808 in »Gilberts Annalen der Physik« erwähnt. Die Magnetisierung der Steine können sich die Geologen nur durch Blitzeinschlag erklären. Tatsächlich stehen die Felsen auf einer der höchsten Erhebungen im Wald. Sie bestehen zum größten Teil aus Gabbro, einem tief im Erdinneren entstandenen Gestein aus Magma. 0,5 Prozent des Frankensteiner Gabbro ist Magnetit, der im Stein verteilt liegt und in dieser niedrigen Konzentration eigentlich zu schwach ist, um magnetisch zu wirken. (Magnetit kann im Übrigen in jeder Apotheke als Pulver gekauft werden und bleibt auf Messerspitzen kleben.) Durch Blitzeinschlag aber werden die Magnetitteile im Felsen gleich ausgerichtet, und der Gabbrofels wird magnetisch.

Leicht sind die Magnetfelsen trotz Wanderweg nicht zu finden, denn es liegen hier noch allerlei andere Brocken rum. Doch wer mit einem starken Kompass durch den Wald stiefelt, wird fündig werden.

Vielleicht aber war alles ganz anders. War es kein Blitzeinschlag, sondern ein gewisser Dr. Frankenstein, der die Steine elektrisierte, als er sein Monster erschaffen wollte? Beweise gibt es – wie immer – keine.

**Burg Frankenstein**
**64367 Mühltal**
**Tel.: 061 51 / 50 15 01**

## ‖ 2 ‖

# Saurier fürs Volk

*Franz Gruß verbrachte zeit seines Lebens mit dem Modellieren von Dinosauriern. Später spezialisierte er sich auf Bakterien.*

»Freizeitknüller Oberlausitz«, »Das Reich der Giganten«, das »Urzeitabenteuer«: So tönen die Lockrufe für den Saurierpark Kleinwelka und verraten doch nichts über den wahren Schatz, der sich dahinter verbirgt. Der Besucher erwartet zu Recht eine disneymäßige Aufarbeitung der Urzeitgiganten und wird von den Attraktionen nicht enttäuscht werden: ein großer Parkplatz, ein Eingangsgelände wie bei *Jurassic Park* und Superlative an jeder Wegecke. Riesenrutsche, Deutschlands größter Irrgarten, Planetenspielplatz und Urknall-Simulator. Die Freizeitindustrie lässt grüßen.

Nach dem letzten Eiskiosk aber wird das Gelände deutlich waldiger. Nur noch verschlungene Wege führen durch den alten Baumbestand. Farne wachsen hüfthoch. Hier glitzert und lärmt nichts mehr. Selbst die Stimmen der anderen Besucher werden vom dichten Blätterwerk verschluckt. Der Weg führt einen kleinen Hang hinunter, und dann stehen sie da: Tyrannosaurus, Scutosaurus, Triceratops und all die anderen Urzeitmonster. Jede Kurve des Weges gibt den Blick auf ein anderes Monstrum frei. Alle sind aus Zement geformt und angemalt. Maßstabsgetreu 1:1.

Ein Dino liegt auf dem Boden und schläft, ein Riesenkrokodil kriecht träge den Hang hinauf, zwei Giganten verharren in Kampfespose. Wer die Saurier hier plaziert hat, muss Spaß an der Sache gehabt und das Gelände gut gekannt haben.

Wo einst die Ritter hausten, tummeln sich heute die Saurier des Herrn Gruß

Etwas weiter, an einem Teich, beugt sich ein Brontosaurus grazil zum Wasser hinunter, um zu trinken. Ein Flugsaurier schwebt im Gleitflug über die glitzernde Oberfläche, an anderer Stelle landet eine Riesenlibelle. Auch kleinere Saurier und gigantische Tausendfüßler tummeln sich im Urzeitwald. Dabei bleibt das Setting, die Aufmachung überraschend unprätentiös und still. Es ist fast so, als bevölkerten diese Skulpturen tatsächlich diesen Wald und als sei der Besucher ein Eindringling in dieser fremden Welt.

Dann irgendwo ein Neandertaler! Er zeigt mit dem Finger, als wolle er sagen: Dort entlang. Und tatsächlich führt ein Trampelpfad in diese Richtung. Das Gelände wird schmaler, bis daraus nur noch ein Durchgang geworden ist, links und rechts von einem Zaun begrenzt. In der Ferne ist irgendwo ein Wohnhaus zu erkennen. An dieser Stelle drehen viele wieder um.

Doch hier steht wieder ein Neandertaler und scheint den Betrachter mit beiden Händen weiterzuwinken. Wer ihm folgt, gelangt auf eine Lichtung, auf der ein Urzeitriese steht und mit

**17**

der Keule grüßt. Dahinter ist so etwas wie eine Koppel. Doch statt Pferden stehen da noch mehr affenähnliche Menschen. Jetzt beginnt es sehr seltsam zu werden: Ein natürlich nackter Urzeitmann schnappt sich eine Urzeitfrau, eine andere Urzeitfrau räkelt sich, als müsste sie für das Cover des *Playboy* posieren, und zwei Statisten in Löffelstellung sorgen dafür, dass die noch zarte Menschheit nicht ausstirbt. Ein paar Steinzeitmenschen sind damit beschäftigt, ein Feuer zu entfachen, andere töpfern an einem Blumentopf. Eine Gruppe von weniger Behaarten erlegt ein Mammut, indem sie große Geröllbrocken auf das Tier schmeißen, während ein anderer mit einem Bärenkopf von der Jagd zurückkehrt. Der kleine Fußweg führt zu immer neuen Szenen. Manche sind mit einer Tafel versehen, auf der in enger, aber gut lesbarer Schrift alles Wissenswerte zur jeweiligen Darstellung nachzulesen ist.

Das bizarrste an der ganzen Geschichte aber ist, dass die Umgebung mittlerweile zu einem deutschen Hausgarten mutiert ist. Nur wachsen hier anstatt der Blumenbeete unsere Vorfahren aus dem Boden. Am Ende des Weges steht ein Gartentor und davor liegt eine Dorfstraße.

Was ist passiert? Von einer der wichtigsten Familienattraktionen der Oberlausitz, dem spektakulären Dino-Park am Ortsrand von Kleinwelka, führt der Weg direkt in diesen Vorgarten, der, wie ein Klingelschild verrät, zur Familie Gruß gehört. Das dazugehörige Dorf heißt Großwelka.

Es ist eine etwas komplizierte Geschichte, deren Hauptakteur Franz Gruß nur Einfaches im Sinn hatte. Alles begann 1978 in der damaligen DDR.

Franz Gruß wurde als sechstes von zehn Kindern in Oberschlesien geboren. Die Familie ließ sich nach dem Krieg in Großwelka nieder. Franz interessierte sich schon früh fürs Malen und Modellieren und wurde Dekorationsmaler. Aus gesundheitlichen Gründen kündigte er diese Stelle und nahm 1978 einen Hausmeisterposten in einem Kindergarten in Kleinwelka an. Im selben Jahr begann er auch mit dem Modellieren von Sauriern aus dem Mesozoikum. Seine beiden ersten Skulpturen waren ein Tyrannosaurus und ein Stegosaurus, die er in seinem Garten aufstellte. Sie standen sich gegenüber und schauten sich an. Beide Urviecher stellte Franz Gruß im Maßstab 1:2 her. Das war der Startschuss zu einem Tatendrang, den er bis zu seinem Tod 2006 nicht verlieren sollte. Täglich ging er jetzt in den Garten, um Saurier zu bauen. Tagsüber schaute er im Kindergarten nach dem Rechten, abends baute er Urtiere. Die Wochenenden wurden natürlich im Garten verbracht, ebenso wie die Feiertage. Gruß erlaubte sich keinen Urlaub mehr. Die Saurier waren wichtiger. Kam Besuch, setzte sich Gruß mit an die Kaffeetafel, stand aber bald wieder auf und ging nach draußen. Seine Frau fand sich damit ab. Auch heute noch fällt kein böses Wort in Bezug auf ihren Mann.

Der Garten der Familie Gruß wurde zum Anziehungspunkt für Besucher von fern und nah. Schon 1979, also ein Jahr nachdem Gruß seine ersten beiden Saurier aufstellte, schrieb ein Besucher ins Gästebuch:

>*Aus der Bundesrepublik als Gast entdeckte ich hier ein Kleinod, das wohl nirgendwo seinesgleichen hat. Als ehemaliger Lehrer wünsche ich vielen Kindern diesen erfreulichen Anblick, der ihnen auf diese Weise die Welt vermitteln kann, die uns ewig rätselhaft bleiben wird. Vielen Dank für solche Arbeit!*<*[4]

Frau Gruß berichtet, dass in dieser Zeit das Privatleben der Familie aufhörte zu existieren. Ständig spazierten Menschen in ihren Garten, um den Ur-Zoo zu bestaunen. Franz Gruß modellierte weiter. Das größte Hindernis stellte die Beschaffung von Zement und Stahl dar, die er für den Bau benötigte. Er besuchte regelmäßig den Schrottplatz, um an den Stahl für die Gerüste im Innern der Plastiken zu kommen. Den Zement besorgte er sich über das Kontingent anderer. Örtliche Datschenbesitzer fanden es gar nicht lustig, dass sie wegen eines Saurierbauers nicht an den Mörtel kamen.

War gerade kein Material zur Hand, studierte Gruß Bücher zum Thema. Er verschlang so ziemlich alles, was er in den Bi-

Urzeitmenschen bei der Fortpflanzung

bliotheken in und um Bautzen finden konnte. Vor allem Bücher aus der Tschechoslowakei seien lehrreich gewesen. Dann fertigte er Zeichnungen an, bis er die geeignete Pose für Dino oder Urmensch fand. Die Gliedmaßen wurden aus verschiedenen Perspektiven skizziert und dann wurde gebastelt, so denn Material vorhanden war. Zuerst ein Stahlskelett, das mit einem Drahtskelett aufgebauscht wurde, dann wurden an bestimmten Stellen Bleche angeschweißt und zuletzt der Zement aufgetragen. Die Zehen, Zähne und Krallen goss Gruß aus Bleiabfällen.

Schon bald baute er ein Fabeltier, einen Siebenköpfigen Drachen, der als Spendentier dienen sollte. Von diesem Geld kaufte er weitere Materialien. Eintrittsgelder durfte Familie Gruß nicht verlangen, selbst dann nicht, als die Jungen Pioniere den Garten für sich entdeckten:

»Wir Pioniere der POS ›Wilhelm Pieck‹ Bautzen sind sehr begeistert von Ihren Tieren und der wunderbaren Anlage. Sie sind ein großar-

*tiger Künstler. Wir ahnen, dass in Ihren Arbeiten enormer Fleiß, viel Ausdauer und Mühe stecken. Sie sind uns ein Vorbild sinnvoller Freizeitgestaltung. Weiterhin viel Erfolg, Schaffenskraft und disziplinierte Besucher.«* (1979)[5]

Um die 500 Stunden arbeitete Gruß an jeder Dino-Skulptur. Und dennoch drohte sein Garten schon bald überzuquellen.

1981 machte die Stadt ihm ein Angebot, das er nicht abschlagen konnte. Kleinwelka besaß noch ein altes Rittergut. Was hätte im sozialistischen Staat also näher gelegen, als daraus einen Lehr- und Bildungspark für ausgestorbene Urviecher zu machen? Gruß sagte zu. Er wurde nun für 700 Ostmark angestellt und fertigte täglich von 7 bis 16 Uhr Saurier für Kleinwelka. Nach Feierabend ging er wieder in seinen Garten in Großwelka und arbeitete dort an seinen eigenen Skulpturen weiter.

Auch wenn der Saurierpark in keinem Reiseführer auftauchte, so berichteten doch Zeitungen aus aller Welt darüber. 1984 erfolgte dann die erste offizielle Anerkennung: Franz Gruß erhielt die Leibniz-Medaille. Sie wurde von der Akademie der Wissenschaften der DDR für besondere wissenschaftliche Arbeit verliehen. Im Falle von Gruß lautete die Laudatio:

*»Herr Gruß, von Beruf Maler, hat seit 1978 in seiner Freizeit, ab 1981 als Parkgestalter, etwa 50 Großplastiken von Sauriern geschaffen, die hinsichtlich ihrer wissenschaftlichen Wertigkeit im internationalen Maßstab zu den besten Darstellungen gehören. (…) Nicht zuletzt sei hervorgehoben, dass der Kostenaufwand für die Großplastiken im Vergleich zu ähnlichen Objekten, die zum Beispiel in den USA geschaffen wurden, sehr gering ist.«*[6]

Franz Gruß erhielt daraufhin Angebote aus aller Welt: China, die Sowjetunion, Amerika und auch Westdeutschland fragten bei ihm an. Nirgendwo gab es jemanden, der so viel Erfahrung im Bauen von Sauriern hatte wie Gruß. Doch Gruß lehnte jedes Angebot vehement ab. Schließlich hatte er ein Ziel: So viel wie möglich in seiner Heimat zu hinterlassen.

Mittlerweile waren der Saurierpark und der private Garten durch einen Weg miteinander verbunden, so dass die Besucher des Parks bequem auch die Urzeitmenschen bestaunen konnten. Für Gruß war das Ehrensache.

Dann kam die Wende und mit ihr die ersten kapitalistischen Auseinandersetzungen. Bis 1992 war der Besuch des Parks kostenfrei. Auch wer »nur« den privaten Garten der Familie Gruß besuchen wollte, musste einfach an der Gartenpforte klingeln und wurde eingelassen. Ab 1992 wurden aber für den Park Eintrittsgelder verlangt.

Gruß, der sich alle Figuren ausgedacht und erbaut hatte, musste plötzlich feststellen, dass es so etwas wie Urheberrechte gab. Dass er gleichzeitig erkennen musste, dass er an seinen Figuren keine besaß, trug nicht zu seiner Lebensfreude bei. Es entflammte ein Rosenkrieg zwischen der Gemeinde und der Familie. Auch die Familie Gruß begann nun, Eintrittsgelder zu verlangen. Es war eine unerfreuliche Zeit, die angefüllt war mit vielem bürokratischem Aufwand. Zum ersten Mal durfte Gruß mit einem Schild seinen Park bewerben. Er erhielt zwar einen Prozentsatz des Parkumsatzes, musste gleichzeitig aber eine Toilettenpauschale abgeben.

Gruß war mittlerweile über 60 Jahre alt und konnte auf knapp 50 große Saurier und etwa 250 andere Figuren blicken. Der Streit mit der Gemeinde kostete ihn viel Energie und Kraft. Seinen Vorsatz, »so viel zu hinterlassen wie nur möglich«, konnte er mit den Riesensauriern nicht befriedigend erfüllen. Er beschloss, von nun an andere Tiere aus der Urzeit darzustellen. So kam er auf Bakterien und Insekten. Er begann, in 1000-facher Vergrößerung Mikroorganismen zu bauen und bunt anzumalen. Aber auch viele kleine Bakterien brauchen irgendwann einmal viel Platz. Gruß bastelte also nebenbei am Konzept eines anderen Parks: eines Urzeitparks. Und diesmal wollte er es geschickter anstellen.

In Sebnitz in der Nähe des Elbsandsteingebirges fand sich ein Bürgermeister, der dem autodidaktischen Paläontologen ein Grundstück zur Pacht anbot und mit ihm dort einen Urzeitpark aufbaute, in dem alles aus der Urzeit zu finden war, nur eben kei-

**22**

ne Saurier. Also hauptsächlich Mikroorganismen, Bakterien und Einzeller. Die botanisch anmutenden Installationen passen gut zum Erbe der Stadt: Sebnitz gilt als die Stadt der Kunstblumen. 1996 wurde der Park eröffnet. Im selben Jahr erhielt Gruß eine weitere Auszeichnung von offizieller Seite: das Bundesverdienstkreuz am Bande. Noch acht weitere Jahre blieben Gruß, um zu walten. Müde wurde er nie. 2006 verstarb er.

Wer heute nach Großwelka kommt, wird den Eingang zu seinem Reich nicht finden. Kein Schild zeigt mehr dorthin. Doch wer den Wink des Neandertalers im Park richtig zu deuten weiß und sich weiterführen lässt, wird eine ganz erstaunliche Entdeckung machen. Nur gut zu Fuß muss man sein, oder wie ein Eintrag aus dem Gästebuch von 1997 lautet:

*»Als wir bei meiner Tante zu Besuch waren, haben wir beschlossen, hierher zu fahren. Es hat mir gut gefallen, bloß meine Oma lief so langsam.«*[7]

**Sauriergarten Gruß GmbH**
**(der Garten der Familie Gruß)**
**Großwelkaer Straße 27**
**02625 Bautzen, OT Großwelka**
**Tel.: 03 59 35 / 208 18**
**www.sauriergarten.de**

**Saurierpark (der große Park)**
**02625 Bautzen, OT Kleinwelka**
**Tel.: 03 59 35 / 30 36**
**www.saurierpark.de**

**Urzeitpark Sebnitz**
**Forstweg 14**
**01855 Sebnitz**
**Tel.: 03 59 71 / 588 00**

## ‖ 3 ‖

# Die fast unsterbliche Seele der BRD

### Der Barbarastollen: zentraler Bergungsort der Bundesrepublik Deutschland für Kulturgüter

Als die Bundesrepublik 1976 eine Immobilie suchte, an die etwas spezielle Anforderungen gestellt wurden, fand sie diese in Oberried – einem kleinen Ort im Schwarzwald, nur einen Katzensprung von Freiburg entfernt. Hier gibt es Spielplätze mit Konzept, einen Bäcker, der hervorragende »süße Stückle« backt, und eine von Gott gegebene Ruhe. Vor allem letztere entsprach genau den Vorstellungen der Bundesimmobilien-Scouts. Was noch für Oberried sprach, war eine große Entfernung zu allem, was als Infrastruktur gelten könnte: Autobahnen, Bahnlinien, Flugverkehr, Fabriken und Energieerzeuger. Mit anderen Worten: Hier war total tote Hose.

Es gab noch ein weiteres Kriterium, das Oberried in die engere Auswahl brachte: die möglichst weite Entfernung zur deutschdeutschen Grenze, von wo jederzeit die Sowjetarmee erwartet wurde. Selbst wenn den roten Truppen der Einmarsch bis zur Rheinebene gelänge, bis in den Schwarzwald hinein, würden sie nur mit Verzögerung kommen. Und bis dahin ... Dann stand da noch der Punkt »soll einem Luftangriff standhalten« auf der Checkliste der Scouts.

In Oberried gibt es keinen Bunker, wohl aber einen Stollen, der tief in den Berg führt. 1870 hatte man in der Gegend nach Silber gegraben. Schauinsland, auf der anderen Seite des Oberrieder Berges, war ein ertragreiches Silberbergwerk gewesen. Bei

Oberried, so hofften die Investoren, könnte vielleicht auch die eine oder andere Ader gefunden werden. Der Barbarastollen, wie das Unternehmen genannt wurde, war harte Arbeit. Anstatt auf Silber stießen die Bergleute bloß auf Granit und Gneis. Der Stollen wurde geschlossen, Gras wuchs über die Sache. Bis 1976 die Herren von der Bundesregierung auftauchten.

1978 war die Sache eingetütet, im wahrsten Sinne des Wortes. Denn die von der Bundesregierung verordnete Funktion des Stollens kommt einer Eintütung gleich: Er wurde auserkoren als der zentrale Bergungsort der Bundesrepublik Deutschland für Kulturgut. Konkret bedeutet das, dass hier der Schriftverkehr, der die kulturelle Entwicklung der BRD nachweist, aufbewahrt wird. Dazu gehören Dokumente wie die Krönungsurkunde Ottos des Großen von 936, die Baupläne des Kölner Doms oder die Entwicklungen um die Startbahn West, die übrigens in sieben Einzeldokumenten im Barbarastollen zu finden sind. Nun wandern in den Barbarastollen aber keine Originale, sondern

Blick vom Mund des Stollens hinein in den Schwarzwald. Wer würde hier das kulturelle Erbe einer Nation vermuten?

So nicht: Mikrofilm, der schlecht gelagert wurde, schimmelt in einer Ecke vor sich hin

Kopien der echten Dokumente auf Mikrofilmen. Irgendwer hat mal behauptet, dass sich bei gleich bleibender Temperatur von +10 Grad Celsius ein Mikrofilm gut und gerne mindestens 500 Jahre lang lagern lasse, ohne Informationsverlust. Aber so genau weiß es eben keiner. Mikrofilm hat aber den Vorteil, dass er mit Hilfe einer Lichtquelle und einer Lupe gelesen werden kann, während andere Speichermedien eine Maschine zum Lesen brauchen. Und wer weiß schon, mit welcher Art von Energie in 500 Jahren die Technik betrieben wird! So werden also seit 1961 die Archivalien der Bundesrepublik auf Mikrofilm kopiert. Heute werden jährlich weitere 15 Millionen Einzelaufnahmen gemacht, wovon jede einzelne 15 Cent kostet. Zwar ist dann alles in Schwarzweiß, aber um den Verlust der Farbe soll sich die Nachwelt kümmern. Farbkopien kosten derzeit noch über drei Euro pro Kopie, der Etat wäre bald erschöpft.

Die ganze Sache ist der BRD jedes Jahr ca. drei Millionen Euro wert. Mit diesem Geld wird ein Beamtenapparat gefüttert, der

1978 in Gang gesetzt wurde und seither von alleine weiterläuft. Wie bei jedem Apparat wird auch die Arbeit des Bundesamtes für Bevölkerungsschutz und Katastrophenhilfe (BBK) in verschiedene Einzelabschnitte unterteilt. Jeder Teilabschnitt arbeitet autark mit jeweils einer Verbindung zum Arbeitsschritt davor und dahinter. Das Geld fließt, einen Gesamtüberblick hat keiner. Am Ende muss das Produkt stimmen, in diesem Fall: Dokumente für die Ewigkeit.

So beauftragen die Länder einen technischen Ausschuss und der anschließend die Archive, die wiederum die Dokumente bestimmen, die es wert sind, aufbewahrt zu werden. Manchmal sind es ganze Bücher oder Seiten von Büchern, die dann auseinandergenommen werden müssen, um kopiert zu werden. Manchmal sind es auch Briefe oder Pläne. Zeitungsartikel und Bilder werden in der Regel nicht kopiert. Es gibt für jedes Bundesland eine zentrale Mikroverfilmungsstelle. Von dort werden die Filme zur Firma Hofmaier in München geliefert. Deren Mitarbeiter verpacken die Filme in Brauereibehälter. Solche Edelstahlkanister haben wenige Schweißnähte und lassen sich daher besonders gut abdichten. Außerdem: Was fürs Bier gut ist, kann auch für die Kultur nur gut sein.

Die Hofmaiers haben sich aufs hermetische Verpacken spezialisiert und sind trotz Ausschreibungen, die regelmäßig stattfinden müssen, schon immer Teil des Räderwerks. Von Anfang an.

Auch von Anfang an dabei sind die Transporteure der Firma Ziemer, die die Behälter von München nach Oberried karren. So ein Behälter wiegt ca. 122 Kilogramm. Der Obelix im Logo von Ziemer deutet darauf hin, dass man hier anzupacken weiß. Wenn bei Hofmaiers wieder einige dieser silbernen Behälter zugestöpselt wurden, kommen die Männer von Ziemer und fahren sie in den Schwarzwald.

Nach Oberried geht es einen steilen Berghang hinauf, vorbei an einem Schwarzwaldgehöft. Enge Kurven, viele Ziegen. An einer Abzweigung muss die Straße, die man eher im wilden Kurdistan vermuten würde als im Schwarzwald, für einen Feldweg verlassen werden. Vorbei an blühenden Fingerhüten und Brombeerhecken erscheint erst nach 500 Metern der Mund des Stollens. Im Winter ist die Strecke unbefahrbar. Doch selbst im Sommer müssen die Ziemers viel leisten für ihr Geld.

Am Stolleneingang werden sie erwartet von einem Herrn der Sicherheitsfirma FSI. Nur er und sein Chef kennen die Zahlenkombination, die den Stollen in ein Sesam-öffne-dich verwandelt. Die Scharniere des Tores öffnen nach innen, bei einem Einbruchsversuch kann der gesamte Eingangsbereich innerhalb von sieben Sekunden in undurchsichtigen Nebel gehüllt werden. Die Firma hat noch einige weitere Tricks auf Lager, doch die effektivste Sicherung des Stollens seien die Schwarzwälder Urgesteine aus Oberried selbst, so heißt es. Denn in Oberried ist es zur Ehrenaufgabe geworden, den Stollen zu bewachen. Verirrt sich ein Pärchen zum Knutschen vor den Stolleneingang, ist die Polizei da, noch bevor der BH gelöst ist.

Vom Stolleneingang muss man ca. 600 Meter zu Fuß zurücklegen, um zu einer weiteren in den Fels gehauenen Tür zu gelangen. Hier ist die Luft kalt und feucht. Im Inneren sind die Wände weiß getüncht und Baumarkt-Regale an den Seiten aufgestellt. Insgesamt stehen hier über 1200 Fässer, gefüllt mit dem kulturellen Erbe der Bundesrepublik. Alles in allem ein etwas ernüchternder Anblick, man hätte es sich weitaus spektakulärer vorgestellt. Die Fässer tragen alle eine fortlaufende Nummer, die in die Hülle eingeritzt sind. Das soll helfen, sich später einmal zurechtzufinden. Der Apparat, der dafür sorgte, die Fässer hierher zu bringen, ist leider auch nur ein Apparat und denkt selbst nicht mit. So gibt es keine zentrale Datei, die verraten würde, welche Dokumente in welchen Fässern untergebracht sind. Wer wissen möchte, was in Fass 987 eingebunkert wurde, muss es öffnen und sich durch 16 Filmrollen oder 24 320 Meter Sicherungsfilm lesen. Andersrum geht es etwas einfacher. Wer wissen will, in welchem Fass wohl die Ernennungsurkunde von Theodor Heuss auf Film gebannt wurde, muss nur herausfinden, wo die echte Urkunde liegt: also im Bundesarchiv in Koblenz oder Landesarchiv Stuttgart oder sonst einem Archiv. Dort muss der Neugierige nachfragen und erhält dann, sofern er den richtigen Ansprechpartner ermittelt hat, eine Zahlenkombination, mit der sich die Kopie theoretisch finden lässt. Interessiert diese Frage allerdings einen Bürger in 200 Jahren, ist nicht sicher, ob der Prozess »so schnell« vonstatten geht. Es wäre wahrscheinlich zeitsparender, alle Fässer aufzuschrauben und selbst nachzusehen, als auf Antworten zu warten.

So funktioniert der Apparat, der hier in Gang gesetzt wurde. Jährlich werden neue Fässer eingelagert, doch was drinnen ist, weiß kein Mensch und keine Institution. Eine Zentraldatei besitzt bisher niemand.

Dennoch ist der Entschluss, das kulturelle Erbe eines Landes aufzubewahren, ein nobler. Er stammt ursprünglich aus dem Haager Abkommen vom 14. Mai 1954, das den Schutz von Kulturgut bei bewaffneten Konflikten vorsieht. 56 Staaten unterzeichneten damals eine Konvention, die vorsieht, Kulturgüter vor der kriegerischen Zerstörung zu verschonen. Mittlerweile

Das in Brauereibehältern gesammelte Kulturgut der Bundesrepublik

haben 90 Länder dieses Abkommen unterschrieben. So werden auf der ganzen Welt schützenswerte Kulturgüter mit einem einheitlichen Schutzzeichen versehen: ein wappenähnliches, nach unten zugespitztes Schild mit blau-weißem Muster. Es hängt an Baudenkmälern, archäologischen Stätten und Orten, die Kunstwerke aufbewahren. Der Barbarastollen erhielt gleich drei dieser Schilder, eine Auszeichnung, die nur noch den Vatikan, das Taj Mahal und vier weitere Orte weltweit schmückt. Angeblich ist darunter auch ein Bunker in der Nordsee, doch weiß das BBK offiziell nichts davon. Es ist überhaupt etwas verwunderlich, dass nur sechs Orte überhaupt diese Auszeichnung erhielten. Denn es wirft die Frage auf, wie andere Länder mit ihren Archiven umgehen. Sind die auch in Stollen untergebracht? Zentral oder dezentral? Vor allem das »Wie« scheint im Falle Oberried typisch für Deutschland. Beim BBK ahnt man nur, dass die Schweizer an einem ähnlichen Projekt arbeiten. Außerdem kann man anhand der systematischen Archivierung der DDR eigene Schlüsse ziehen. Dort war das Archiv in dem kleinen Dorf Ferch in der Nähe von Potsdam versteckt. Von einem Datschenkeller aus öffnete sich ein unterirdisches Lager, das angefüllt war mit Mikrofilmen. Leider waren Temperatur und Luftfeuchtigkeit weniger ideal als in Oberried. Viele der Mikrofilme sind deshalb heute verschimmelt und unleserlich.

Während also andere Länder ihre Archive geheim halten, fährt die Bundesrepublik eine offene Strategie. Sie macht kein Geheimnis um den Ort, lässt ihn sogar auf NATO-Karten eintragen, und Journalisten haben geführten Zugang. Überhaupt ist die gesamte Handhabung des BBK dem Stollen gegenüber ziemlich entspannt, was einem Verschwörungstheoretiker die Vermutung aufdrängen würde, dass das noch lange nicht alles war. Vielleicht gibt es diesen Bunker in der Nordsee ja doch? Oder eine Finca auf Mallorca? Das BBK bleibt nüchtern und beschwört bezüglich der offenen Informationspolitik den gesunden Menschenverstand: Was soll denn jemand mit all den Fässern anfangen. Nur neulich wurde das Amt etwas nervöser. Zum 50. Jahrestag der Unterzeichnung der Haager Konvention wurde ein Kunstprojekt gestartet. 50 zeitgenössische Künstler wurden gebeten, jeweils einen Behälter mit Kunst zu füllen. Sehen durfte die Inhalte niemand. Sie werden erst in 1500 Jahren für die Öffentlichkeit geöffnet. Darunter sind Arbeiten von Andreas Gursky, Jonathan Meese und Jörg Immendorf. Dafür würde sich ein Einbruch vielleicht doch lohnen.

Der Stollen ist für die Öffentlichkeit nicht zugänglich. Unregelmäßig wird vom BBK jedoch ein Tag der offenen Tür angeboten. Ansonsten hat der Stollen von außen, außer einem ruhigen Blick in den Schwarzwald hinein, nur eine Sehenswürdigkeit zu bieten: das dreifache Schutzzeichen für Kulturgüter – das ihn, wie gesagt, auf eine Stufe mit dem Taj Mahal, dem Vatikan und vermuteten vier anderen Orten weltweit stellt.

**Bundesamt für Bevölkerungsschutz**
**und Katastrophenhilfe**
**Provinzialstraße 93**
**53127 Bonn-Lengsdorf**
**Tel.: 018 88 / 550-0**
**www.bbk.bund.de**

**Barbarastollen**
**Oberried, Nähe Kirchzarten bei Freiburg im Breisgau**

## ‖ 4 ‖

# So langsam wie möglich

*In einer Kirche im Harzstädtchen Halberstadt wird ein Orgelstück von John Cage aufgeführt – mit der Anweisung, »so langsam wie möglich« gespielt zu werden. Und daran hält man sich hier. Das Stück wird voraussichtlich erst im Jahre 2640 zu Ende gehen.*

In Halberstadt hat man ein Faible für die Ewigkeit. Die Dosenwurst wurde hier erfunden, im Heineanum sind an die 18 000 ausgestopfte Vögel zu bestaunen, und eine im Jahr 1980 verstorbene Frau Schraube hinterließ der Stadt ihre Wohnung, in der seit 1900 nichts verändert wurde. Weniger erfreulich sind die Bemühungen der örtlichen Skinheads, die immer wieder versuchen, das 1000-jährige Reich auferstehen zu lassen, und mit extrem nervigen Aktionen auf sich aufmerksam machen.

Am 5. September 2003 begann in Halberstadt ein Projekt, das die unmittelbare Ewigkeit heraufbeschwört: ein Orgelspiel. Das Stück mit dem Titel »Organ2/ASLSP« wurde 1985 von John Cage komponiert, im Jahr darauf für Orgel umgeschrieben und von Cage mit der Anweisung versehen, so langsam wie möglich – as slow as possible – gespielt zu werden.

Als das Stück 1997 in Trossingen im Schwarzwald auf einer Orgelkonferenz aufgeführt wurde, wagte einer der Teilnehmer die Frage zu stellen, wie langsam denn »so langsam wie möglich« gedacht sei. Die Frage war nicht wirklich ernst gemeint, wurde aber ernsthaft diskutiert. Eine philosophische Diskussion entbrannte, in der das Zeit-Raum-Kontinuum und Musik eine Rolle zu spielen schienen. Monate später einigte man sich darauf, dass wohl die Lebensdauer einer Orgel den zeitlichen Rahmen begrenze. Im Prinzip könnte eine Orgel ja unendlich spielen, so lange zumindest, wie jemand Luft in die Orgelpfeifen pustet. Doch brauchte man ein konkreteres Maß.

In Halberstadt wurde 1361 im Dom die erste Großorgel der Welt mit 12-töniger Tastatur errichtet. Sie gilt als die Wiege der modernen Musik, da auch heute noch dieses Register verwendet wird. So verrenkten sich die Philosophen, Theologen und Musikwissenschaftler, die sich an der Diskussion beteiligt hatten, und da es mittlerweile das Jahr 2000 war, subtrahierte man 1361 (Errichtung der Halberstädter Orgel) von 2000 und kam auf die Zahl 639. So lange also sei »as slow as possible« zu verstehen. 639 Jahre lang.

Halberstadt eignete sich nicht nur wegen der Geburtsstunde der modernen Musik als ausführender Ort dieses Stückes, das übrigens auch zu langsam ist, um dazu zu tanzen. Halberstadt liegt im Osten Deutschlands, die Arbeitslosenquote ist hoch, und außer Vogelliebhabern finden nicht viele den Weg hierher. Ein Projekt wie das längste Orgelspiel der Welt könnte daher Hoffnungsträger und Besuchermagnet für eine ganze Region werden. Aufführungsort sollte die Burchardikirche werden, eine ehemalige Zisterzienser-Abtei und ein schon alleine durch die Architektur reduzierter Bau.

In DDR-Zeiten hatte die Kirche als Schweinestall und Schnapsbrennerei herhalten müssen, es gab nicht wirklich viele Ansprüche auf das Gebäude.

Eine Orgel gab es in der Kirche schon lange nicht mehr, das war aber auch gar nicht nötig, denn als das Stück »Organ2/ASLSP« pünktlich am 5. September 2001 zum, hätte er noch gelebt, 89. Geburtstag John Cages angestimmt wurde, begann es zuerst mal mit einer Pause. Der erste Ton sollte laut Berechnungen der Wissenschaftler erst knapp eineinhalb Jahre später ertönen. Es reichte also, vorerst einen Blasebalg aufzustellen, der theoretisch Wind in die Pfeifen blasen würde.

Der erste Ton erklang dann am 5. Februar 2003. Die Orgel wird jetzt nach und nach gebaut, je nachdem welche Töne auf dem

Notenblatt stehen. Allzu oft wird das nicht passieren, meist so ein- bis zweimal pro Jahr und dann immer an einem Fünften des Monats. Der Blasebalg wird übrigens elektronisch betrieben, die Tasten werden durch das Gewicht von Sandsäckchen gehalten. Notaggregat und Solarstrom sollen helfen, falls es in der 639 Jahre langen Geschichte des Orgelspiels einen Stromausfall geben sollte.

John Cage war ein Komponist und Musikphilosoph, der der Meinung war, dass kein Ton wichtiger sei als ein anderer. Melodien verpönte er. So ist denn auch die gängige Meinung der Halberstädter, dass das, was da in der Kirche gespielt wird, nicht wie Beethoven klingt. Es gab auch schon Beschwerden von Nachbarn der Kirche, die ähnlich einer Tinnitus-Erkrankung monatelang diesem einen Ton ausgesetzt sind. Dabei entfaltet sich der Ton aber nur in der Kirche wirklich. Wer durch die schweren Pforten das Dunkle des Gotteshauses betritt, tritt auch gleichzeitig in einen allumfassenden Ton ein. Das Bedürfnis, einfach mitzusummen, ist dabei sehr stark.

Es kommen erstaunlich viele internationale Besucher, um diesem Klangerlebnis beizuwohnen, wobei die meisten jedoch nicht vom Klang fasziniert sind, sondern von der zeitlichen Dimension des Projekts. »Ob wohl, wenn es im Jahre 2640 ausklingt, jemand dabei sein wird und ›encore‹ rufen wird?«, schrieb ein Besucher ins Gästebuch.

Ob dann überhaupt Menschen noch am Leben sind, ist eine Frage, die öfter einmal gestellt wird. Um das Projekt zu finanzieren, bietet die Stadt Patenschaften für die Orgeljahre an. Nur 1000 Euro kostet es, sich ein Jahr auf seinen Namen reservieren zu lassen. Das erste Jahr wurde von einem unbekannten Spender Bach gewidmet. Bis 2064 ist es fast unmöglich, noch ein freies Jahr zu finden, danach ist für lange Zeit alles frei. Nur die letzten paar Jahre sind auch wieder vergeben. Mit der Spende kauft man sich ein Stückchen deutsche Ewigkeit, wenn es das alles denn dann noch gibt.

Burchardikirche
Am Kloster 1
38820 Halberstadt
Dienstags bis sonntags von 11.00 bis 17.00 Uhr geöffnet

Schraube-Museum
Voigtei 48
38820 Halberstadt
Tel.: 039 41 / 55 14 30

Museum Heineanum
Domplatz 36
38820 Halberstadt
Tel.: 039 41 / 55 14 61

*Abstecher:*
Halberstädter Dosenfabrik
Besuch auf Anfrage
www.halberstaedter.de

## || 5 ||

# Leuchten auf Kommando

*Ein Stadtbeleuchtungsautomat mit ebendiesem Titel wirft in Dinkelsbühl auch nach dem Ausschalten der Stadtbeleuchtung Licht auf die alten ehrwürdigen Gebäude.*

In Dinkelsbühl bemüht man sich, seinen Gästen etwas zu bieten. Schließlich hat man mit Rothenburg ob der Tauber harte Konkurrenz, was Romantik angeht. Beide Orte liegen an der Romantischen Straße, doch hat sich Rothenburg mit seiner intakten Stadtmauer als Besuchermagnet für Touristen aus Übersee durchgesetzt. Dinkelsbühl ist eher die ruhigere der beiden romantischen Schwestern, sie hat nicht ganz so viel mittelalterlichen Pomp zu bieten, ist bescheiden und setzt auf das, was sie hat. Da der authentische historische Kern der Stadt ohne eine Vielzahl von Souvenirgeschäften den eigentlichen Anziehungspunkt ausmacht, hat die Stadt strenge Auflagen, was den Erhalt dieser lebendigen Historie betrifft. So dürfen Häuser nur in den »wahren« Farben gestrichen werden, ochsenblutrot zum Beispiel. Auch die Schriftgestaltung in der Altstadt bleibt so wie eh und je: Selbst die Dönerbuden sind mit geschwungenen altdeutschen Lettern versehen.

Auch einen Nachtwächter hat man in Dinkelsbühl. Wenn der allabendlich seine Runde gedreht hat, ist es an der Zeit, die Lichter der Stadt auszuschalten. Nicht die Straßenbeleuchtung, wohlgemerkt, aber all die anderen Lichter, die den öffentlichen Raum erhellen. So versinken das Münster St. Georg, das Deutsche Haus, das Stadttor und der ganze Mauerring in Dunkelheit.

Integration einer Dönerbude

Wie schade, dachten sich in den siebziger Jahren des letzten Jahrhunderts die Stadtväter, doch wurde auch damals schon im Ländle die Energieeinsparung großgeschrieben, und so verzichtete man auf die Dauerbeleuchtung.

Damals waren aber im Zentrum der Stadt noch die Stadtwerke untergebracht, in der Schranne, einem alten Kornspeicher. Direkt am Marktplatz war dies der ideale Ort, um die E-Werke in ein gutes Licht zu tauchen: Es wurde an der Außenmauer des Gebäudes ein kleiner Apparat montiert, in den damals noch Markstücke eingeworfen werden mussten, und dann ging, auch nach 22.30 Uhr – Trara! – die Stadtbeleuchtung in der ganzen Stadt wieder an.

Heute sind aus den paar Mark zweimal zwei Euro geworden, die in den Stadtbeleuchtungsautomaten geworfen werden müssen, aber der Effekt ist derselbe. Mit einem Mal leuchten alle Lichter der Stadt wieder und hören für ganze eineinhalb Stunden nicht mehr damit auf.

Ein kleines Kästchen für romantische Stunden

Der Romantiker kann sich also überlegen, ob er sich zum Stelldichein im Schutze der Nacht mit seiner Liebsten im Park um die Stadtmauer trifft oder ob er ihr treu beteuert: »Für dich bringe ich die Stadt zum Leuchten!«, und sich dann, ganz platonisch, an ihrer Freude und Bewunderung ergötzt.

Es gibt nur wenige Tage, an denen das Kästchen nicht funktioniert. Das sind Weihnachten und Silvester, denn da wird trotz des Energieverbrauchs bis zwei Uhr nachts geleuchtet. Und im Sommer, wo es erst so spät dunkel wird, ist auch der Takter im Lichtomaten auf etwas später eingestellt.

Kaputt ist das Kästchen selten, es wird täglich gewartet.

**Stadtbeleuchtungsapparat**
**An der Schranne**
**91550 Dinkelsbühl**

## ‖ 6 ‖

# Das Mammut im Heimatmuseum

*Im Heimatmuseum in Sangerhausen wird neben antikem Porzellan, Pickelhauben und Waffen auch ein Mammut ausgestellt. Zuvor stand es in der Wohnung seines Finders.*

Auch die Stadt Sangerhausen rühmt sich eines Heimatmuseums. Sie liegt idyllisch eingebettet zwischen Harz und Kyffhäuser am östlichen Rand der goldenen Aue. Über der Stadt thront der Hausberg in Form einer aufgeschichteten Sandpyramide: ein Überbleibsel des VEB (Volkseigener Betrieb) Kupferbergwerk.

Im Bahnhof wiederholt sich das Motiv noch einmal als sozialistisches Mosaikbild, und von hier ist es gerade mal ein Katzensprung bis zum ersten Museumsbau der DDR, dem Spengler-Museum – das Heimatmuseum von Sangerhausen.

Im ersten Moment erscheint es wie eines der unzähligen Heimatmuseen Deutschlands. Gleich im Eingangsbereich befindet sich eine Wanderausstellung. Das können mal die Kleiderentwürfe einer ortsansässigen Schneiderin sein, aber auch der deutsche Teleklub kommt mit Exponaten vom Sandmännchen vorbei. Im nächsten Raum ist die naturkundliche Sammlung untergebracht – hübsch präparierte Tiere der Region in Vitrinen ausgestellt. Uhu, Wildkatze und Gevatter Fuchs lassen grüßen. Im oberen Geschoss finden sich Infos zur Besiedlungs- und Stadtgeschichte, wer will, kann hier alte Nähmaschinen, Spitzhelme oder Porzellan bewundern. Erwähnenswert wären noch zwei dunkle Räume, die einem Sohn der Stadt, Einar Schleef, gewidmet sind und sein Schaffen und Leiden auf den deutschen Büh-

**39**

nen dokumentieren. Der eigens Angereiste denkt sich: Nett, an so einem regnerischen Nachmittag, und wo gibt es jetzt bitte Kaffee und Kuchen?

Dabei hat er den letzten Raum noch nicht gesehen. Um den Überraschungseffekt zu erhöhen, wurden ringsum Yuccapalmen und Gummibäume aufgestellt. Und dann in der Mitte: das vollständige Skelett eines Altmammuts. So etwas hat weder das Senckenbergmuseum in Frankfurt noch das Naturkundemuseum in Berlin vorzuweisen: Es ist tatsächlich das einzige vollständig erhaltene Skelett eines Steppenelefanten in Deutschland – und über 500 000 Jahre alt.

Bevor das Skelett den Weg ins Museum fand, stand es fast 20 Jahre lang in zwei Teile zerlegt in Wohnung und Tischlerwerkstatt seines Ausgräbers Adolf Gustav Spengler (1869–1961). Wie es sonst bei Spengler ausgesehen haben muss, kann man aus einem Tagebucheintrag von Einar Schleef von 1961 erfahren:

*»Sonntag ging Vater, ich war 7, mit mir zu Spengler, ein niedriges, altes Haus, Hof, Scheune in der Parallelstraße von Mutters Elternhaus. Auch ein Verrückter, sagte Vater und gab dem alten Spengler 5 Mark, und wir kamen rein. Das war damals sehr, sehr viel Geld, so erschien es mir, wo der Kinderfilm 25 Pfennige kostete. In Flur und Wohnzimmer lag der Dinosaurier, der kleine Kopf, die Wirbel, im Schlafzimmer unterm Bett, auf Kommode und Schrank der Brustkorb, in der Küche, Klo und Speisekammer die vorderen und hinteren Füße. Dazwischen Löwenköpfe, Eisbärfelle, ein aufgehängtes Nilpferd, Bücher, alte Knochen, was vom Mammut, Gipsköpfe. Frau Spengler saß in der Küche, kochte Kaffee in einer alten Kanne.«*[8]

Unweit des Spengler-Museums befindet sich das Spengler-Haus, das seit 1989 zu einem Museum umfunktioniert worden ist und sonntags für vier Stunden geöffnet hat. Es ist das Wohnhaus der Familie Spengler und bestimmt eines der seltsamsten Museen Deutschlands. Auch heute noch ist der Eindruck, den Schleef in seinem Tagebuch vermittelt, derselbe.

Überall das Motiv des Mammuts, auf Tischen, Bildern, als Fensterschutz. Eine Samurai-Rüstung, eine Krokodilhaut, eine Eiersammlung. Schnitzereien von heidnischen Gottheiten und Sagenfiguren, Modelle von historischen Häusern und Landkarten. Ein Zimmer tapeziert mit Inflationsgeld, ein anderes gefüllt mit Steinen vom Harz, sauber beschriftet. An einer Wand ein Schaukasten mit dem Titel: »Begräbnis im Wald«, darin eine ausgestopfte Meise, die von Insekten gefressen wird. Im Hintergrund ein grasendes Reh. Ein anderes Diorama wird von einem Holzrahmen mit Runen eingefasst, darin eine steinzeitliche Höhle, eine Kirchenruine und eine Betsäule. Alles aus Gips, Holz und Pflanzenteilen modelliert. Vor dem Tafelklavier ein von Spengler selbst gebauter Hocker mit Füßen von einem Reh, Kuhhörnern als Rückenlehne und einem Kunstfell, das Zebra oder Tiger nachahmt. In einem anderen Zimmer stand sogar einmal die barocke Kanzel einer Kirche.

Schleefs Vater allerdings tat Spengler Unrecht, ihn als Verrückten zu bezeichnen. Spengler war einer der vielen Freizeithistoriker Deutschlands, die um die letzte Jahrhundertwende tätig waren, und ein sehr akribischer obendrein. Über einen Besuch bei Spengler von Professor Dr. Virchow und Professor Gocht aus Berlin schreibt die *Sangerhäuser Zeitung* im Jahr 1929:

> »*Dieser bedeutendste Anthropologe Deutschlands (Anm.: Virchow) äußerte sein größtes Erstaunen über die Sammlung und fand zu seiner Überraschung Sachen, die gut und sicher bestimmt, selbst in Berliner Museen nicht zu finden sind.*«

Adolf Gustav Spengler war Ehrenbürger der Stadt und entlockt auch heute noch dem Besucher seines Hauses Bewunderung und Faszination. Er hatte die seltene Gabe, Naturkunde anschaulich zu machen. So erzählt auch heute sein Enkel, mittlerweile 70-jährig, begeistert von seinem Großvater:

> »*Er war sehr freundlich, und wir sind viel spazieren gegangen. Auf Löskindel ließ er mich beißen, die dabei zu feinstem Staub zerfie-*

*len, und Knochen mit der Zunge berühren, um festzustellen, ob sie fossil oder recent sind.«*[9]

Spengler konnte auch zeichnen und Klavier spielen. Für andere schöne Künste, wie Theater oder Literatur, hatte er dagegen kaum Interesse. Er war mit 11 Jahren zum ersten und letzten Mal im Theater, und zu einem Kinobesuch sagte er: »*Wenn man das Bild richtig anschauen will, ist es schon wieder weg.*«

Der Autodidakt Spengler besaß in seinem Haus eine ausführliche Bibliothek mit Büchern zur Ur- und Frühgeschichte, zur Naturkunde, Insektenforschung und Artenvielfalt. Oft bekam er Besuch von Nachbarn, um einen Pilz oder Schmetterling zu bestimmen.

Spenglers Sammlung begann in seinen Taschen. Als an der Bahnstrecke von Sangerhausen nach Erfurt frühgeschichtliche Gräber entdeckt wurden, besuchte der Vater mit dem neunjährigen Adolf die Stellen, und der Junge fand eine frühzeitliche Hacke. Spengler, ein Einzelkind, wurde von seinen Eltern – der Vater Tischler, die Mutter half mit – in allem gefördert. Er ging aufs Gymnasium und sammelte Mineralien, Pflanzen und Schmetterlinge. Sein Biologielehrer brachte ihm das Präparieren von Tieren bei. Auf einem Jahrmarkt ersteigerte sich Spengler das erste Buch zur Vorgeschichte. Seine Eltern hätten ihn gerne als Lehrer gesehen, doch für Spengler war der Beruf im Staatsdienst zu durchstrukturiert.

Er erkannte früh, dass seine Leidenschaft fürs freie Sammeln stärker war als der Wunsch nach einer beruflichen Karriere. So wurde er Tischler, wie alle Spenglers. Er hatte Talent, aber wirkliche Ambitionen fürs Geschäft entwickelte er nicht. So verdiente sich der von ihm übernommene Tischlerbetrieb Spengler sein Haupteinkommen durch das Aufstellen von Wäscherollen, an denen die Hausfrauen Sangerhausens ihre Wäsche walken konnten. Außerdem verlieh die Familie Hackklötze und andere Küchengeräte. Später unterhielten Spenglers drei Kinder die Familie: Tochter Emma hatte ihre Hutmacherwerkstatt im Haus, Tochter Anna war Schneiderin und nähte auf den umliegenden

Bauernhöfen Unterwäsche und Bettwäsche, der Sohn Adolf war Heimatmaler.

Im Jahr 1912 verdiente Spengler erstes Geld und Ansehen durch seine Recherchen. Nachdem er jahrelang Maurer und Grundstücksbesitzer befragt, Skizzen angefertigt und auch seinen Sohn immer wieder losgeschickt hatte, diese oder jene Ecke von Sangerhausen zu zeichnen, fertigte er ein exaktes Modell der Stadt an und verkaufte es an die Stadtverwaltung. Es ist heute noch im Heimatmuseum zu sehen. Zur gleichen Zeit zeigte er seine Sammlung der Öffentlichkeit. Dabei ist zu bemerken, dass seine Sammlungen nie nur zum Anschauen, sondern immer auch zum »Begreifen« einluden. So konnten die Besucher selbst urzeitliches Werkzeug herstellen und Modelle der Funde in die Hand nehmen.

1919 umfasste Spenglers Sammlung schon 1300 Gegenstände. Spengler fand einen Eisenschmelzofen in 170 Teilen, den er zusammensetzte, ein Massengrab aus der Jungsteinzeit und 1930 dann tatsächlich den Oberschenkel eines Mammuts in einer Kiesgrube. Er versprach dem Kiesgrubenbesitzer ein Ölbild, wenn er ihm weitere Funde meldete. Ein Jahr später war es so weit: Insgesamt barg Spengler zusammen mit seinem Sohn 220 Knochenstücke und fügte sie in wochenlanger Arbeit zusammen. Er benutzte dazu Gips, Schellack sowie Spiritus und ließ vom Schmiedemeister eine Eisenkonstruktion anfertigen.

Mit dem Gesetz kam er dabei nur einmal in Konflikt. Heute ist es geregelt, was mit Ausgrabungsfunden getan wird, ob diese behalten werden dürfen oder abgegeben werden müssen. Das Preußische Ausgrabungsgesetz von 1914 sah zwar eine Kontrolle der Bodendenkmalpflege vor, doch als rechtliche Grundlage für alle Länder Deutschlands trat es erst 1970 in Kraft. Spengler konnte sich herausreden, indem er angab, eben nicht in Preußen zu wohnen. Er buddelte und sammelte weiter. Prof. Hahne, Leiter des Landesmuseums in Halle, wusste sich nicht mehr zu helfen ob des fleißigen Sangerhauseners: »*Lassen Sie den Dreck im Boden liegen. Es wird zu viel für Sangerhausen!*« Doch die Bürger von Sangerhausen unterstützen Spengler. Die Stadt kaufte ihm seine Sammlung ab und zahlte ihm dafür bis an sein Lebensende eine Rente.

Trotz des Kaufs der Sammlung wurde jahrelang kein Ort gefunden, an dem die Sammlung gezeigt werden konnte, und so blieb sie weiterhin in Spenglers Wohnhaus. Erst 1952 wurde das jetzige Spengler-Museum gebaut, und seine Sammlung wanderte dorthin. Kein Grund für Spengler aufzuhören. Jetzt hatte er in seinem Haus wieder Platz für neue Exponate.

Wer sein Haus besucht, wird sich wundern ob der Schaffenskraft dieses einzelnen Mannes. Als Spenglers Frau 1936 starb, richtete er sich in einer Dachkammer ein Witwerzimmer ein, das er Dachsbau nannte. Er schnitzte sich ein Bett mit Dachs- und Hirschmotiven. Besonders seit der Entdeckung des Mammuts fand sich das Tier auf Bildern, Möbeln und anderen Gegenständen wieder. Dabei wurde Spengler immer penibler. Auf einem Tisch in seinem Dachsbau hatte er eine Karte von Sangerhausen und Umgebung gezeichnet. Darunter steht: »*Entworfen und gezeichnet nach eigener Forschung und Funden von G. A. Spengler Sen. im 91. Lebensjahr. Ich sehe daher nicht gerne, wenn die Karte abgezeichnet oder vervielfältigt wird.*«

In Sangerhausen liebt man den Mitbürger noch heute. Als das Mammut 2001 für 90 000 Euro durch das Land Sachsen-Anhalt mit Eigenanteil der Stadt renoviert werden sollte, halfen alle mit. Der Bäcker backte Brote mit Mammutmotiven, und die Schule baute aus Pappmaché ein großes Mammut-Sparschwein. Und was den Namen Spengler betrifft: Den kennt hier wirklich jeder.

**Spengler-Museum**
**Bahnhofstraße 33**
**06526 Sangerhausen**
**Tel.: 034 64 / 57 30 48**

**Spengler-Haus**
**Hospitalstraße 56**
**06526 Sangerhausen**
**Tel.: 034 64 / 26 07 66**

## ‖ 7 ‖

# Potzblitz

*Herr Riedinger sammelt Blitze.*

Eigentlich ist Herr Riedinger so etwas wie ein Hobby-Archäologe und sammelt Fundstücke aus der Steinzeit, aus der Eisenzeit, von den Römern oder aus dem Mittelalter. Manchmal aber findet er beim Graben ganz andere Dinge, Blitze nämlich. Der Fachbegriff aus der Geologie dafür ist Fulgurithen. Die entstehen, wenn ein Blitz mit seinen 500 Millionen Volt in den Sandboden einschlägt und diesen zum Schmelzen bringt. Dabei entstehen Glasröhren oder Röhrchen, je nachdem. 30 Stück hat Herr Riedinger gefunden und sich somit einen Platz im Guinnessbuch der Rekorde gesichert. Sein längster Blitz misst ganze zwei Meter.

Herr Riedinger ist Sammler aus Leidenschaft, und das Ausstellen der Funde gehört für ihn genauso dazu wie das Losziehen und Buddeln. In seinem Haus, das er mit seinem Vater zusammen errichtet hat, ist das gesamte Erdgeschoss zum Museum mutiert. Darüber wohnt Herr Riedinger, wobei er von sich behauptet, dort nur zu schlafen. Den Rest der Zeit verbringt er in der ca. 300-Quadratmeter-Ausstellungsfläche. Dort stehen selbstgezimmerte Vitrinen, gefüllt mit Werkzeugen, Speerspitzen, Schabern, Ziegeln, Mühlsteinen. In Herrn Riedingers Reich finden sich mehr Faustkeile als in der Schweiz, wie er stolz verkündet. Zwei Fundplätze aus der Eiszeit hat er in Originalgröße aufgebaut. Und dann gibt es da noch die knapp 350 ausgestopften Vögel, die sein Vater und zum Teil auch er selbst präpariert haben. Raben, Hühner und Tauben: alles einheimisches

Federvieh. Eine Vitrine lehrt auch alles über den Glauben und Aberglauben in Bezug auf das Wetter. Hier zeigt Herr Riedinger schwarze Kerzen aus Kevelaer oder versteinerte Endstücke von Tintenfischen, die früher den Blitz fernhalten sollten. Aber auch Gagelsträucher aus der nahe gelegenen Teverener Heide, die am Palmsonntag gesegnet wurden und, am Haus aufgehängt, dieses vor Blitzeinschlag schützen sollten, sind ausgestellt.

1946, mit 11 Jahren, begann Riedinger mit dem Ausgraben. Mit 14 Jahren hatte er schon mehr gefunden als die beiden Heimatmuseen der näheren Umgebung zusammen. Er weiß mittlerweile mehr über alte Kulturen als so mancher Wissenschaftler und wird von diesen auch gerne zu Rate gezogen. Er kennt sie alle, die großen deutschen Archäologen, und die jüngeren kennt er aus der Zeit, als diese noch Studenten waren.

Herrn Riedingers Privatmuseum darf jeder besuchen. Nur telefonisch anmelden sollte man sich. Schulklassen kommen gerne vorbei, und Herr Riedinger zeigt dann auch, wie man aus Steinen wirkliches Werkzeug herstellen kann.

**Riedingers Privatmuseum**
**Otbergstraße 21**
**52531 Übach-Palenberg**
**Tel.: 024 51 / 450 76**

## ‖ 8 ‖

## Der furzende Drache von Furth

*Jedes Jahr entfleucht in Furth im Wald ein Drache aus seiner Höhle und wird Jahr um Jahr von einem wackeren Rittersmann mit der Lanze erlegt. Der Further Drachenstich ist das älteste Volksschauspiel Deutschlands.*

»Nothing is over till the fat Lady sings« oder: «Bevor die dicke Dame gesungen hat, ist nichts vorbei«, so sagt der Amerikaner. Der Held wälzt sich im Blute, die Tragödie will nicht enden, nein, Schluss ist in der Oper erst nach dem Auftritt der Diva und ihrer Abschlussarie. In Furth bedarf es dafür eines Drachen. Eines üblen, feuerspeienden, Rauchschwaden aufsteigen lassenden, brüllenden, mit den Augen rollenden, flügelschlagenden, maulaufreißenden, fürchterlichen Drachen. Erst wenn er in die Arena gekrochen ist, dann ist Feierabend.

Ritter Udo muss ihn dann nur noch mit der Lanze erledigen, aber das ist schnell passiert, denn Ritter Udo hat darin Erfahrung. Er macht das seit angeblich 500 Jahren immer wieder.

Furth im Wald liegt heute nicht wirklich im Wald, dafür aber schon seit fast immer an der Grenze zu Böhmen, die einst durchgängig war und es heute wieder ist. In den Zeiten des Kalten Krieges aber war Furth ein letzter Vorposten der sogenannten freien Welt, gleich dahinter breitete sich der Eiserne Vorhang aus. Furth lag am Rande des westlichen Bewusstseins. Heute ist es wieder ein stolzes bayerisches Städtchen, in dem jährlich der Drachenstich, das »älteste« Volksschauspiel Deutschlands, aufgeführt wird.

47

Älter, so weiß der Further, als die Passionsspiele von Oberammergau. Kurz erzählt, geht es in dem Stück um die Stadt Furth, die von einem Drachen bedroht wird, einer Ritterin, die sich ihm opfern will, und einem Ritter, der dies verhindert, indem er den Drachen erlegt. Eigentlich ganz einfach. Und in monatelangen Proben werden die Further alljährlich zu bühnentauglichen Schauspielern.

Seit wann genau dieses Volksschauspiel in Furth im Wald stattfindet, ist nicht bekannt. Die Further selbst warten mit der Zahl »über 500 Jahre« auf, doch gibt es die erste tatsächliche Quelle eines Drachen in Furth erst aus dem Jahre 1646 in Form einer Kirchenrechnung:

»*Dem ienigen so im Lindturmb gangen 1 fl = 8 Kreuzer 4 Heller.*«[10] (Demjenigen, der als Lindwurm gegangen, seien 8 Kreuzer und 4 Heller gegeben.)[10]

Bevor der heutige Further Drache stirbt, muss er von vier Männern »belebt« werden. Drei davon sitzen im Innern des Drachen, drücken auf Knöpfe und bewegen Schalter, damit das Ungetüm all das tut, was von einem ordentlichen Drachen erwartet wird. Glühbirnen in seinen Augäpfeln fangen dann an zu blinken, eine Rauchmaschine wird in Gang gesetzt, und das Ungeheuer rollt behäbig los. Der vierte Mann rennt vorne raus und gibt über Funk Kommandos an die Schaltzentrale, damit der Drache nicht doch in die Menge steuert. Ein Blick hinter einen seiner Füße offenbart die Führerkabine, die mit ihren Schaltern und Monitoren einer U-Boot-Armatur aus einem Jules-Verne-Roman entnommen zu sein scheint.

1974 wurde dieser Drache gebaut und ist mit seinen 19 Meter Länge der bisher größte und auch teuerste in der Geschichte der Drachen von Furth. Eine Haut aus Styropor verdeckt das Hydrauliksystem, mit dem er gefahren wird. Jeden Morgen nach dem Drachenstichspektakel widmet sich der Drachenschmied der lädierten Haut und heilt ihre Wunden.

Der Vorgänger dieses Drachen (1947–1974), dessen Kopf in

Das Ritterpaar von 1974: Ritter Udo und die Ritterin grüßen aus dem Schaufenster des lokalen Sanitätshauses

der Drachenschmiede hängt, war noch von einem »Herrgottsschnitzer« gestaltet worden. In Oberammergau ist ein solcher heute der Festivalchef. Auch der Drache von 1947 konnte schon Feuer speien.

Richtig stolz waren die Further auf seinen Vorgänger (1913 bis 1939), ein echter Bühnendrache, der aus dem Fundus des Münchner Hoftheaters ersteigert worden war. 1913 wurde er in einem eigens dafür reservierten Eisenbahnwaggon von München nach Furth gefahren und dort jubelnd in Empfang genommen. Er diente treu bis zum Ausbruch des Zweiten Weltkriegs. In den Kriegsjahren hatten die Further, weiß Gott, andere Sorgen, als einen Drachen zu erlegen. Doch zu Kriegsende ereilte den Bühnenschreck ein trauriges Schicksal: amerikanische GIs hatten den Drachen aufgestöbert, an einen Jeep gebunden und durch die Stadt geschleift, bis er jämmerlich verendete.

**49**

Die Drachen davor sind eher plumpe Dinger gewesen, der Bericht des fahrenden Schauspielers Theodor Rabenalt von 1840 beschreibt einen solchen:

»*Der Nachtwächter von Furth war das personifizierte Ungeheuer; in alter bemalter Leinwand und Kuhhäuten, die über große Reifen gespannt, eingenäht und einem pappendeckelnen großen Drachenkopfe, dessen Rachen er mit einer großen Schnur öffnen und schließen konnte. Er hatte sich innerhalb des Drachens mit einer mit Blut gefüllten Rindsblase versehen, welche er dann bei seiner Erlegung ausdrückte.*«[11]

Der Nachtwächter war nicht von ungefähr das personifizierte Ungeheuer. In der Geschichte des Further Drachen fiel diese besondere schauspielerische Aufgabe meist dem Totengräber, ebendem Nachtwächter oder dem Bettlervogt zu. Während sich die Bäcker, Metzger und Bierbrauer zu den Festtagen eine goldene Nase verdienten, sollten auch die in den unteren Hierarchien plazierten Berufsklassen die Möglichkeit haben, sich ein paar Heller dazuzuverdienen.

In Furth gibt es das Sprichwort: *Drachenbluat ist für alles guat.* Es ist darum ganz besonders wichtig, dass der Drache, wenn er vom Ritter erstochen wird, ordentlich mit Blut um sich spritzt. Dafür hatte man früher, wie im Bericht des fahrenden Schauspielers zu lesen, eine Rindsblase mit Ochsenblut gefüllt, die der Ritter mit der Lanze treffen musste.

Traf ein Ritter nicht, so war er das Gespött der ganzen Stadt und die Further Kinder konnten aufzählen, in welchen Jahren der Ritter die Blase nicht getroffen hatte. Das Maul des jetzigen Drachen ist allerdings so groß, dass selbst ein Blinder hineintreffen müsste.

Das mit dem Blut hat eine besondere Bewandtnis. Es gibt tatsächlich Legenden von einem Drachen in der Further Gegend, die weit älter sind, als sich die Archive der Stadt erinnern. Ein Lindwurm soll einst die Stadt bedrängt haben, bis ein Ritter namens Siegfried kam und ihn erledigte.

Im Schauspiel wird der Drache als Sinnbild des Bösen nieder-
gestochen. Daraus entstand der Aberglaube, dass alte Sackleinen,
die mit dem Blut des Drachen getränkt sind und auf die Felder
gelegt werden, Pest und Hunger fernhalten. Bis ins neunzehnte
Jahrhundert hinein wird berichtet, dass vor allem aus der böhmischen Region alte Weiblein zum Drachenstich gereist kamen,
um Tücher in das Ochsenblut zu tauchen. Und darum muss das
Drachenblut fließen. Auch heute noch ist nach jedem Drachenstichspektakel der Boden der Arena rot getränkt vom Blut des
Drachen.

Wahrscheinlich ist eine Fronleichnamsprozession der eigent-
liche Auslöser des Further Drachenstichs gewesen. In der Königin aller katholischen Prozessionen wird die Hostie aus der Kirche getragen und den Gläubigen gezeigt. Ursprünglich wurde
die Prozession von Heiligenbildern begleitet, an vielen Orten im
süddeutschen Raum entwickelten sich daraus dann lebende Bilder, also Nachstellungen der Heiligenlegenden durch mehr oder
weniger schauspielernde Personen. Eine der anschaulichsten
Heiligengeschichten ist die des heiligen Georg, der einen Drachen besiegte und dadurch eine ganze Stadt zum Christentum
bekehrte. Furth wurde 1584 von der Pest heimgesucht (wie auch
Oberammergau), und so kann es gut sein, dass in Furth zeitgleich
ein besonderes Bewusstsein für den heiligen Georg entstand: Das
Ausmerzen der Pest wurde mit dem Sieg über den Drachen verglichen.

Für diese Version der Entwicklung des Drachenstichs spricht
auch die Tatsache, dass bis 1715 die Kirche für die Kostümierung des Drachen zahlte. Danach war dies Aufgabe der Stadt.
Obwohl der Drachenstich zu diesem Zeitpunkt noch immer an
Fronleichnam aufgeführt wurde, entwickelte er sich mehr und
mehr zu einem nichtkirchlichen Fest, das viele Besucher auch
von außerhalb anzog und, wie schon erwähnt, vor allem für die
Bierbrauer, Metzger und Bäcker ein lohnendes Ereignis war.

1754, zur Zeit der Aufklärung, kam dann auch das erste Verbot
von Seiten der Kirche. Der Drachenstich habe nichts mehr mit
dem katholischen Glauben zu tun, sondern sei auf eine reine Ge-

winnsucht der Bürger zurückzuführen. Der Streit eskalierte, und die Landesregierung musste sich einschalten. Sie erlaubte das Mitführen des Drachen während der Prozession, nicht aber sein Abstechen. Doch darauf wollten die Further nicht verzichten, und so wurde festgelegt, dass der Drache nach dem Fronleichnamsumzug erlegt werden könne. 1761 fand der Drachenstich zum ersten Mal an einem völlig anderen Tag statt.

1783 wurde das Spektakel vollkommen verboten: Selbst eine Unterschriftensammlung der Bürger konnte das nicht mehr verhindern. Der Drachenstich wurde dennoch aufgeführt und die Stadt prompt vom benachbarten Markt bei der Landesregierung verpetzt, was zeigt, wie lukrativ das Geschäft mit dem Drachen gewesen sein muss.

Aus diesem Grund wird das Spektakel heute von der Landesregierung unterstützt: Die Tradition und Historie des Stücks beleben die abgeschiedene Region wie kaum eine andere Maßnahme. Daher reist auch jedes Jahr ein Regierungsvertreter aus dem fernen München an.

Es dauerte aber bis zum Beginn des 19. Jahrhunderts, bevor der Drachenstich wieder regelmäßig aufgeführt werden konnte. Eine Zeit der verklärten Romantik war angebrochen, und das Stück wurde ausgebaut: Ritter und Ritterin in Kostüm führten ein Zwiegespräch auf. Der fahrende Schauspieler Rabenalt hat es so festgehalten:

*»Eine Jungfrau (?) saß unten am Schlossberge mit einem ellenlangen weißen Schnupftuche in der Hand auf einem großen Steinhaufen, voller Schmerz und Kummer. Dann sprengte ein vierschrötiger, halb schon berauschter junger Bursche in Kürassierstiefeln, teils ritterlich, teils seiltänzerisch kostümiert, auf einem Gaul zu ihr hin. Sie unterhielten sich kurze Zeit in kauderwelschen Reimen, und nun galoppierte er dreimal auf das Ungetüm los – erst mit der Lanze, dann mit einem verrosteten Dragonersäbel und zuletzt – man denke sich den Unsinn! Erschoss er es mit einer Pistole und erlöste die schmerzhafte Jungfrau unter allgemeinem Jubel, Geklatsch und Gepfeife der Anwesenden.«*[12]

1878 kam es wieder zum Eklat, zum sogenannten Drachenstich-krawall. Trotz allen guten Zuredens von Seiten des Pfarrers war es ein jährlich wiederkehrendes Ärgernis, dass Ritter und Ritterin am Fronleichnamstag kostümiert in der Kirche saßen, obgleich der Drachenstich erst später abgehalten wurde. Der Grund der Verkleidung war, dass der Ritter nach wie vor an der Fronleich-namsprozession teilnahm, als »lebendes Bild« des heiligen Ge-org, der Drachenstich aber, wie verabredet, an einem anderen Tag oder am Nachmittag stattfand. Die Further waren so ver-narrt in ihren Ritter, dass sie sich nur noch für ihn, sein Pferd und das ganze heldenhafte Gehabe interessierten. Als im Jahr des Skandals die Ritterin des Vorjahrs ein uneheliches Kind zur Welt brachte und sich als Vater der Ritter des Vorjahres entpupp-te, hatte der Pfarrer »die Schnauze voll«. Er verbot dem aktuellen Ritter das Reiten während der Prozession und drohte an, die Pro-zession überhaupt nicht abzuhalten oder abzubrechen, falls der Ritter erschiene. Dieser Beschluss wurde sowohl dem Bürger-meister als auch der Polizei und dem Vater des amtierenden Rit-ters mitgeteilt. Doch als die Prozession den Marktplatz erreichte, stand dort der Ritter samt Pferd. Der Ritter, der vom Volk ange-stachelt worden war, brüllte:

*»Es hat mir Niemand etwas einzureden.*
*Ich merke auf Niemanden auf.«*[13]

Daraufhin kehrte der Pfarrer mit seiner Prozession in die Kirche zurück. Das wiederum erboste die Menge, die schrie, so etwas habe es noch nie gegeben und der Pfarrer solle sich nicht so an-stellen. Dem Ritter wurde zugerufen, den Pfarrer mit der Pistole zu erschießen, was er zum Glück nicht tat. Zu guter Letzt kam auch noch der Drache vors Pfarrhaus gestiefelt und furzte das Pfarrhaus an. Selbst der Bürgermeister soll daraufhin ein »Juch-hu« von sich gegeben haben. Am nächsten Tag war wohl wieder Ruhe eingekehrt, und der Pfarrer wurde zum Ehrenbürger der Stadt ernannt.

Irgendwann entwickelte sich aus dem Zwiegespräch von Ritter und Ritterin ein ganzes Theaterstück, bei dem die Stadtbevölkerung mit einbezogen wurde. Alle paar Jahrzehnte wird das Stück dem Zeitgeist angepasst. Seit 2006 entspricht es auch dem heutigen Verständnis von Political Correctness. Es handelt noch immer von der Ritterin, die sich für die Stadt opfert, und vom Ritter, der den Drachen besiegt, doch haben diesmal auch die Hussiten aus Böhmen eine Rolle erhalten und sind nicht per se böse.

Der Ritter und die Ritterin werden immer noch jedes Jahr aufs Neue gewählt. Es gehört zur besonderen Dekoration der Stadt während der Festwochen, dass ein jeder, der Verwandte in dieser ausgezeichneten Rolle hat, diese auch als Foto im Schaufenster ausstellt. So zeigt der Friseur ein Ritterpaar von 1952, das örtliche Sanitätshaus eins von 1974, im Hotel ist man stolz auf den Sohn, der 1996 Ritter war, und so fort.

Auch Besucher aus Böhmen kommen wieder nach Furth im Wald. Die Sackleinen bleiben aber zu Hause. Der Drache selbst wurde 1997 zum Tag der Deutschen Einheit bis nach Berlin gelockt und fuhr dort unter dem Brandenburger Tor durch, doch die Berliner, die einiges gewohnt sind, interessierten sich nur milde dafür.

**Drachenstich-Festspiele**
**Stadtplatz 4**
**93437 Furth im Wald**
Tel.: 099 73 / 509-70
Fax: 099 73 / 509-85

## ‖ 9 ‖

# Die arischen Truthähne

*Im Dom zu Schleswig sind im Kreuzgang die Motive von Truthähnen zu sehen. Der Haken an der Sache: Amerika und somit Truthähne wurden erst nach der Erbauung des Doms entdeckt.*

Der Truthahn gehört als Braten auf den Erntedanktisch Amerikas, nicht aber als Motiv an die Wand des Schleswiger Doms. Doch genau dort ist er zu sehen, gleich viermal, zweimal nach links blickend, zweimal nach rechts blickend, unverkennbar mit dem hässlichen Kopf und den aufgeplusterten Federn. Er ziert im Kreuzgang des Doms ein Wandbild, das den biblischen Kindermord darstellt.
Andere biblische Szenen hier wurden mit Ornamenten von Füchsen, Fischen, Hasen und Einhörnern ausgestattet. Warum also nicht auch ein Truthahn? Weil der Truthahn aus Amerika kommt und Amerika noch nicht entdeckt war, als der Dom erbaut wurde.

Vom Truthahn zu Schleswig wird zum ersten Mal 1938 berichtet. In Nazi-Deutschland verbreitete sich die Nachricht von dieser Entdeckung in der gleichgeschalteten wissenschaftlichen Welt wie ein Lauffeuer: Beweist so ein Truthahn also, dass es nicht dieser dahergelaufene Portugiese jüdischer Herkunft war, der den Kontinent entdeckte (samt seinen geflügelten Köstlichkeiten), sondern doch die Nordmänner, diese herrliche, arische Rasse?

Ja, das tut es! So lautete 1938 der Befund der Nazis und löste eine Reihe von Debatten aus. Deutsche Kunsthistoriker und Ornithologen verstrickten sich in immer aberwitzigere Theorien,

**55**

nur um zu belegen, dass es die wackeren Wikinger waren, die zuerst nach Amerika segelten, und der Truthahn auf der Domwand zeugt davon wie einst die Buchstaben im Palast des biblischen Belsazar. Denn wie sonst hätten die Dombauherren von Schleswig von diesem Motiv gewusst?

Die Geschichte des Doms von Schleswig geht zurück auf das Jahr 850, als in der nahe gelegenen Wikingerstadt Haithabu eine Missionskirche gegründet wurde. Haithabu war eines der wichtigsten Handelszentren der Wikinger. Wo die Stadt einst stand, befindet sich heute eines der spannendsten Freilichtmuseen Deutschlands. Ein Besuch dort gibt Einblicke in das Leben und Schaffen der wilden Kerle, die dank der aufklärenden Arbeit des Museums plötzlich in gesittetem Licht erscheinen. Kunst und Kultur, so lernt der Besucher, waren für die Wikinger keine Fremdwörter.

Mit dem Bau der Missionskirche wurden das Ende Haithabus und ein neues Zeitalter eingeleitet. Die Wikinger als solche verschwanden, und die kimbrische Halbinsel wurde in drei neue Bistümer eingeteilt, von denen jedes einen Dom erhielt: Aarhus, Ripen und Schleswig. Der Grundstein des heutigen Schleswiger Doms wurde 1134 gelegt, der Kreuzgang entstand von 1310 bis 1320. Er trägt heute noch den nordischen Namen »Schwahl«, kühler Gang, und wurde zu dieser Zeit auch bemalt.

Der Truthahn an sich taucht in der westlichen Kunstgeschichte erst im 17. Jahrhundert auf, stolz aufgeplustert auf einem holländischen Bild. Sein gefiederter Freund, der Papagei, dagegen war bereits im 13. Jahrhundert ein beliebtes Motiv. Wäre der Truthahn also bereits vorher in Europa bekannt gewesen, müsste er nicht auch anderswo zu finden sein? Oder wussten nur die Wikinger vom Truthahn? Für die Gelehrten der Nazis war es nicht ganz einfach, hierfür eine Beweiskette zu erfinden.

Im September 1940 erschien in der Monatszeitschrift für deutsche Vorgeschichte, *Germanenerbe*, die den Untertitel »Für die gesamte geistige und weltanschauliche Schulung und Erziehung der NSDAP« trug, ein Artikel, der Folgendes für die weltanschauliche Erziehung der NSDAP feststellte:

> »Es bleibt noch ein Fehlschluss Hennings zu erörtern, der meint, es seien nur Truthähne lebend nach Europa gebracht worden, weil die Henne zu empfindlich sei, um die Fahrt im Drachenschiff zu überstehen. Es ist aber fraglich, ob man überhaupt lebende Tiere verfrachtet hat; einfacher und leichter scheint der Transport einer oder mehrerer frischer Gelege, die im heimatlichen Geflügelhof ausgebrütet werden konnten.«[14]

So wird selbst das Ei des Kolumbus hier den Wikingern zugeschustert und beweist, dass Eier, wenn sie nicht auf dem Kopf zerhauen werden, zu Zeugen der menschlichen Kulturgeschichte werden können.

Als sich der Restaurator Hans Olbers zu Wort meldete, der von 1888–1890 die Wandmalereien im Kreuzgang des Doms ausgebessert hatte, hörte ihm zunächst einfach keiner zu. Er gestand, wenn auch kleinlaut, die Wandmalereien des Doms auf Gutdünken ergänzt zu haben. Dort, wo die Motive nicht mehr zu erah-

Die Truthähne haben hier nichts zu suchen

nen waren, malte er eigene. So auch den Truthahn. Olbers hatte wirklich nur mit einem kleinen Stimmchen gesprochen, die Nazis brüllten in Form eines Buches zurück.

1940 schrieb der Kunsthistoriker Alfred Stange ein Buch mit dem Titel »Der Schleswiger Dom und seine Wandmalereien«, das vom Ahnenerbe-Stiftung Verlag Berlin veröffentlicht wurde. Wie der Name des Verlags vermuten lässt, war auch er ein Organ der NSDAP und folglich daran interessiert, die arische Kulturgeschichte als einzigartig darzustellen. Der Wissenschaftler Stange war nach Olbers' Statement klug genug, sich aus dem Truthahnstreit herauszuhalten. Er geht auf den Putz ein, der alt wirkt, und erklärt dazu:

> »Von Olbers ausgefüllte Stellen sind leicht erkennbar. Olbers ist auch in anderen Punkten kein einwandfreier Zeuge ...«[15]

Und weiter:

> »Ganz merkwürdig ist die Darstellung des Truthahns, der nach unserem bisherigen Wissen erst im 16. Jahrhundert aus Amerika nach Europa gebracht worden ist. (...) Die Echtheit aller Darstellungen wird neuerdings auf Grund des Zeugnisses von August Olbers angezweifelt. Eine einwandfreie Entscheidung ist sehr schwer, wir lassen die Frage offen.«[16]

Durch die Abwertung Olbers' gelang es Stange, ein akademisches Urteil im Sinne der Nazis abzugeben und gleichzeitig seinen Ruf nicht aufs Spiel zu setzen.

Um den Geldgebern seines Buches gerecht zu werden, fuhr Stange eine andere Strategie: Er schrieb über die Wandmalereien an sich und pries so den hohen kulturellen Status der Nordmänner an anderer Stelle im Dom:

> »Ihr Ausdruck ist von edelster nordischer Prägung, kraftvoll, lebendig und tief beseelt. Gleich bewundernswert ist der Adel der Auffassung, ist die Sicherheit und Klarheit der Formgestaltung. (...) Sie

*künden von ferne den weltabgewandten Geist eines Jahrhunderts, da der alte Norden unterging.«*[17]

Stange wusste, was gehört werden wollte. Doch tat sich ein unerwartetes Fettnäpfchen auf, in das er mit beiden Füßen trat. Er beschrieb eine der Wandmalereien unter anderem folgendermaßen:

*»Und zwei andere Köpfe lassen wiederum ans Nibelungenlied denken: in dem einen Jünglingskopfe, der so mutwillig zur Seite schaut, möchte man Siegfried sehen, wie er machtheischend vor die Burgunder, vor Gunther tritt, und ein Abbild dieses selbst scheint der ältere bartlose König zu bieten.«*[18]

Was Stange da so episch formulierte, entstand 1938, als ein weiterer Trupp Restaurateure am Dom arbeitete. Beauftragt wurde die Firma Fey und Sohn aus Berlin-Lichterfelde. Der Maler der Firma hieß Lothar Malskat, dem übrigens das Bild des Jünglingskopfes sehr ähnelte. Auch das Abbild des Königs Gunther hätte damals einigen Besuchern bekannt vorgekommen sein können: Malskats Vater hatte ähnliche Züge. Ein weiteres Gesicht war von der Filmschauspielerin Hansi Knoteck inspiriert, und auch der damalige Domküster wurde verewigt. Malskat muss eine blühende Phantasie gehabt haben, denn hinter dem Altar porträtierte er sich noch einmal, mit einer Zigarette in der Hand. In Stanges Buch ist davon nichts zu lesen. Für ihn verkörpern die Wandmalereien edelste nordische Prägung.

Erst nach der Nazi-Zeit verstummte die Debatte um die Truthähne. Es war zu offensichtlich, dass ein Restaurateur sie gezeichnet hatte, mehr war dazu nicht zu sagen.

Die Sache mit den Selbstporträts dagegen wäre wahrscheinlich heute noch nicht bekannt, wenn es nicht den Bilderfälscherskandal zu Lübeck gegeben hätte.

Fey und Sohn wurden 1948 beauftragt, die Marienkirche in Lübeck zu restaurieren. Die wertvollen Gemälde waren im Krieg durch einen Brand bei einem Bombenangriff schwer beschädigt worden, sollten aber für die 700-Jahr-Feier des Doms in neuem Licht erstrahlen. Die Firma Fey wurde angehalten, nur dort zu malen, wo noch etwas zu erkennen war, und die restlichen Flächen so zu gestalten, dass klar war, dass hier ergänzt wurde.

Doch was tun, wenn nichts mehr da ist? Da kam der Firma Fey ihr Maler Malskat gelegen. Malskat war im alten Königsberg als Sohn eines Antiquitätenhändlers geboren worden. Schon früh hatte er ein gutes Händchen im Zeichnen und kopierte alte Italiener bei seinem Vater. Die Kunstschule in Königsberg bestätigte Malskat eine bemerkenswerte Begabung. Er begab sich auf Wanderschaft und wurde zu einem malenden Landstreicher, bis er 1937 die Herren Fey kennenlernte, die seine Begabung in bare Münze umzusetzen wussten. Der erste gemeinsame Auftrag war der Dom in Schleswig. Malskat hatte einfach drauflosgemalt, und Sohn Fey kratzte ein wenig hier und da an den Linien, um sie alt wirken zu lassen. Auch die Truthähne wurden von Malskat noch einmal angefasst, er gab ihnen einen letzten Schliff – von dem sich auch der Kunsthistoriker Stange allzu gerne täuschen ließ. Als Malskat später die Lobeshymnen auf seine Malerei in Stanges Buch las, erwog er Selbstmord. Mit keiner Silbe wurde er, der wahre Künstler, erwähnt.

Als Malskat nach dem Krieg für die Feys in der Marienkirche zu Lübeck malte, ließ er wieder seiner Phantasie freien Lauf und schuf herrliche Gemälde, wo nichts mehr zu erkennen gewesen war, und wiederum pries die Fachwelt die wunderbare Schaffenskraft der alten Maler, und wieder erwähnte keiner Malskat. Als 1951 zum Jubiläum der Kirche alles, was in Deutschland Rang und Namen hatte, eingeladen wurde und Fey mit Adenauer am Tisch saß, Malskat aber nur ein paar Bier- und Schnapsmarken zugeworfen bekam, da war es genug für Malskat. Er ging zur Polizei und zeigte sich selbst an. Es war einer der größten Skandale der Kunstgeschichte. Malskat und Fey landeten für ein paar Monate im Gefängnis, und die Welt erfuhr von Malskats Schönheitschirurgien in Lübeck, Schleswig und noch einigen anderen Orten.

In Lübeck wurden Malskats Wandmalereien abgewaschen, da

sie »*ein kirchliches Ärgernis darstellten und gottesdienstliches Handeln in St. Marien schwer belasteten*«.[19]

In Schleswig nicht. Dort ist auch heute noch der Truthahn in alter Frische zu sehen, und Malskat und Freunde grüßen von den Wandgemälden im Kirchenschiff.

Den Wikingern wird nachgesagt, dass sie ihre Schiffe verbrannten, wenn sie Neuland betraten, und erst nach Hause fuhren, wenn sie wieder in der Lage waren, neue zu bauen. Malskats Selbstanzeige kommt so einem Verbrennen der Langboote gleich. Nach seiner Entlassung begann für ihn ein Neustart als Künstler. Sein Ruhm hielt an, solange das öffentliche Gedächtnis sich an den Bilderskandal erinnerte. Malskats Bilder wurden in Galerien in Düsseldorf ausgestellt. Eine Kirche aber restaurierte er nie mehr.

**Dom zu Schleswig**
**Domküsterei, St.-Petri-Dom**
**Norderdomstraße 6**
**24837 Schleswig**
**Tel.: 04 62 21 / 96 30 54**

**Wikinger in Haithabu**
**Schloss Gottorf**
**24837 Schleswig**
**Tel.: 046 21 / 813-0**

**Anfahrt: Autobahn A7 Flensburg–Hamburg, Ausfahrt Schleswig/Jagel. Das Museum liegt an der Bundesstraße 76 zwischen Schleswig und Kiel.**

## ‖ 10 ‖

# Der mecklenburgische Pfeilstorch

*In der zoologischen Sammlung in Rostock ist ein Storch zu sehen, in dessen Hals ein Pfeil steckt. Schuld daran war nicht eine Laune des Taxodermisten, sondern jagende Afrikaner.*

In Afrika wird wieder mit Pfeil und Bogen geschossen. So lautet kein UN-Aufklärungsbericht, sondern die dumpfe Vermutung von Ornithologen. Denn: Seit ein paar Jahren häufen sich Meldungen von Pfeilstörchen.

Ein Pfeilstorch ist ein gewöhnlicher Storch, der von einem Pfeil angeschossen, aber nicht getötet wurde, diesen auf seinem Vogelzug mit sich trägt und dann, so durchbohrt, fernab vom Ort der Verletzung gefunden wird.

Bis in die dreißiger Jahre des letzten Jahrhunderts wurden viele solcher Fälle gemeldet, aus Polen, aus Norddeutschland und aus Jütland, vornehmlich aus Orten also, an denen die Störche im Frühling zur Ruhe kommen. Dann gab es Jahrzehnte lang keine Meldungen von Pfeilstörchen. Jetzt häufen sich die Berichte wieder, sogar in Israel wurde ein Exemplar entdeckt. Ob das daran liegt, dass Wildern mit der Flinte in vielen afrikanischen Ländern verboten ist und man sich dort wieder auf den altbewährten Pfeil und Bogen besinnt, oder ob es daran liegt, dass der Schrot zu teuer wurde, vermögen die Ornithologen nicht zu sagen. Tatsache ist, dass Pfeilstörche wieder gesichtet werden und daher die Vermutung naheliegt, dass in Afrika wieder verstärkt mit Pfeil und Bogen gejagt wird. Das ist den Ornithologen ganz recht. Denn von giftigen Bleikugeln durchlöchert zu werden ist für den großen Vogel weitaus unangenehmer als der Treffer eines Pfeils.

Der Begriff »Pfeilstorch« an sich wurde schon 1822 geprägt, als in Klütz in Mecklenburg-Vorpommern ein solcher erlegt wurde:

>*Dieser Storch wurde zu Bothmer, dem Guthe des Herrn Reichsgrafen von Bothmer, an der Küste der Ostsee, unweit Wismar im Mecklenburgischen, den 21. May 1822 geschossen. Den Pfeil (2 Fuß, 10 Zoll lang, von Holz mit eisernen Spitze), der sehr wahrscheinlich von eines africanischen Wilden Hand abgedrückt, ihm in der Haut am Halse steckengeblieben war, brachte derselbe aus seinem Winteraufenthalte mit nach Mecklenburg. Mehrere andere Störche fand man vergebens bemüht, ihn von dieser beschwerlichen Zierde zu befreien, indem sie auch mit ihm um den Besitz eines Nestes kämpften, welches er, dem Vermuthen nach, das verflossene Jahr wegen seiner Wunde nicht hatte erreichen können. Der Merkwürdigkeit wegen wird dieser Storch im Museum der Universität zu Rostock aufbewahrt.*«[20]

Dieser Pfeilstorch aus Klütz steht heute in der Zoologischen Sammlung der Universität in Rostock und half seinerzeit bei der Lösung eines vieldiskutierten Rätsels: Was tut der Storch im Winter? Was heute jedes Schulkind weiß, war zu Beginn des 19. Jahrhunderts noch ein Mysterium. Dabei war es nicht so, dass sich keiner mit dem Thema beschäftigt hatte. Schon im 16. Jahrhundert hatte der Heidelberger Gelehrte Justin Göbler einem Storch einen Zettel ans Bein gebunden mit der Frage: »Ubi hyemasti?« (Wo hast Du überwintert?) Als der Storch im Frühling darauf mit einem Zettel zurückkam, auf dem in tadellosem Latein stand: »In India, in domo Sutoris« (In Indien, im Hause eines Schuhmachers), da hatte der Gelehrte zwar eine Antwort, aber eine, die ihm so recht keiner abnahm.

Aus derselben Zeit stammt eine weitere Geschichte: Es soll in Deutschland ein Hausherr gelebt haben, der sich so gut mit seinem Klapperstorch verstand, dass sich der Vogel, wenn er sich im Herbst in die Lüfte schwang, bei ihm verabschiedete. Kam Herr Adebar im Frühling wieder, so freuten sich Mann und Storch

Am Eingang des Zoologischen Instituts grüßt, so weit ganz munter, der Pfeilstorch

und begrüßten einander. Eines Frühlings, so geht die Geschichte, kam der Storch zurück und würgte eine unbekannte Wurzel aus seinem Schnabel. Diese legte er als Geschenk vor die Füße seines Menschenfreundes. Der ließ die Wurzel kosten und untersuchen mit dem Befund, eine Ingwerwurzel vor sich zu haben. Lange Zeit ging man davon aus, dass Ingwer nur in Asien wachse, doch heute weiß man, dass es in Afrika auch ingwerähnliche Gewächse gibt.

Bevor der mecklenburgische Pfeilstorch für ein und alle Mal dem Spekulieren ein Ende setzte, gab es unter den europäischen Wissenschaftlern Dissertationen über so ziemlich alles Erdenkliche und Unerdenkliche in Bezug auf das Verbleiben des Storches im Winter. Es gab Gelehrte, die behaupteten, sie hätten gesehen, wie der Storch im Winter ins Wasser untertauche und dort überwintere. Bekannte Darstellungen des Ibis auf ägyptischen Grabplatten gaben Auskunft, wie das genau geschehen könne: Es waren darauf Vögel abgebildet, die sich den Schnabel in den Allerwertesten stecken. Solche Abbildungen trugen übrigens zur Entwicklung des Klistiers bei.[21]

Es gab aber auch Gelehrte, die angeblich beobachtet hatten, wie sich der Storch in ein anderes Tier verwandelte. Dem nicht genug: Einige Gelehrte äußerten die Vermutung, dass Störche im Süden gar zu Menschen würden. Dieses Bild wurde von Wilhelm Hauff in seinem Märchen vom »Kalif Storch« aufgegriffen.

Mit dem mecklenburgischen Pfeilstorch aber wurde ein Paradigmenwechsel eingeläutet, und dank des Pfeils konnte bestätigt werden, was wieder einmal schon die alten Griechen gewusst hatten: Der Storch zieht im Herbst in den Süden, und im Frühling kommt er zurück. Dazu fand Prof. Kinzelbach, in dessen Institut der Pfeilstorch heute steht, schon bei Homer einen Hinweis.[22]

Auch die Verehrung des Storchs im islamischen Kulturkreis als »hadji laklak«, als »Mekkapilgerer«, hätte Auskunft über die Tätigkeit des Storchs geben können. Doch bedurfte es eines brachialen Pfeils, um auch die westliche Wissenschaft eines Besseren zu belehren.

Als der Pfeilstorch zu Rostock in Mecklenburg ankam, war die Wunde an seinem Hals so verhärtet, dass ein flexibles Loch entstanden war. Da der Pfeil im sitzenden Zustand senkrecht im Hals steckte, musste der Storch im Schlafen auf einem Baum angeschossen worden sein. Lebenswichtige Organe wurden dabei zum Glück nicht verletzt. Wenn der Storch flog, so lag der Pfeil waagerecht. Knorpel am Flügel ließen erkennen, dass der Pfeil dort immer wieder anstieß, aber kein weiteres Unheil anrichtete.

Der mecklenburgische Pfeilstorch wurde dank seiner Eigenschaft als Aufklärer ausgestopft. In den ersten Jahren galt er als das Vorzeigestück des Zoologischen Instituts von Rostock, dann wanderte er in eine Vitrine. Hier wurde er erst in den dreißiger

**65**

Jahren des letzten Jahrhunderts »wiederentdeckt« und dem Ornithologen Schütz vorgestellt. Dieser war auf den Vogelzug spezialisiert und hatte eine große Sammlung an Pfeilstörchen, aber auch an Pfeilenten. Denn auch die Inuit in Grönland haben nicht immer eine treffsichere Hand und sind so verantwortlich für gepfeilte Enten, die ab und zu in Nordamerika aufgefunden werden.

Heute steht eine Kopie des Pfeilstorchs im Eingang der Zoologischen Sammlung in Rostock und begrüßt die Besucher. Er ist das Maskottchen für die Sammlung und ziert als Stempel auch besonders gute Praktikumsleistungen. Ein Besuch der Sammlung ist aber nicht nur des Storches wegen interessant. Es gibt hier Handschuhe aus Muschelseide zu bestaunen, den Stoßzahn eines Einhorns und Vitrinen voll mit Tieren, die es zum Teil heute gar nicht mehr gibt. Die Vitrinen stammen noch aus der Gründungszeit des Instituts und halten die Institutsangestellten bei Laune. Sie halten so dicht, dass kaum staubgewischt werden muss.

Die ständige Ausstellung zur Kulturzoologie gibt darüber hinaus Auskunft zu vielen Fragen, auf die man von selbst nie gekommen wäre. Ob das Verschwinden des Klapperstorchs im deutschen Raum auch etwas mit den sinkenden Geburtszahlen zu tun hat, ist eine Frage, die das Zoologische Institut in Rostock bestimmt auch zu klären weiß.

**Zoologische Sammlung Rostock**
**Universität Rostock, Fachbereich Biowissenschaften,**
**Institut für Biodiversitätsforschung, Allgemeine und**
**Spezielle Zoologie**
**Universitätsplatz 2**
**18055 Rostock**
**Tel.: 03 81 / 498 62 81**
**www.biologie.uni-rostock.delzoologie/main.html**

## 11

# Und ewig hallt es noch: Die Germanen leben hoch!

**Walpurgishalle und Nibelungenhalle: Erlebnisarchitektur aus der Kaiserzeit**

Hexen, Krieger und Touristen: Der Hexentanzplatz zu Thale befriedigt die unterschiedlichsten Bedürfnisse. Einst zündeten die wilden Frauen hier ihre Feuer an, von den Sachsen zeugt der nahe gelegene Sachsenwall, und Touristen finden hier eine herrliche Aussicht hinab ins Bodetal.

Wer heute mit dem Auto den Weg hierher findet und schließlich den »Hexentanzplatz« erreicht, was dank der vielen Schilder, ausgebauten Straßen und schachbrettartig angelegten Parkplätze kein Hexending ist, wird genau das vorfinden, was er erwartet hat.

So spaziert der Besucher vorbei an den Getränkeautomaten und lässt sich zur Aussicht leiten, die ausführlich bewundert wird. Wer dann wieder zurück ins Auto steigt, hat das Wichtigste verpasst. Denn das Beste am Hexentanzplatz zu Thale, die Walpurgishalle, steht etwas abseits vom Trubel, verborgen im Wald.

Schwere Steine pflastern den Weg zu dieser mächtigen, aus Holz gebauten Halle. Über ihrem Eingang thront Wotan, der Bärtige. Geschnitzte Tiere schmücken die Giebel. Vor dem Eingang steht ein Opferstein mit einer eingravierten Swastika, dem germanischen Sonnenzeichen. Die Halle wirkt wie ein Wikingermanifest, das an diesem Ort die Jahrhunderte überlebt hat.

Ins Innere fällt nur spärliches Licht, und die Augen gewöhnen sich nur langsam an die Dunkelheit. Es riecht modrig und

Die Walpurgishalle sieht aus wie ein nordischer Göttertempel. Ist sie aber nicht.

irgendwie auch nach Ziegenbock. An einer Wand hängt ebendieser, schon etwas mürbe, aber noch immer Bock genug, um dies seiner Umgebung mitzuteilen. Wenn sich die Pupillen geweitet haben, sind dann auch große Gemälde an den Wänden zu erkennen, sagenhafte Szenen von Windbräuten, tanzenden Irrlichtern und Hexenversammlungen. Die Bilder scheinen wie für die Halle gemalt, so sehr fügen sie sich in das Gesamtbild ein. Und genau so ist es.

Die Halle wurde 1901 errichtet. Der Maler Hermann Hendrich hatte lange Zeit nach einem Ort gesucht, um sein Lebensprojekt in die Tat umsetzen zu können. Als Freund der deutschen Mystik und Sagenwelt strebte er nach einem Raum, in dem Natur und Kunst miteinander verschmelzen würden. Er war nicht zufrieden mit der Wirkungskraft seiner Gemälde in Ausstellungen und Museen und forderte ein Gesamterlebnis für seine Kunst.

Die Walpurgishalle sollte die erste einer Reihe von insgesamt vier Hallen werden, von denen Hendrich später in seinen Memoiren schreiben würde:

*»Mein Leben neigt sich dem Ende zu. Als Vermächtnis hinterlasse ich dem deutschen Volke diese Schöpfungen, in denen ich mein künstlerisches Glaubensbekenntnis niedergelegt habe. Mögen sie dazu beitragen, die Erinnerung an die herrlichen Mären und Sagen unserer großen Vorzeit lebendig zu erhalten und neu zu erwecken, so dass die düsteren Nebel, die uns jetzt bedrücken, durch ein glänzendes Morgenrot verscheucht werden.«*[23]

In den Metropolen der Welt waren Künstlerhäuser gerade in Mode gekommen, Hendrich wollte aber nicht in die Stadt, er wollte Authentizität. Der Standort sollte »wirken«.

Mit einer Reihe von Bildern, auf denen er den Hexentanz aus Goethes »Faust« festhielt, wollte Hendrich beginnen. Sein Wunschort war ursprünglich der Brocken gewesen, der auch bei Goethe eine große Rolle spielte. Da er dort keine Bauerlaubnis erhielt, bot die Stadt Thale eine Ausweichmöglichkeit an. Der Legende nach hatten sich die Schwestern der Walpurga auch hier versammelt. Hendrich erhielt den Zuschlag, im Gegenzug einigte man sich darauf, in den Hallen nebst Hendrichs Gemälden auch archäologische Funde aus der Umgebung auszustellen.

Hendrich beauftragte den Architekten Bernhard Sehringer mit der Verwirklichung der Walpurgishalle. Sehringer war nicht irgendein Architekt. Er hatte unter anderem das Theater des Westens sowie die Fassade des Warenhauses Tietz in Berlin gebaut, mehrere Wohnhäuser in Charlottenburg und viele andere Theaterhäuser in Deutschland. Sehringer setzte sich mit der Wirkungsweise von Räumen auseinander, was sehr gut in seinem Patent auf einen »Nachthimmel für Theater und sonstige Räume« zu sehen ist. Diese grandiose Erfindung wurde zum ersten Mal im Berliner Varieté Wintergarten angewandt, wo 4564 winzige Glühbirnen an der Decke einen Sternenhimmel simulierten. Sehringer war ein Vorreiter der Erlebnisarchitektur und passte so gut zum Visionär Hendrich, der die deutsche Mythologie »erlebbar« machen wollte. Die Hallen wirkten nicht nur visuell durch Architektur und Lichtverhältnisse, es wurde in ihnen sogar Musik gespielt, vorzugsweise Wagner und Grieg.

Die Stadt Thale durfte bald feststellen, ihren Hexentanzplatz in die richtigen Hände gegeben zu haben, denn die Walpurgishalle verhalf dem Naturidyll zu einem Besuchermagneten. Nicht unbeteiligt daran war der mit Hendrich befreundete Ernst Wachler, der zwei Jahre später in unmittelbarer Nähe der Halle das Harzer Bergtheater eröffnete, das auch heute noch Besucherströme anzieht. Das erste Stück hieß »Walpurgis«. Wachler sollte später ein Mitbegründer der Germanischen Glaubensgemeinschaft werden, angeblich die weltweit erste heidnische Glaubensgemeinschaft. 1945 starb er wegen dieses Bekenntnisses im KZ.

Einer der Hauptgründe, warum Hendrich heute kaum mehr bekannt ist, ist seine Liebe zur germanischen Mythenwelt, die von späteren Generationen missverstanden wurde, denn sie ähnelte zu sehr der rassistischen Ideologie der Nazis. Für Hendrich, der bereits 1931 verstarb, war die Sagenwelt der Germanen eine Inspiration, eine Muse, die ihn sein ganzes Leben hindurch begleitete.

Hendrich wuchs in der Gegend um den Kyffhäuser auf. Schon früh begegnete er der Welt der Sagen: Seine Familie lebte einige Zeit in einer Mühle, auf der angeblich ein Fluch lastete. Hendrich berichtete später auch von einem befreundeten kauzigen Nachbarn, der Vögel an sein Tor nagelte. Schon als Junge wollte Hendrich Maler werden, musste zunächst aber Lithographie lernen und »Schnapsetiketten und andere geldbringende Sachen«[24] machen. Als er diesen Beruf in Hannover ausübte, besuchte er eine Aufführung des »Tannhäuser«. In seiner Biographie schreibt er später:

*»Wenn ich nun, zurückschauend, überdenke, was damals den tiefsten Eindruck auf mich gemacht hat, so war es neben dem Museum mit seinen vielen Kunstschätzen eine Uraufführung des ›Tannhäuser‹ im dortigen Hoftheater. Vom hohen Olymp herab blickte ich in*

*eine neue Wunderwelt, war ganz berauscht von der wunderbaren Musik und dem herrlichen Spiel – gab doch der berühmte Niemann in strahlender Jugendschöne den Tannhäuser. Ich war wie verzaubert; nach der Vorstellung lief ich noch stundenlang durch den Park mit der Sehnsucht im Herzen, später etwas Derartiges malen zu können.«*[25]

Von diesem Moment an verfolgte Hendrich ein klares Ziel. Er wollte Maler werden und Werke wie Wagner auf der Leinwand schaffen. Zunächst zog er nach Berlin und lernte dort das Malen in der Abendschule.

Er muss ein umtriebiger, mitreißender Mann gewesen sein, denn an Freunden fehlte es ihm nicht. Besonders einprägsam in dieser Zeit war eine Fahrt mit einem befreundeten norwegischen Maler in dessen Heimat. Dort verbrachte Hendrich einen Sommer, von dem er lange zehren würde. Später zog er nach Amsterdam, heiratete und besuchte mit seiner Frau Kläre (*»...meine Lebensgefährtin; köstlicher Humor und strahlende Lebensfreudigkeit«*)[26] seinen Bruder in New York. Zu seinem großen Erstaunen verkaufte er dort alle seine Bilder an einen Kunsthändler und hätte sich nun in Amerika ein gutes Leben als Maler einrichten können, doch spürte er ein Verlangen nach der alten Kultur Deutschlands und kehrte zurück. In München studierte er jetzt richtig, Landschaftsmalerei bei Prof. Wenglein. Dieser war von der Motivwahl Hendrichs nicht begeistert. Als Hendrich nach einem Besuch der Insel Bornholm mit Gestalten und Bildern aus der Beowulf-Sage zurückkehrte, bemerkte Prof. Wenglein:

*»Ja, mein Lieber, da kann i halt nix zu sagen, i hab' keinen Drachen g'sehn.«*[27]

Die Bilder begeisterten aber das preußische Kulturministerium, und Hendrich erhielt ein Stipendium mit der Auflage, ein Atelier in Berlin zu beziehen. Worüber Hendrich, dem die Landschaft um München ohnehin nicht gefallen hatte, glücklich war. In Berlin ging es nun stetig bergauf. Hendrich malte weiter seine

Da thront sie, die Nibelungenhalle. Besucher sind erwünscht.

Sagen, selbst der Kaiser gab ein Bild in Auftrag, und Hendrich war von diesem Zeitpunkt an auf vielen Ausstellungen vertreten und wurde mit dem Schweizer Böcklin verglichen.

Hendrichs hatte ein illustres Umfeld, zu dem auch Edvard Munch gehörte. Mit ihm beteiligte sich Hendrich auch an öffentlichen Diskussionen zum Status der Kunst, was sich vor allem in den Auseinandersetzungen mit den Berliner Sezessionisten äußerte. 1901 erreichte Hendrichs Leben mit dem Bau der Walpurgishalle einen Höhepunkt. Damit setzte er seinem Kunstverständnis ein bleibendes Denkmal.

Nur zwei Jahre später arbeitete er an einer weiteren Halle, dieses Mal in Schreiberhau im Riesengebirge, der Heimat Rübezahls. Die »Sagenhalle« stand inmitten der beeindruckenden Landschaft quasi als Einsiedelei und bildete den Grundstein einer Künstlerkolonie, die sich hier über die Jahre ansiedeln würde. Wieder hatte Hendrich es geschafft, einen stillen Ort für andere attraktiv zu machen. Dank der vielen Besucher erhielt die Stadt auch Anschluss an die Eisenbahn.

Von der Sagenhalle ist heute nichts mehr zu sehen, angeblich steht ein Hotel auf ihren Ruinen. Lediglich das benachbarte Wohnhaus Hendrichs steht noch und wird heute von der Universität Breslau verwaltet.

1907 wurde Hendrich Mitbegründer des »Werdandi-Bunds«, der als Gegenbewegung zum zunehmend als dekadent und hypermodern empfundenen Kunstbegriff zu verstehen ist. Andere Mitglieder des Bundes waren unter anderem Wilhelm Busch, Engelbert Humperdinck und sogar Theodor Heuss.

Hendrichs Leidenschaft, Hallen in der Natur zu bauen, fand weitere Geldgeber und Mitstreiter. 1913 wurde auf dem Drachenfels in Königswinter die Nibelungenhalle errichtet. Sie sollte den 100. Geburtstag Richard Wagners zelebrieren und stellte Hendrichs Gemälde zu einem Nibelungenzyklus aus. Wieder verhalf die Halle dem Ort zu einem Besuchermagneten, vor allem später, in den fünfziger Jahren des letzten Jahrhunderts. Zu Zeiten des Wirtschaftswunders galt es als schick, beim Betriebs-, Schul- oder Familienausflug hierherzukommen. Und es wurde ja schließlich viel geboten: Nebst Kaffee und Kuchen mit Sicht auf eine Rheinschlaufe beinhaltete der Besuch der Nibelungenhalle auch die Besichtigung der Burgruine Drachenstein. Wer wollte, konnte hinter der Halle sogar Reptilien bestaunen.

Der Kunsttempel steht heute wie ein Kuriosum da. Längst ziehen nicht mehr dieselben Massen den Berg hinauf. »Nibelungenhalle, Drachenhöhle, Reptilienzoo«, so steht es an der Tür. An der Stelle, an der Siegfried der Hüne einst den Drachen Fafnir erlegte, können heute noch immer seine Nachfahren besichtigt werden. Dabei geht die Nibelungenhalle mit ihren Kunstwerken fast unter. Immerhin steht sie seit 1987 unter Denkmalschutz. Da sie von privater Hand geführt wird, kann sie nur spärlich restauriert werden. Aber gerade das macht heute ihren Charme aus, sie wirkt wie ein Relikt aus einer anderen Zeit, ähnlich den Krokodilen im angegliederten Zoo.

Runen zieren den Eingang, der von hämmernden Zwergen eingerahmt wird. Im Innern der Halle empfängt den Besucher wieder das gedämpfte Licht, das schon von der Walpurgishalle

Der Drache Fafnir hat heute bessere Gesellschaft: gleich hinter ihm werden die Krokodile gehalten.

bekannt ist. Eine Midgardschlange ist in den Boden eingelassen. Wie ein alter Tempel scheint die Halle auf eine bestimmte Erfüllung zu warten, als harre sie darauf, wachgeküsst zu werden.

Für die letzte von Hendrichs Hallen gab es kein Happy End. Die Halle »Deutscher Sagenring«, die Hendrich 1926 in Burg an der Wupper erbaute, wurde im Zweiten Weltkrieg zerbombt. Heute gibt es keinerlei Hinweise mehr auf sie. In ihr waren Bilder verschiedener Märchen und Sagen zu sehen, doch entwickelte sie sich nie zum Besuchermagneten wie die anderen Hallen.

Hendrich wurde schließlich von einem Zug überfahren und erlitt dasselbe Schicksal wie seine geliebten Germanen: Er verschwand und mit ihm das, was ihm wichtig war. Sein Name und sein Weltbild sind so verstaubt wie die Gemälde in den beiden übriggebliebenen Hallen. Wer sich aber die Mühe macht, ein wenig zu pusten, wird wieder die leuchtenden Farben erkennen, mit denen sie einst gemalt worden sind.

**Walpurgishalle**
Am Hexentanzplatz
06502 Thale
Tel.: 039 47 / 23 24

**Nibelungenhalle**
Drachenfelsstraße 107
53639 Königswinter
Tel.: 022 23 / 241 50

## || 12 ||

# Zu Hause beim Wanderprediger

*Der beste Steuerzahler in Arendsee war einst ein Wanderprediger.*
*Die Ruine seines selbst erbauten Tempels steht noch heute.*

Lange Zeit lag die Altmark östlich der deutsch-deutschen Grenze und somit im Schatten der Geschehnisse. Die Stadt Arendsee, auch genannt die Perle der Altmark, am gleichnamigen Gewässer, döst heute noch in der geographisch-politisch verordneten Ruhe. Außer Herrn Aldi und Frau Lidl sind keine Fremden gekommen. Pferdefleisch wird keines mehr verkauft, doch sind die Schilder, die es einst anboten, noch nicht vollständig vergilbt. Auf dem See verkehrt ein Mississippi-Ausflugsdampfer, und Segelboote nutzen jede frische Brise. Eine Seepromenade führt um den ganzen See herum, vorbei an den Ruinen eines Benediktinerinnenklosters und einigen Badestellen. Aus touristischer Sicht könnte Arendsee ein herrlicher Ausflugsort werden, doch machen sowohl Bahn als auch Autobahn einen großen Bogen um den Ort, und es verirrt sich kaum jemand hierher.

Einst war das anders.

Fast hundert Jahre ist es her, dass sonntags ein Sonderzug aus Stendal eingesetzt wurde, um Neugierige nach Arendsee zu bringen. Sie kamen nicht nur, um sich den hübschen Ort anzusehen, sondern auch einen »*Mann mit einem famosen Körper. Wirklich tadellose(r) Haut und schöne(n) Muskeln, auch ein hübsches klares Gesicht mit etwas Schwärmer Zügen …*«[28], wie der Architekt Walter Hoffmann einst über diese Erscheinung schrieb.

Gustaf Nagel nannte er sich, Wanderprediger und Tempelwächter, später dann auch »als von Gott verklärtes Werkzeug, sein Friedensapostel, Botschaftsempfänger, Dichter und Liedermacher«.[29] Wer ihn in seinem selbstgebauten Tempel am Arendsee besuchte, durfte eine Show erwarten, wie es sie sonst nirgendwo zu sehen gab. Denn Gustaf war ein Naturtalent in der Inszenierung seiner selbst.

Seinen Tempel baute er sich auf einem Ufergrundstück des Sees, geradeso, wie Gott es ihm eingegeben hatte. Oder so ähnlich.

Das Tempelhaus war dem Grab Christi in Jerusalem nicht unähnlich und hatte bunte Fenster, die zum See schauten. Es gab außerdem noch ein Schwanenhäuschen, in dem zwei Schwäne wohnten, und einen Steg mit phallusartigen Säulen. Hier stand Gustaf allabendlich um sieben Uhr und blies die Trompete. Er baute auch eine kleine Laube mit herzförmigem Tisch, die der Königin Luise und seiner Mutter gewidmet war, und einen Springbrunnen, der Wasser spritzte, wenn Nagels Kinder ordentlich pumpten. Nagel selbst spielte entweder selbst gedichtete Weisen auf dem Harmonium oder schwang Reden über Gott und die Welt und vor allem über sich selbst. 1934 berichtete die *Chemnitzer Tageszeitung* über Gustavs Musik:

> »*Gustaf Nagel wendet sich an seinen Sohn, der vor dem Harmonium Platz genommen hat. Adolf, jetzt wollen wir noch das Lied ›Rosen blühen wunderbar, Bäume tragen Früchte‹ singen. Das Harmonium setzte ein. Den Tönen nach, die Adolf dem Instrument entlockte, muss es auf ein ehrfürchtiges Alter zurückblicken können. Gustaf Nagel nimmt seinen goldenen Zwicker von der Nase und singt. Die Besucher räumen schnell das Feld.*«[30]

Später erweiterte Gustaf Nagel seine Tempelanlage um eine Säulenhalle, die oberhalb des Grundstücks auf einem Hang stand. Eine Treppe verband beide Areale miteinander. Von dort hatten die Besucher eine gute Sicht über das gesamte Tempelareal und den See. Und Gustaf verdiente sich hier ein paar Groschen durch den Ausschank von frischem Obstsaft.

Heute muss man schon genau suchen, um die Spuren des Tempelwächters zu finden. Wer von der Hauptstraße in Arendsee den Gustaf-Nagel-Weg zur Seepromenade einschlägt, kommt vorbei an Charly's Café-Garten. Bunte Bierbänke und Tische stehen im Garten des etwas verwahrlost wirkenden Lokals. Am hintersten Ende, bevor das Grundstück zum See hin abfällt, wurden ein paar alte Autoreifen deponiert. Genau dort steht noch die alte Säulenhalle, die Gustaf Nagel einst hier erbaute. Betreten werden kann sie nicht mehr, sie ist vergittert und verschlossen. Der Blick auf den See ist auch kaum mehr frei, zu hoch sind die Bäume in den letzten hundert Jahren gewachsen. Doch die Treppe steht noch, die die Säulenhalle mit dem Tempelareal verband, ebenso wie ein selbst gemörteltes Portal.

Gustaf Nagels ehemaliges Seegrundstück ist neuerdings wieder eingezäunt und mit Lebensbäumen bepflanzt worden. Königin Luises Laube steht noch und auch eine Treppe, direkt am Ufer. Wer emporsteigt, kann ein wenig nachempfinden, wie es hier einst ausgesehen haben muss. Immer wieder kommen Spaziergänger vorbei und verweilen an den Ruinen. Vor allem ältere Menschen bleiben stehen und nicken mit dem Kopf. Sie kannten Gustaf Nagel noch, und einen wie Gustaf, den vergisst man nicht, sein Leben lang nicht.

Gustaf Nagel stammte aus einer Gastwirtsfamilie in Werben an der Elbe. Seine Mutter gebar acht Kinder, wovon nur drei überlebten. Gustaf war der Jüngste. Zu seiner Mutter hatte er ein inniges Verhältnis, das geprägt war von starker Mutterliebe und überzogener Fürsorglichkeit. Das Verhältnis zum Vater dagegen war kalt, wobei in der wilhelminischen Zeit Männer ohnehin nicht gerade als Emotionsschleudern bekannt waren. Mit 14 Jahren ging Gustaf Nagel bei einem Kaufmann in Arendsee in die Lehre und nahm sogar Tanzstunden. Zwei Jahre später erkrankte er und musste die Lehre beenden. Es ist bis heute nicht ganz klar, was sich Gustaf da zugezogen hatte. Er konnte schlecht atmen, bekam einen Hautausschlag und litt an Krämpfen. Ein anderer Lehrling, der beim selben Kaufmann eingestellt war, erkrankte an den gleichen Symptomen, ließ sich schulmedizinisch versor-

Überreste der Säulenhalle. Einst predigte Gustaf Nagel hier über Gott und die Welt und vor allem sich selbst.

gen und starb. Gustaf dagegen sah sich in Träumen barfuß durch den frischen Morgentau wandeln. Auf Rat der Mutter begann er einen Briefwechsel mit dem Pfarrer Kneipp und pflegte sich nach naturkundlichem Wissen. Er aß nur noch Rohkost und setzte sich Wechselbädern aus. Langsam wurde seine Gesundheit besser. Er beschäftigte sich ab diesem Zeitpunkt intensiv mit der Naturheilkunde und warb mit 21 Jahren in Zeitungsannoncen mit seinem Wissen. 1896 beschloss er, nur noch in einer selbst gewählten Orthographie zu publizieren. So schrieb er von nun ab Annoncen, Briefe, Postkarten und Gedichte nur noch so wie gesprochen: klein und einfach.

Im Jahr darauf verstarb die Mutter, und als sein Vater ihm gewaltsam die Haare abschneiden wollte, floh Gustaf Nagel in eine selbstgebaute Erdhöhle bei Arendsee. Er bepflanzte sie mit Blumen und zierte sie mit weißen Fähnchen. Er wollte diesen Lebensabschnitt nicht vor der Fertigung von 300 Gedichten beenden.

Die Zeitungen wurden auf ihn aufmerksam und schrieben über den Sonderling. Ein örtlicher Fotograf lichtete ihn in seiner Erdhöhle ab, und die ersten Besucher strömten herbei – Nagel empfing sie wohlwollend. Viele erwarben von ihm ein Bild zur Erinnerung.

Als Jugendliche seine Erdhöhle zerstörten, war dies für Nagel der Anlass, die Welt kennenzulernen und barfuß nach Berlin zu wandern. Auch hier spazierte er ohne Schuhe, ohne Hut und nur in langen weißen Kleidern durch die Stadt und verursachte Verkehrshindernisse und Menschenaufläufe. Während viele Bürger den so milde lächelnden und so einfühlsam daherredenden Nagel als Propheten betrachteten, sahen die Pastoren und Polizisten in ihm ein öffentliches Ärgernis – woraufhin Nagel wegen seiner Geisteszustandes untersucht und entmündigt wurde.

Von 1901 an begab sich Nagel auf große Wanderschaft. Zuerst in Deutschland, dann weiter nach Italien, Palästina und Ägypten. Einige Wegstrecken legte er mit Hund und Esel zurück, andere mit der Eisenbahn oder dem Schiff. Wo er auch auftauchte, begeisterte Gustaf Nagel die Frauen. In seinem Tagebuch steht von November 1902:

>*»Als wir uns unterhaltend in einem Speisehaus saßen, fragte ich die uns bedienende ungefähr 20 Jahre alte freundliche Tochter, ob sie auch solch einen nackten Mann haben möchte ...«*[31]

Seine Forschheit kam gut an. Männer zu dieser Zeit waren preußisch erzogen und hatten wahrscheinlich wenig Einfühlsamkeit in die weibliche Psyche. Nagel dagegen wusste so manches Pförtchen zu öffnen. Von männlichen Zeitgenossen wurde Nagel eher kritisch betrachtet. So schrieb der Maler Diefenbach, der ihn auf Capri kennenlernte, in sein Tagebuch:

*»Soviel ich von Nagel weiß, steht derselbe auf einem kindisch-tierischen ›Naturmenschen‹-Standpunkt, der von vielen Frauen umschwärmt und unterstützt und dadurch eitel gemacht würde, so dass auch dieser ›Naturmensch‹ wie die meisten Vegetarier, die ich bis jetzt kennenlernte, nicht bloß mein öffentliches Ansehen, sondern die ganze von mir über den landläufigen Vegetarismus hinaus betriebene Lebensreform schwer schädigt.«*[32]

Und eitel war er: Am Weihnachtstag 1902 ritt Nagel auf einem Esel in Bethlehem ein. Sein ursprünglicher Plan war es, weiter nach Indien vorzudringen, doch beendete er seine Reise und kehrte zurück nach Deutschland. Inspiriert von den vielen Begegnungen unterwegs, wie die Kolonie auf dem Monte Verità im Tessin oder die des Künstlers Diefenbach auf Capri, wollte er in Arendsee seine Lebensweise auch für andere zugänglich machen. Er ging mit naivem Tatendrang an die Sache und pachtete sich am See ein Grundstück. Er plante eine Sonnenbadeanstalt, eine Kanarienvogelzüchterei und die Zucht von exotischen Gewächsen. Finanziert werden sollte das Ganze durch Eintrittsgelder. So legte er sich als weitere Attraktion auch ein Piano und einen Billardtisch zu.

In dieser Zeit gesellte sich eine hochschwangere Dame zu ihm: Marianne Konhäuser, genannt Meta. Auch sie trug ihre Haare offen und war in lange weiße Gewänder gekleidet. Sie war eine der Schülerinnen Diefenbachs und gebar Gustaf Nagel im November seine erste Tochter. Das Baby starb nach nur einer Woche – wahrscheinlich weil Gustaf es im kalten Seewasser badete, bis es blau anlief.

Trotz wiederholter Streitigkeiten wurden Gustaf und Meta einen Monat später offiziell getraut. Eine Zeitlang traten sie gemeinsam auf, hielten Vorträge über ihre gesunde Lebensweise, über die Liebe zu Gott und die Liebe zueinander. Gustaf verfasste

Pamphlete, Meta lächelte milde. Dann verließ sie ihn. Irgendwann kam sie zurück, wieder schwanger. Sie gebar ein weiteres Kind, das Gustaf nie anerkannte.

1908 ließen sich die beiden scheiden. Gustaf musste seine Badeanstalt schließen und begab sich wieder auf Wanderschaft. Er predigte und sammelte Gelder, denn in ihm war ein neuer Plan gereift. Er wollte eine Tempelanlage bauen und dort die Menschen ergötzen. Mittlerweile war er zum bekanntesten Wanderprediger Deutschlands geworden, hatte volle Säle, wenn er sprach, und viele Gönner.

1910 hatte er die nötigen Gelder zusammen, so viel, dass es für ein Seegrundstück in Arendsee reichte. Zwei Jahre später heiratete er wieder, diesmal eine bürgerliche Klavierlehrerin aus Chemnitz – Johanna Raith, die ihm drei Söhne gebar. Mit der Geburt des ersten Sohnes begann Nagel mit dem Bau seiner Tempelanlage. Immer wieder ließ er Mutter und Kinder im Tempel zurück, um auf Wanderschaft zu gehen, zu predigen und Postkarten und Schriften zu verkaufen.

Noch heute zeugen viele antike Postkarten vom »Barfußpropheten«. Er setzte sie werbetauglich und gewinnbringend ein. Gustaf ließ sich darauf fotografisch abbilden, in gekonnten, aussagekräftigen Posen, die heute kein Medienberater besser inszenieren könnte. Seine langen blonden Haare sind darauf sauber gekämmt, in der Mitte gescheitelt und fassen sein Gesicht in sanften Wellen ein. Dazu trägt er einen Bart wie Jesu. Nagel ist auf jedem Bild barfuß und in ein langes weißes Gewand gekleidet. Wichtig für die Bildsprache der Postkarten sind auch die Requisiten, die Nagel einsetzte. Sei es ein Teller mit Kohlrabi und Blumenkohl, der im Hintergrund gehalten wird, oder hübsche blonde Mädchen, die mit Nagel in einem Holzkahn auf dem See sitzen, um seine Friedensbotschaft zu verkünden.

Allein 1901 verkaufte er 50 000 dieser Postkarten und verdiente damit zehnmal mehr als das durchschnittliche Einkommen einer Familie damals.

Seine zweite Frau Johanna war in einem bürgerlichen Haus aufgewachsen und konnte sich nur schwer an das Leben mit

Gustaf Nagel gewöhnen. Es half auch nicht, dass Gustaf immer wieder schwärmende Mädchen mit nach Arendsee brachte, die als Dienstmädchen eingestellt wurden. Sie sollten außerdem seinen besonderen Zugang zur Liebe am eigenen Leibe spüren.

Mittlerweile tobte der Erste Weltkrieg, und die Zeiten waren hart für die junge Familie. Gustafs Reaktion auf die Ereignisse waren ein paar künstlerische Erweiterungen im Tempel: Ein Bismarckkopf stand für das Nationalideal. Weiterhin errichtete er Säulen, die Glaube, Liebe, Hoffnung, Wissenschaft, Deutschtum und vaterländische Gesinnung verkörperten. Doch das alles reichte zum Leben nicht aus. Gustaf, der sein Leben lang gegen die Entmündigung kämpfte und sich infolgedessen immer wieder psychiatrisch untersuchen lassen musste, wurde in den Jahren 1912–1918 der Wanderpredigerschein entzogen. Somit war eine wichtige Einnahmequelle versiegt. Stattdessen erteilte Johanna in Arendsee Klavierunterricht.

1920 versuchte sie sich zusammen mit dem jüngsten Sohn Adolf im See zu ertränken und wurde daraufhin in eine Nervenheilanstalt eingeliefert. Gustaf war nun alleine mit den Kindern. Auch wenn er jetzt wieder öfter auf Wanderschaft war und in seiner Abwesenheit ein Dienstmädchen einstellte, wuchsen die drei Söhne, zwar barfuß und spärlich gekleidet, zu klugen Kindern heran. Sie halfen dem Vater beim Unterhalten der Tempelanlage und lernten selbst Instrumente zu spielen. Sie hatten viele Freunde, vor allem in den gutbürgerlichen Schichten der Stadt, und galten als sehr beliebt und tüchtig. Adolf war sogar Klassenbester.

Zur Zeit der Weimarer Republik wurde der Wanderprediger auch politisch aktiv. Er forderte eine private Mittelschule für Arendsee, einen Schulgarten und eine Gartenstadt. 1924 gründete er die »deutsch-kristliche-folkspartei« und erhielt ganze 4287 Stimmen bei der Reichstagswahl. Sein Obstgarten auf dem Tempelareal erblühte und wurde zu einer Attraktion der Altmark. Gustafs Obst soll besonders lecker gewesen sein, und Bauern aus der Gegend von Uelzen sollen ihn besucht haben, um von ihm zu lernen. Selbst Schulklassen aus der gesamten Umgebung kamen zum Klassenausflug nach Arendsee, um sich bei Nagel umzuschauen, Postkarten zu kaufen und seinen Vorträgen zu lauschen. Gustaf avancierte zum besten Steuerzahler der Stadt.

1933 zogen wieder düstere Wolken über das Leben des Tempelwächters. Mit dem Aufstieg der Nazis wachte man auch besonders penibel über den Sonderling. Eine Frau aus Neustadt in der Pfalz schrieb in der Zeitschrift *NS-Front*:

> *»Ich besuchte Gustaf Nagel (…). Er sieht noch schlimmer aus als auf den Ansichtskarten, die an einer anderen Kasse im Garten verkauft werden. Das Haar flattert im Herbstwind. Die entblößte Heldenbrust schreit nach wärmerer Bekleidung. Man hat sofort den Eindruck, dass es zweckdienlich wäre, ihn einzufangen, zu waschen, ihm zwangsweise die Haare zu schneiden und ihn in ein Arbeitslager zu stecken. (…) Auch wäre es nicht unangebracht, wenn man Gustaf Nagel auf alle Fälle in den Bereich des neuen Sterilisationsgesetzes ziehen würde.«*[33]

Gustaf hatte da aber anderes vor. 1934 suchte er wieder nach einer geeigneten Braut. Wie ernst es ihm damit war, beweist eine Annonce, die er aufgab:

> *»welche dame ist bereit, mit mir am arendse einen jungborn zu eröfnen, damit wir mit dem funde wucher treiben könen, welches uns got hir am arendse als heilwert gab, es masif goldig und stralend glänzend gesund machen auszuprägen: gustaf nagel. – habe auch kirschen abzugeben.«*[34]

Den Nazis war Nagel ein Dorn im Auge. Er durfte seine Fahnen am See nicht mehr hissen, seine Reden wurden überwacht und seine Einnahmen konfisziert. Schon seit 1930 war Schulklassen der Besuch im Tempel verboten.

Und nun ging es Schlag auf Schlag. Eine Krankenschwester aus Berlin verliebte sich in Gustaf, und sie heirateten 1938. Eleonore Teichmann war aber alles andere als die Auserwählte. Die Streitereien zwischen ihr und Gustaf eskalierten bald so weit, dass Gustaf behauptete, Eleonore wolle ihn vergiften. Schon 1941 wurde die Scheidung eingereicht. Dann wurden Gustafs Söhne von der Wehrmacht einberufen. 1942 fiel Adolf, der Jüngste, in Russland. 1943 wurde Nagel ins KZ Dachau eingeliefert. Als seine Söhne an der Front davon erfuhren, setzten sie sich sofort für ihn ein und konnten eine Überstellung in die Nervenheilanstalt in Uchtspringe in der Nähe Arendsees veranlassen. Im Mai 1945 wurde er dort entlassen und wanderte zu Fuß nach Arendsee zurück. Als er die Stadt betrat, soll er ausgerufen haben: Adolf ist tot – Gustaf ist wieder da!

Ein neues Zeitalter hatte begonnen. Gustaf galt jetzt offiziell als Opfer des Faschismus und erhielt die Lebensmittelmarke mit Vermerk »Schwerarbeiter«. Er suchte auch wieder nach einer Begleiterin und klebte Zettel an Bäume mit der Aufschrift: »suche eine 25 järige frau«. Sein Tempel war zwar von der Hitlerjugend demoliert worden, doch machte er sich sofort wieder an den Neuaufbau. Bald schon wurde er wieder in seinem Tempel besucht, hielt Vorträge über die Zeit im KZ. Auch Schulklassen suchten ihn wieder auf. Sein großes Thema war jetzt die »fersönung der fölker«.

Am 22. März 1949 lud er punkt ein Uhr mittags die Einwohner Arendsees ein, an der Krönung des Ururenkels des Kaisers Wilhelm I. teilzunehmen. Viele kamen, um der Krönung beizuwohnen, nur Louis Ferdinand, der zu Krönende, nicht. Doch muss eine so elektrisierte Stimmung in der Luft gelegen haben, dass sich noch heute ältere Arendseer an diesen Tag erinnern.

1950 verfasste Nagel einen Text mit dem Titel: »sone und libe – friden auf erden« und schickte ihn an die Bundesregierung in Bonn sowie an die englische, französische, amerikanische und russische Kommandantur in Berlin und an die DDR-Regierungssitz in Berlin und in Halle. Als kurz darauf vier Urlauber sich einen Scherz mit ihm erlaubten und ihn als Botschafter der vier Siegermächte verkleidet besuchten, um mit ihm den Friedensvertrag zu unterzeichnen, und Gustaf daraufhin den Bürgermeister absetzen wollte, war das Wohlwollen gegenüber dem Sonderling zu Ende. Er wurde am nächsten Morgen mit einem Sanitätsauto

**85**

abgeholt und wieder in die Nervenheilanstalt von Uchtspringe eingeliefert. Dort starb er dann auch 1952 an Herzversagen.

Gustaf Nagels Grundstück am See wurde verpachtet, zum Teil in einen Kaffeegarten umgewandelt, dessen Reste noch heute zu sehen sind und bewirtschaftet werden. Leider interessierte sich niemand mehr für die Instandhaltung der Gebäude, und so verfielen diese langsam, aber sicher. 1968 wurde der Tempel schließlich abgerissen.

Wer heute nach Arendsee kommt, setzt sich am besten auf die Stufen der noch existierenden Tempeltreppe und wartet, bis ältere Arendseer vorbeispazieren. Die erzählen die schönsten Geschichten von ihrem Gesundheitsapostel, und man kann in den alten Gesichtern plötzlich wieder Kinderaugen leuchten sehen.

**Tempelareal Gustaf Nagel**
**Seepromenade**
**39619 Luftkurort Arendsee**

**Tourismusbüro:**
**Tel.: 03 93 84 / 986 57**

**Frau Meyer in Arendsee besitzt ein Nagelarchiv:**
**Tel.: 03 93 84 / 987 00**

## 13

# Von einem, der zu Hause blieb, um Künstler zu werden

*Im Junkerhaus zu Lemgo ist alles geschnitzt: Decken, Böden, Wände, Möbel, innen und außen. Als sein Erbauer starb, wusste man in Lemgo lange Zeit nichts mit dem seltsamen Gebäude anzufangen. Erst als das Gebäude in Übersee als Gesamtkunstwerk bekannt wurde, besann man sich eines Besseren.*

»Ich werde einen neuen Stil erfinden. Man wird mich vielleicht nicht gleich verstehen. Es wird mir ergehen wie Richard Wagner und seiner Musik. Aber später, nach 50, vielleicht nach 100 Jahren, wird man erkennen, was ich war.«[35]

So soll Karl Junker (1850–1912) vor ungefähr hundert Jahren gesprochen haben. Er wurde bis heute nicht verstanden. Aber man bemüht sich. Karl Junkers »neuer« Stil manifestiert sich in einem Haus in der lippeschen Stadt Lemgo, das allgemein als Junkerhaus bekannt ist. Es handelt sich hierbei um ein Fachwerkhaus, das er 1889 selbst konzipierte und das man betreten haben muss, um es in Worte fassen zu können. Selbst das wird schwerfallen, denn so etwas hat es noch nie gegeben. Alles an diesem Haus – innen wie außen – wurde von Junker beschnitzt. Was nicht beschnitzt ist, ist bemalt. Sogar die Möbel im Inneren des Hauses passen sich an Decken, Wände und Gesamtbild an. Der Besucher betritt eine andere Welt: die Welt Karl Junkers.

Die kann durchaus verstörend wirken. Zumal sich eine so intime und vollständig ausgeführte Welt selten als vollständig ausgeführtes, dreidimensionales betretbares Haus eröffnet. Die Re-

**87**

Heute wieder als Postkartenmotiv tauglich: das Junkerhaus

aktionen der Besucher fallen dementsprechend verschieden aus. Einige fangen einfach an zu lachen. Andere bilden sich ein, die Präsenz von Geistern zu spüren. Wieder andere stehen still vor Rührung.

Das Haus ist quaderförmig gebaut. Während die meisten Häuser der Hamelner Straße in Lemgo direkt an der Straße stehen, erhebt sich das Junkerhaus weiter nach hinten versetzt wie ein Klotz auf einem Hügel.

Junker machte alles anders. In der damaligen Lemgoer Bauordnung waren Fachwerkhäuser zwar zulässig, aber nicht erwünscht. Schon beim Bauantrag ging Junker seinen eigenen Weg und lieferte anstatt von Skizzen ein Modell seines Hauses im Maßstab 1:20 ab. 1891 stand der Rohbau, und zwei Jahre später war die Fassade des Hauses auf einer Lemgoer Postkarte abgebildet. Ein Postkartentext von 1905 besagt:

*»Dieses, vom Besitzer Junker selbst erbaute Haus ist mit geschnitzten und bemalten Holztäfelchen bekleidet. Es gehörte eine unendliche Ausdauer und Arbeitskraft dazu, dieses Gebäude, dessen Inneren dem Äußeren entspricht, auszuführen. Die Möbel sind ebenfalls alle von dem Besitzer in gleicher Weise hergestellt und mit den wunderlichsten geschnitzten Figuren verziert.«*[36]

Es gibt phallenartige Schnitzereien, Bilder von nackten Frauen, Lichtgestalten und glückliche Kinder.

Im Erdgeschoss sind ein Atelier, eine Küche, ein Arbeitsraum und die Vestibüle untergebracht. Im oberen Stockwerk, das durch eine wundersame Treppe bestiegen wird, befinden sich die privaten Räume: ein Wohnzimmer, ein Salon, ein Schlafzimmer und zwei Schlafkammern. In einem der Zimmer steht sogar eine Wiege. Von der Funktionalität her betrachtet sind die Möbel außer einer Ausnahme eher bürgerlich. Betten, Kommoden, Schränke, Sofa und Ohrensessel. Dann im Atelier etwas, das nur als Thron beschrieben werden kann. Ob Junker darauf über sein Reich wachte, sich inspirieren ließ oder ob das Monstrum eine ganz andere Funktion hatte, dazu müsste man Junker fragen können. Zu spät.

Zu Lebzeiten bot Junker selbst Führungen durch sein Haus an. Schon in einem regionalen Reiseführer von 1895 heißt es über das Haus: *»... welches dem Kunsttischler Junker gehört und in seiner Art jedenfalls ganz alleinstehend ist. (Entree 25 Pf.)«*[37]

In überregionalen Reiseführern wie dem Baedeker taucht das Haus aber nicht auf. Auch nicht in Architektur- oder kunsthistorischen Führern der Region. Es bleibt ein Kuriosum. Als Junker stirbt, lautet der Nachruf in der Zeitung:

*»Jeder Fremde, der in Lemgo etwas sehen wollte, um seine Langeweile zu kürzen, ging erst zum Junkerhäuschen.«*[38]

Nach seinem Tod wurde es ruhig um das Junkerhaus.

Es ging in den Besitz einer Erbengemeinschaft über, die es weder verkaufte noch selbst nutzte. Ein Nachbar besaß den Schlüssel und gab für einen Obolus selbst Führungen. Nachts kletterten Kinder ins Haus. Allmählich wurde es als Geisterhaus abgestempelt und tauchte als solches in den fünfziger Jahren als Lückenfüller in Zeitungen in ganz Deutschland auf. Da keine Baumaßnahmen vorgenommen wurden, musste sich 1952 ein Bauausschuss überlegen, was mit dem Haus zu tun sei. Der damalige Oberbaurat lehnte eine Aufnahme in die Denkmalliste ab:

*»... als die Ausgeburt einer krankhaften künstlerischen Phantasie (ist das Haus) in keiner Weise würdig (...), in die Liste der geschützten Baudenkmäler aufgenommen zu werden, und dass es verkehrt wäre, Mittel der Denkmalpflege zu seiner Unterhaltung aufzuwenden, die weit zweckmäßiger dem reichen Bestand wertvoller Baudenkmäler der Stadt Lemgo zugute kommen müssten. Das Übermaß der alles bedeckenden Schnitzereien in dem hässlichen Knorpelstil und die unkünstlerischen Malereien können nur als das Produkt künstlerischer Verirrung angesehen und als Gegenbeispiel gewertet werden.«*[39]

Das Haus passte nicht in die Zeit des Wirtschaftswunders. Passt es überhaupt in eine Zeit?

1963 kaufte schließlich die Stadt das Haus doch auf mit der Begründung:

*»... das Gebäude sei kein künstlerisch wertvolles Objekt, (...) aber es stelle eine Sehenswürdigkeit dar, an deren Erhaltung besonders der Verein ›Alt-Lemgo‹ interessiert sei.«*[40]

Jetzt also stand das Junkerhaus unter dem gemütlichen Stern der Heimatkunde.

Immer mehr Mythen bildeten sich um das Haus und seinen Erbauer. Junker soll eine Zeitlang in Indien gelebt haben, munkelten die einen. Er soll zeit seines Lebens unglücklich verliebt gewesen sein, die anderen. Bis in die siebziger Jahre hinein stand ein Schild vor der Tür, auf dem geschrieben stand: *»Denkmal eines unglücklich Liebenden«.*

Wer war dieser Karl Junker, und warum baute er sein Lebenswerk in einer kleinen Provinzstadt wie Lemgo? Leider leben heute keine Zeitzeugen mehr, und was an biographischen Daten vorhanden ist, ist spärlich. Junker wurde mit sieben Jahren Vollwaise und wuchs beim Großvater auf. Er besuchte das Gymnasium in Lemgo und lernte das Tischlerhandwerk. Als Geselle ging er auf Wanderschaft nach Berlin und München, später lernte er bei einem Meister in Hamburg. Er verliebte sich wohl auch in dessen Tochter, doch wurde nichts daraus. Mit 25 Jahren schrieb er sich in der Akademie der Bildenden Künste in München ein. Aus keinem ersichtlichen Grund gab er dabei den Beruf des Vaters, der eigentlich Schmied war, als »Doktor der Philologie« an und nannte sich selbst einige Zeit lang Architekt – auch wenn dieses Studium nicht an der Akademie angeboten wurde. Ein Freund berichtet aus der Zeit, Junker habe sich wie ein Künstler ver-

Die Fassade des Junkerhauses: Alles ist geschnitzt. Innen sieht es nicht anders aus.

halten: Er habe einen Schlapphut über langer Mähne getragen und hochtönende Reden gehalten. Mit seiner Volljährigkeit erbte Junker das Vermögen des Vaters und kurze Zeit später, nach dem Tod des Großvaters, auch dessen Besitz. Er hatte jetzt genug Geld, um nie mehr arbeiten zu müssen. Nach nur zwei Jahren auf der Akademie behauptete er, den »Rompreis« gewonnen zu haben. Bis heute weiß keiner, was das gewesen sein könnte. Junker verbrachte zwei Jahre in Italien. Skizzenbücher, gefüllt mit verschiedenen Gebäudezeichnungen, lassen nachvollziehen, welche Orte er dort besuchte.

1883 zog er nach Lemgo und versuchte wohl, sich hier als Künstler zu etablieren. Die Gestaltung der Festadresse zur Silberhochzeit von Fürst Woldemar und der Fürstin Sophie wurde an Junker vergeben, doch als er die Grußkarte fertig gezeichnet hatte, war sie umstritten. Einer der Auftraggeber wollte die Übergabe sogar kurzfristig verhindern, »weil die Adresse des Malers Junker in jämmerlicher Liderlichkeit ausgeführt« sei.[41]

Im selben Jahr bewarb Junker sich mit einem Entwurf für die Museumsinsel in Berlin, doch verlaufen sich die Spuren hierzu im Sand der Geschichte und den Archiven des Pergamonmuseums. Wäre der Entwurf angenommen worden, wüsste man das heute. Junker malte trotz der Enttäuschung weiter und soll zumindest ein Mal mit seinen Gemälden nach Berlin gereist sein, um sie dort auszustellen, kehrte aber unverrichteter Dinge wieder zurück.

Künstlerisch in einer Sackgasse, wollte Junker der Welt etwas ganz Neues zeigen und begann mit der Konzeption seines Hauses.

Ende des 19. Jahrhunderts wurden in München und anderen europäischen Großstädten die ersten Künstlerhäuser gebaut. Dies waren jedoch meist große palastartige Gebäude, die von einem Künstler »durchdesignt«, aber nicht selbst ausgeführt wurden. Junker dagegen gestaltete in seinem Haus alles selbst. Zeitgleich entwickelte sich in England das »Arts and Craft Movement« von William Morris, das sich auf den mittelalterlichen Zunft- und Handwerksbetrieb berief und die Rolle des Künstlers als Handwerker propagierte. Auch davon könnte Junker etwas mitgenommen haben, zumal Morris den Begriff des »Domestic Revival« prägte, die Reform des Wohnraums als Lebensraum. So gesehen könnte Junkers Haus als utopisches Musterhaus verstanden werden. Vielleicht dachte Junker darum auch an die Kinderausstattung, als er sein Haus einrichtete, auch wenn er nie Vater wurde. Der als Tischler ausgebildete Junker fand mit dem Haus einen Weg, seine Handwerkskunst mit seinem Kunstanspruch zu verbinden. Was in der Welt funktionierte, scheiterte jedoch in Lemgo. Das Haus war zu individuell und sonderbar für die Kleinstadt und konnte daher nur als Kuriosum durchgehen. Junker fühlte sich missverstanden und zog sich immer mehr zurück. Er wird als »Schuhu« beschrieben, mit wildem Bart und unheimlichen Augen. Bis zuletzt ließ er es sich aber nicht nehmen, Führungen durch sein Haus anzubieten.

Die Ironie des Schicksals will es, dass zwei Jahre nach Junkers Tod seine Kunstwerke doch in Berlin ausgestellt werden. Fünfzig Gemälde, Skizzen und Skulpturen werden in der »Neuen Sezession« gezeigt und auch von der Presse rezensiert. Junker kam gut an. 1920 eröffnete in Hannover der Sammler von Garvens eine Galerie mit Werken von Toulouse-Lautrec, Chagall, Kokoschka, Munch und auch Karl Junker. In Lemgo wusste davon keiner.

Es hätte alles so schön sein können, wäre da nicht der Heidelberger Psychiater und Kunsthistoriker Hans Prinzhorn gewesen, der sich für Junkers Gemälde interessierte und viele davon in seine Prinzhorn-Sammlung aufnahm. Er schrieb 1922 das Buch »Die Kunst der Geisteskranken«. Von da an wurde Junker nur noch als schizophrener Künstler wahrgenommen. Und es wurde immer schlimmer: 1928 veröffentlichte der Hamburger Psychiater von Kreyenberg einen Artikel über Junker in der renommierten *Zeitschrift für die gesamte Neurologie und Psychiatrie*, in dem er schreibt: »*Junker war kein Künstler, sondern ein Kranker, der schwer unter seiner Krankheit litt.*« Das Urteil war gefallen und endlich ein Anhaltspunkt gefunden, um Junkers Kunst einordnen zu können und sie zu verstehen. Selbst 1997 noch werden die Werke Junkers im Rahmen von »Kunst und Wahn«, einer

Ausstellung des Kunstforums Wien, im Zusammenhang mit seiner angeblichen Schizophrenie gezeigt.

Der Mythos Junker wanderte bis nach Amerika, wo er ganz klar als »Outsider Art« eingestuft wurde. Eine Gruppe von Studenten der Art Academy Chicago organisierte sogar eine Exkursion ins ferne Lemgo, nur um die Kostbarkeit des Junkerhauses zu sehen. Denn wo sonst in der Welt gibt es ein so vollständig erhaltenes Haus, ein Gesamtkunstwerk, von einem einzigen Mann erschaffen?

Im Moment wird das Junkerhaus wieder positiv wahrgenommen. Seit 2001 wird es von der Nordrhein-Westfalen-Stiftung getragen und ist zu einem Museum umfunktioniert worden.

Junker hat einen neuen Stil erfunden. Er wird noch immer nicht verstanden. Erkennt man heute, was er war? Ein Visionär und Häuslebauer.

**Junkerhaus**
**Hamelner Straße 36**
**32657 Lemgo**
**Tel.: 052 61 / 66 76 95**

## ‖ 14 ‖

# Unter der Alb, da leuchtet es blau

*Der Blautopf ist ein mysteriöser, blau schimmernder Teich mit Zugang zu einem der verzweigtesten Höhlensysteme Europas.*

Deutschland wie im Märchenbuch. Wer ein solch verwunschenes Plätzchen sucht, tut gut daran, Blaubeuren im Schwabenland aufzusuchen. Unweit von Ulm liegt die kleine Stadt, in der, so könnte man meinen, die Zeit stehen geblieben ist. Hier heißen die Brötchen noch Weckle, Metzger locken mit hauseigener Leberwurst und die Kehrwoche wird eingehalten. Was Blaubeuren von anderen schwäbischen Gemeinden unterscheidet, ist ein Teich, der einfach nur »der Blautopf« heißt. Er ist Anziehungspunkt für Mystiker, Nixen und Höhlentaucher. An seinem Rand steht eine alte Mühle, Bäume säumen das Ufer. Doch was nach einem Besuch des Blautopfes in der Erinnerung bleibt, ist die Farbe des Wassers. Es ist ein seltsam schimmerndes Blau, das aus einer unbekannten Tiefe zu leuchten scheint. Daher auch der unprätentiöse Name: der blaue Topf.

Eduard Mörike, der Dichter des Schwabenlandes, hat dieses magische Leuchten schon in seiner Sage von der blauen Lau beschrieben:

*»Der Blautopf ist der große, runde Kessel eines wundersamen Quells bei einer jähen Felswand gleich hinter dem Kloster. Gen morgen sendet er ein Flüsschen aus, die Blau, welche der Donau zufällt. Dieser Teich ist einwärts wie ein tiefer Trichter, sein Wasser ist von Farbe ganz blau, sehr herrlich, mit Worten nicht wohl zu beschrei-*

*ben; wenn man es aber schöpft, sieht es ganz hell in dem Gefäß. Zuunterst auf dem Grund saß ehemals eine Wasserfrau mit langen fließenden Haaren. Ihr Leib war allenthalben wie eines schönen, natürlichen Weibs, dies eine ausgenommen, dass sie zwischen den Fingern und Zehen eine Schwimmhaut hatte.«*

Hauptfigur der Sage ist die blaue Lau, eine Wassernixe aus dem Schwarzen Meer. Sie war halb Mensch, halb Wasserwesen. Es heißt, sie konnte ihrem Wassermann keine Kinder gebären und weinte darum unentwegt. Das nervte ihn, und der Wassermann schickte sie fort. So schwamm sie die Donau hinunter und nahm dann bei Ulm eine Abzweigung, das Bächlein Blau hinauf, bis sie an den Blautopf gelangte. Ihr gefielen die Farbe des Wassers und ein Mönch, der hier hauste. Der Mönch machte irgendetwas anders als der Wassermann, denn die Nixe fand es lustig und konnte bald wieder lachen.

Wie in allen Sagen steckt auch in dieser ein Fünkchen Wahrheit. So viel steht fest, der Blautopf ist tatsächlich die Quelle der Blau, die in die Donau mündet. Doch nichts erklärt die seltsame Farbe des Wassers, und bisher gelang es nicht, schlüssige Antworten darauf zu finden. Wenn es viel regnet, dann erblasst der Blautopf, und sein Wasser nimmt eine trübe Farbe an. An trockenen Sommertagen dagegen leuchtet er und macht seinem Namen alle Ehre.

Wer vor dem Blautopf steht und in seine Tiefe blickt, wird sich unweigerlich fragen, wie tief es da eigentlich runtergeht. Die einen spüren einen Sog und wollen sich hineinstürzen, wobei die besorgte Dame des örtlichen Tourismusbüros beteuert, dass sich mehr Menschen vom Ulmer Münster stürzen als in den Blautopf hinein. Andere gehen die Frage empirischer an und tauchen in den Blautopf mit Taucherausrüstung. Das erste Mal wagte sich bereits 1880 ein Helmtaucher ins blaue Nass.

Seither ist der Blautopf das Mekka der Höhlentaucher, und ihr Reinhold Messner heißt Jochen Hasenmayer. Er leistete Pionierarbeit und traute sich im Alleingang in Regionen des Blautopfes, vor denen viele berechtigterweise haltmachen. Vier Taucher ver-

Blick auf den Blautopf: der Name ist Programm

loren bereits ihr Leben im Blautopf, dessen Tiefe voller Tücken und Strömungen steckt und nicht zu unterschätzen ist. Vom ruhigen Weiher aus geht es ca. 30 Meter trichterförmig nach unten. An dieser Stelle verengt sich der Topf zu einer Düse. Von da an geht es durch ein enges Tunnelsystem weiter, das sich immer wieder zu Höhlen öffnet, in denen manchmal sogar Luft zum Auftauchen vorhanden ist. Die bisher größte entdeckte lufthaltige Höhle ist der Mörikedom, den der kühne Tauchende nach ungefähr 1500 Metern erreicht.

Hasenmayer verunglückte 1989 im Wolfgangsee und wurde querschnittsgelähmt. Dennoch ließ der Blautopf ihm keine Ruhe. Zusammen mit einem Orgelbauer entwickelte er einen Speleonauten, ein U-Boot aus Plexiglas, das er selbst, trotz Lähmung, steuern kann. Hasenmayer ist dem Blautopf zwar noch nicht auf den Grund gegangen, aber ganze 4000 Meter weit getaucht. Das ist weiter als jeder andere. Vermessen hat er jedoch wenig dabei. Das ist nun die Aufgabe der ARGE-Taucher, einer Arbeitsgruppe aus Hobbytauchern, die den Job richtig anpacken. Sie lassen kaum ein Wochenende aus, um den Blautopf zu erkunden. Dabei wird jeder Meter akribisch vermerkt. Die ARGE-Taucher stoßen bei fast jedem Tauchgang auch an die eigenen Grenzen. Deshalb haben sie sich in der Mörikehöhle ein Biwak eingerichtet. Hier liegt Proviant für 14 Tage für den Fall, dass sich in den sechs Stunden, die die Taucher im Höhlensystem unterwegs sind, draußen ein Unwetter zusammenbraut und auf die Alb regnet. Dann steigen die Wassermassen stark, die Strömung wird zu stark, und es ist zu gefährlich zurückzutauchen.

So leicht gibt ein Teich sein Geheimnis eben nicht preis.

Vielleicht weiß die Geologie ja ein paar Antworten mehr: Der Blautopf ist eine Karstquelle. Das heißt, das Wasser, das hier austritt, versickert vorher in einem großflächigen Gebiet. Es sammelt sich unterirdisch, bevor es dann an der Quelle aus dem Boden kommt. Möglich ist dies durch die ungewöhnliche Beschaffenheit der Schwäbischen Alb. Einst war die Schwäbische Alb von einem Meer bedeckt. Kalkablagerungen davon kann man noch heute an den Steinen erkennen.

Überhaupt ist Kalk überall auf der Alb zu finden und bestimmt das wenige Leben dort: noch heute ist die Gegend kaum besiedelt. Das hängt damit zusammen, dass der Kalk das Wasser besonders schnell versickern lässt und es keine Zeit hat, sich irgendwo anzusammeln. Darum hatte man auf der Alb immer Trinkwasserprobleme. In den Dörfern mussten früher Zisternen angelegt werden, um zumindest das Regenwasser aufzufangen, und in der Mitte der Dörfer wurden Teiche angelegt, um das Vieh zu tränken. An besonders heißen Sommern musste das Wasser sogar aus dem Tal zu den Albdörfern getragen werden, das Wort »mühsam« drückt dabei nur unzureichend die Strapazen aus, die damit einhergingen.

In Blaubeuren brauchte man keine Zisterne, da bis 1956 das Wasser aus dem Blautopf zur Wasserversorgung genutzt wurde. Doch da vor allem im Sommer häufiger Epidemien auftraten, wurde schließlich davon Abstand genommen. Der Grund für die Epidemien war wieder die zu schnelle Versickerung des Wassers, das die natürliche Filterung beeinträchtigt, so dass noch viele Keime im Wasser enthalten sind, wenn es im Blautopf an die Oberfläche tritt. Bei anderen Quellen durchläuft das Wasser langsam viele Erdschichten und wird ausreichend gefiltert, bevor es heraussprudelt.

Der kalkreiche und dadurch nährstoffarme Boden macht selbst heute nicht nur den Ackerbau schwierig, sondern er droht auch ständig einzubrechen. Überall auf der Alb kennt man die Dolinen, das plötzliche Absacken des Bodens, weil der Kalk darunter zusammenbricht. Aber man hat hier gelernt, damit umzugehen, dass plötzlich Land einfach so weg ist. Anderswo würde man sich ordentlich wundern.

So ist der Kalkboden auch prädestiniert für die Entwicklung von Höhlensystemen. Ein Buch, das jedes Kind auf der Alb kennt, ist der schwäbische Klassiker »Rulaman«, der zur Zeit der Steinzeitmenschen spielt:

>*»Denn jetzt, in dieser kalten Zeit, tritt zum ersten Mal der Mensch in Europa auf. Er lebte in Höhlen, die er sich grub, und in solchen, die er im Gebirge vorfand. Die Felsenhöhlen unserer Alb waren wohl seine ersten Wohnstätten hierzulande.«*[42]

Heute sind viele der Höhlen für Besucher geöffnet, aber noch mehr sind gesperrt. Und ständig werden neue Höhlen entdeckt. So auch in der Nähe des Blautopfes. Schon 1955 hatte der Blaubeurer Karl Vetter die Vermutung, hier eine Höhle zu finden. Es gab eine Stelle in Blaubeuren, aus der er im Sommer aus dem Boden kalte Luft strömen spürte, wenn er mit Sandalen dastand. Mit einem Trupp von Neugierigen begann Vetter zu graben, doch kamen sie damals nicht tief genug, und das Projekt wurde eingestellt.

2002 wurde es wieder aufgegriffen, diesmal mit modernem Equipment: Die Höhlenforscher der ARGE Blautopf machten sich an die Arbeit. Etwas mehr als drei Jahre lang buddelten sie jedes Wochenende an dieser Stelle, bis ihnen 2005 der Durchbruch gelang: sie standen in einer Höhle, die sie die »Vetterhöhle« nannten. Von hier aus gelangten sie in eine weitere Höhle, die wegen ihrer enormen Ausmaße (170 Meter lang und 30 Meter breit) »Apokalypse« getauft wurde.

Das Besondere an diesen neuen Höhlen ist aber nicht ihre schiere Ausdehnung, sondern eine besondere Verbindung: Sie gehören alle zum Höhlensystem des Blautopfes.

Noch sind diese neuen Höhlen für die Besucher nicht geöffnet, außer dem Bürgermeister durfte noch kein Nicht-Höhlenforscher da runter.

Es ist zu erwarten, dass die genaue Tiefe des Blautopfes noch für lange, sehr lange Zeit unentdeckt bleiben wird. Bis dahin werden sich neue Sagen gebildet haben, von Fischmännern mit seltsamen Flaschen auf ihren Rücken und Licht in ihren Händen, die eine seltsame Choreographie in den Höhlen aufführen.

**Blautopf**
**Aachgasse 7**
**89143 Blaubeuren**

## 15

# Das bodenlose Loch

*Das bodenlose Loch gehört zu Unteroestheim, einem Ortsteil der Gemeinde Diebach in Franken. Seit es 2006 zu einem der wichtigsten Geotope Bayerns erklärt wurde, ist es leichter zu finden.*

Die reiche Kulturlandschaft Frankens hat neben Schlössern, Kirchen und Wallfahrtsorten auch ein bodenloses Loch zu bieten. Das Loch mit ebendieser Bezeichnung gehört zu Unteroestheim, wo es weiter keine großen Löcher zu verzeichnen gibt. Nicht einmal in der Gemeindekasse. Mit einer Pro-Kopf-Verschuldung von 22,70 Euro ist die Welt hier noch ziemlich in Ordnung. Die im Jahre 2006 verzeichneten 96 Hunde der Gemeinde tragen durch die Hundesteuer zu jährlich mehr Einnahmen bei (1920 Euro), als für die Dorfverschönerung ausgegeben werden musste (510 Euro). Es bleibt nicht viel zu wünschen übrig, außer dass ein paar Besucher mehr vorbeikommen könnten.

Das bodenlose Loch liegt auf der Heilingerwiese. Es würde wahrscheinlich niemandem auffallen, wenn das Wasser, das aus ihm herausquellt, nicht auch im Winter fließen würde, anstatt, wie Wasser das zu tun hat, einzufrieren. Außerdem ist es sonderbar, dass in dem klaren Wasser keine Fische leben. Ansonsten kommt das Loch ziemlich unspektakulär daher, und wer es sucht, weiß so recht gar nicht, nach was er Ausschau zu halten hat.

Das hat sich schlagartig geändert, als das bodenlose Loch 2006 zu einem der wichtigsten Geotope Bayerns erklärt wurde. Jetzt gibt es Schilder, die aus Unteroestheim direkt zum Loch führen, und für all jene, die davorstehen und sich noch immer wundern,

Fast übersehen, das bodenlose Loch

wo es denn sei, steht direkt am Loch selbst ein Schild, auf dem alle wichtigen Daten vermerkt sind.

So lernt der aufmerksame Besucher, dass es sich bei dem Loch um eine Gipskarstquelle handelt, aus der »mehrere Zehner Wasser« pro Minute sprudeln. Weiterhin wird die genaue Größe des Lochs angegeben, das sind 20 Meter Umfang und so richtig bodenlos ist es mit seinen sechs Meter Tiefe auch gar nicht. Wer hineinblickt, würde es aber weit tiefer einschätzen, denn das klare Wasser wird an einer Stelle immer dunkler und unheimlicher.

So ranken sich auch viele Sagen um das Loch, zum Beispiel die von einem Schloss, das hier einmal stand und darin versank. Und von Nixen, die hier wohnten und die gerne mit den Burschen im Dorf tanzten. Die haben es dem Bürgermeister so angetan, dass er sie in das Wappen von Unteroestheim setzen ließ, als das Dorf in den achtziger Jahren des letzten Jahrhunderts ein Wappen erhielt. Und weil es in Unteroestheim sonst gar nicht viel gibt, wurde im Gasthof »Zum schwarzen Adler« auch ein

Gericht nach dem Loch benannt: das »Schlemmertöpfchen bodenloses Loch«, ein gutgemeintes saisonales Gericht, das aus Schweinesteak, Spargel, Champignons und Ei besteht und das dazu auch noch mit Käse überbacken wird. Damit wird garantiert jedes Loch im Magen gestopft.

Nur an Weihnachten sollte man aufpassen am bodenlosen Loch. Einst sei da einmal ein Bauer mit seinem Fuhrwerk hineingefahren. Und auch wenn das Geologische Landesamt im fernen München die Tiefe des Lochs bestimmt hat, in Unteroestheim ist man der Meinung, dass das Loch bis nach Amerika reiche.

**Bodenloses Loch**
**Auf der Heilingerwiese**
**91583 Diebach**

## ‖ 16 ‖

# Vom praktischen Aufklären und von erhabenen Gefühlen

*In Wunsiedel im Fichtelgebirge türmen sich Granitfelsen übereinander. Was heute zu einem der 100 wichtigsten Geotope Bayerns zählt, inspirierte vor über 200 Jahren die Bürger der kleinen Stadt zu einem der erstaunlichsten Landschaftsgärten Europas.*

Die Metzgerin in Wunsiedel freut sich über Besuch von außerhalb. »Das Felsenlabyrinth«, so schwärmt sie, »ist ja auch was ganz Besonderes.« Die Granitfelsen, die sich am Stadtrand von Wunsiedel im Wald aufeinandertürmen, verdienen diesen Namen. Große Brocken liegen da am mehr oder minder steilen Hang. Hier hat die Natur gewirkt! Um dieses Phänomen zu genießen, legten die Wunsiedler Bürger hier schon vor über 200 Jahren einen Erlebnispfad an. Sie sprengten Klötze, wo ein Durchbruch malerischer erschien, bauten Treppen, wo ein Fels zu steil war, und halfen nach, wenn eine Kluft zu schmal war. Über mehrere Jahre hinweg erschlossen sie den Hang mit Pavillons, Bänken und Aussichtsflächen und bepflanzten das ein oder andere Plätzchen mit Himbeersträuchern und Vogelbeeren. Alles sollte noch »erhabener« wirken als von der Natur ohnehin vorgegeben. Und vor allem sollte dieser Garten Gäste anlocken, die sonst nicht den Weg ins entlegene Wunsiedel finden würden.

Fast wäre das Felsenlabyrinth aber in Vergessenheit geraten. Es kommen zu viele Fremde, die in Wunsiedel etwas anderes suchen und besuchen: das Grab von Rudolf Heß. Die Stadt wehrt sich dagegen, indem sie Plakate aufstellt, die verkünden: Wunsiedel ist bunt, nicht braun. Aber Wunsiedel ist vor allen Dingen grün. Die Stadt liegt inmitten des Fichtelgebirges und blickt auf eine lange Bergbautradition zurück. Wer hier wusste, wie, der konnte den Bergen ringsum Eisen, Kupfer, Nickel, Kobalt, Wismut und Zinn entlocken. Einer, der genau wusste, wie, war Alexander von Humboldt, der darum 1792 zum Oberbergmeister berufen wurde. In Wunsiedel entstand folglich ein ganzer Industriezweig, der sich mit der Verarbeitung dieser Erdschätze und ihrem Verkauf beschäftigte. Das wiederum führte zu einem starken Bürgertum, das zwar geographisch abgeschottet, darum aber umso bemühter war, nicht den Anschluss an den Zeitgeist zu verlieren.

Eine nennenswerte Adelspräsenz gab es in Wunsiedel nicht, was dem Elan der Bürger wahrscheinlich entgegenkam. Sie alleine waren verantwortlich für ihre Stadt.

Ende des 18. Jahrhunderts waren es vor allem die Familien der vier Töchter der Brandenburg & Schöpf'schen Baumwollmanufaktur, die das gesellschaftliche Leben der Stadt bestimmten. Zusammen mit anderen »wichtigen« Bürgern gründeten sie 1784 eine »Gesellschaft zur Aufklärung vaterländischer Geschichte, Sitten und Rechte« und im selben Jahr das »Institut für Arme Kranke«. Ganz im Sinne der Aufklärung, die hier und da Licht auf die alten und dunklen Sitten Europas warf, bemühten sich auch die Wunsiedler Bürger um die geistig-philosophische Erhellung ihrer Stadt.

So fühlte sich ein Gesellschafter besonders der Wetterkunde nahe, ein anderer erforschte die heimischen Schmetterlinge, und wieder ein anderer widmete sich dem medizinischen Aberglauben. Man traf sich regelmäßig zum Austausch und pflegte somit auch gleichzeitig das wirtschaftliche Netzwerk. Als im Jahr nach der Gründung des Vereins der ehrenwerte Herr von Goethe nach Wunsiedel zu Besuch kam, empfing man ihn im Garten einer der Schöpf-Töchter und war höchst angetan, dass so einer wie er auf seiner Durchreise hier haltgemacht hatte.

Der große Dichter war zusammen mit Karl Ludwig von Knebel auf geologischer Mission: Es ging um nichts weniger, als die Entstehung der Erde zu verstehen. Im Garten im illustren Zirkel der »Gesellschaft zur Aufklärung vaterländischer Geschichte, Sitten und Rechte« wurden Goethe und sein Gefährte darauf aufmerksam gemacht, dass sich etwas außerhalb auf der Luchsburg Granitfelsen im Wald verteilten und recht spektakulär aussähen. Obwohl es regnete, verbrachte Goethe einen ganzen Nachmittag skizzierend zwischen den Granitfelsen. So wie diese hier am Hang herumlagen, sprachen die Felsen eine eindeutige Sprache und verrieten Goethe, dass wohl die Theorie des Neptunismus die richtige sei. Das war harter Tobak!

Ende des 18. Jahrhunderts spaltete sich die naturwissenschaftliche Welt in Neptunisten und Plutonisten. Die Neptunisten führten die Entstehung der Erde auf die Sedimentierung des Wassers zurück – also ein Urmeer, aus dem alles entstand –, die Plutonisten behaupteten, die Erde sei durch Vulkaneruptionen entstanden. Sehr viel später konnte der fichtelgebirgische Oberbergmeister Alexander von Humboldt auf seinen Reisen in Südamerika einschlägige Beweise für den Plutonismus sammeln, Goethe jedoch stärkte in Wunsiedel seine favorisierte Theorie des Neptunismus. Und das war damals so etwas wie ein wissenschaftlicher Durchbruch!

Goethes reges Interesse an der Luchsburg und dem dazugehörigen Geröllfeld muss die Wunsiedeler Bürger dazu beflügelt haben, die Luchsburg etwas genauer zu inspizieren. Es gehörte zur Tradition der Stadt, zum Margarethenfest im Sommer auf der Luchsburg kleine Theaterstücke aufzuführen. Doch zu viel mehr nutzten sie den Ort nicht. Vom großen Dichter beflügelt, begannen sie nun zunächst mit dem Bau einer Naturbühne auf dem Theaterplatz, die es im Übrigen heute noch gibt und die als die älteste in Deutschland gilt.

Ein Vorbild für ihre Bühne fanden die Wunsiedler wahrscheinlich in einem Naturtheater etwas anderer Art im nahe gelegenen Bayreuth. Dort hatte die Markgräfin Wilhelmine von Bayreuth 1744 den »unvergleichlichen« Felsengarten mit Felsentheater »Sanspareil« errichten lassen. Besucher aus ganz Europa besangen diese gestylte Eremitage und den zugehörigen Garten, der aussah wie die wildeste Natur – es aber nicht war. Die Wunsie-

Felsinschrift vor einem Durchbruch: »Bis hierher sollst du komen, und nicht weiter. 1794 Ich suchte und fand es geht welter. Daupeck. den 24. August 1805«

deler verfügten über das Gegenteil: Sie hatten eine Felsenlandschaft, urwüchsig und natürlich, aber keine sicheren Wege, die dort hindurchführten. 1787 schrieb der Ansbacher Hofmeister Johann Michael Füssel auf seinen Reisen durchs Fränkische in sein Tagebuch:

> »Und wie herrlich lässt sich nicht diese Luxenburg benützen! Dies ist eine der höchsten Theile des Fichtelbergs, eine fürchterliche Steinmasse, die mehr als turmhohe Felsen hat, und ihre drohenden Spitzen weit ausbreitet. Wer sollte nicht begierig seyn, sie zu besteigen, um eine über alle Beschreibung schöne Abwechslung von Naturscenen zu beherrschen? Sie lässt sich mit geringer Nachhülfe gangbar machen.«[43]

**107**

Die aufgeklärten Wunsiedeler Bürger taten den ersten Schritt und tauften das Gebiet um in Luxburg. »Lux« wie das Licht der Aufklärung. Dann begannen sie Spenden zu sammeln, um ihren Felsengarten auszubauen. Erst wurde ein Gebiet neben der Naturbühne trockengelegt und darauf ein Gesellschaftsplatz eingeweiht, auf dem sogar ein als Eremitage verkleidetes Lokal stand. Hier empfing die gute Wunsiedeler Gesellschaft jetzt Gäste und fand Geschmack an diesen Ausflügen auf die Luxburg. Je mehr Spenden sie sammelten, desto weiter ließen sie ihren Felsgarten erschließen. Die noblen Spender durften sich als kleine Aufmerksamkeit in den Felsen verewigen. Auch heute noch kann man sich durch das Felsenlabyrinth lesen: Überall finden sich kleine Gedichte und Widmungen, die zurückführen auf die Personen, die halfen, diese Natur erlebbar zu machen:

*»Ich kenn ein Buch geschrieben*
*Und leserlich für jede Creatur*
*Ein Buch, das einzig unverfälscht geblieben*
*Das große Buch der heiligen Natur.*
*1809 v. P_r. aus München«*

Mit der Anlage ihres Felsenlabyrinths schlugen die Wunsiedeler zwei Fliegen mit einer Klappe. Sie schufen eine Attraktivität, die Menschen von außerhalb nach Wunsiedel lockte, und wenn diese dann erst einmal da waren, konnte man auch gleich in Ruhe über das ein oder andere Geschäft reden.

Es war die Zeit, in der in Europa die Bäderkultur mondän wurde. Der Kaiser tat's, der Handelsmann aus Hamburg tat's, und alle Gutbetuchten taten es auch. Zum ersten Mal in der europäischen Geschichte trat das Phänomen auf, dass Adlige und Bürgerliche zwanglos zusammentrafen und sich in dem künstlich geschaffenen Raum des Badebetriebs die Zeit auf angenehme Weise vertreiben mussten.

Seit der Mediziner Albrecht v. Haller 1752 die Reizbarkeit der Nerven beschrieben hatte, reiste jeder, der es sich leisten konnte, zur Entspannung ebendieser in seiner Freizeit zu einem der

**108**

großen europäischen Bäder. Ein mondänes Bad zeichnete sich daher nicht nur durch sein Heilwasser aus, sondern musste auch noch ein paar andere Annehmlichkeiten erfüllen. Es entstanden opulent gestaltete Kurparks mit Musikpavillons, die zum Lustwandeln einluden. Allgemein galt Bewegung als ein wichtiges Genesungsmittel bei Nervenleiden.

Es kam den Wunsiedelern zugute, dass das neu gegründete Bad Alexandersbad in nächster Nähe sich nicht recht etablieren konnte. Sein Kurpark war nicht außergewöhnlich, der Ort war nicht en vogue. So war es den Betreibern des Alexanderbades gerade recht, dass die Wunsiedeler, eine kurze Kutschfahrt entfernt, ihren Landschaftsgarten errichteten. Alexandersbad hätte ohne dieses Ausflugsziel wahrscheinlich eine nur kurze Geschichte gehabt. Nachweislich vermehrten sich die Gästezahlen im Badeort mit der Erweiterung des Felsenlabyrinths. Die Gäste waren zum Teil sogar so angetan, dass sie kräftig nachhalfen, im kommenden Jahr noch mehr abenteuerliche Felsen besteigen zu können: Viele der Verewigungen im Fels der Luxburg zeugen von Spendern, die aus so weit entfernten Orten wie Hamburg oder sogar St. Petersburg stammten.

Den Höhepunkt ihrer Attraktivität erreichte die Luxburg 1805, und die Wunsiedeler beschlossen daraufhin, sie noch einmal umzubenennen, von Luxburg zu Luisenburg. Namensgeberin war niemand anderes als die preußische Königin, die in diesem Sommer viele Male den Landschaftsgarten besuchte. Sie verbrachte mit ihrem Gemahl den Urlaub im kurzzeitig preußischen Alexandersbad und erlebte heitere Stunden beim Durchkriechen des Felsenlabyrinths. An ihren Sohn schrieb sie in diesem Sommer folgenden Brief:

*»Die Luxburg, die uns gerade gegenüberliegt, haben wir schon 3 mal bestiegen, so etwas kann man sich gar nicht denken, wenn man es nicht gesehen hat. Unglaubliche Felsklumpen sind übereinandergestürzt. Durch diese kann man kriechen und kommt dann wieder auf schöne Plätze, die man nach solcher dunklen Promenade gar nicht mehr vermuten kann. Die Aussicht von oben, wenn*

**109**

*man den ganzen Berg erklettert hat, ist außerordentlich schön und schauerlich.«*[44]

Da war sie wieder, die Aufklärung. Selbst die Königin musste sich bücken, um an die schönen Orte zu gelangen. Während in Amerika »All men are equal« proklamiert wurde, krochen in Wunsiedel Adlige und Bürgerliche nebeneinander auf den Knien herum.

Auch in anderer Hinsicht machte die Politik vor Wunsiedel nicht halt und hinterließ ihre Spuren im Felsenlabyrinth. Die nächste Generation von Wunsiedeler Bürgern war herangereift. Sie werden ordentlich von den unterschiedlichen Besuchern im Felsenlabyrinth profitiert haben und wirken noch selbstbewusster als ihre Eltern.

Einer, der sich nach 1805 besonders für die Weiterentwicklung des Labyrinths einsetzte, war Florentin Theodor Schmidt, ein Enkel der Brandenburg & Schöpf'schen Baumwollmanufaktur. Er benannte 1811 einen der markantesten Felsen im Labyrinth »Helgoland«, einen weiteren »Schiff«, »Napoleonshut« oder »Zuckerhut« und setzte seine Initialen auf einen Stein, der unter einem großen wackeligen Stein liegt. Verbindet man die Felsen »Helgoland« und »Zuckerhut« miteinander, so führt diese virtuelle Linie direkt nach Wunsiedel zum Ort der ehemaligen Zuckerfabrik, die 1810 von Schmidt gegründet wurde. Schön, dass die Wunsiedeler eine Zuckerfabrik hatten, wird man sich heute denken. Wo Zucker in dieser Zeit doch so ein teurer Luxusartikel war, auf den die Reichen Europas nicht verzichten wollten.

Das Ganze ist jedoch noch weit spannender. Zucker wurde zu diesem Zeitpunkt noch aus Zuckerrohr hergestellt, die Produktion der weitaus billigeren Zuckervariante aus einheimischen Zuckerrüben war aber noch nicht ausgereift, um sie industriell anzuwenden. Seit Napoleon 1806 die Kontinentalsperre verhängt hatte, die es verbot, Waren aus England einzuführen, war es sehr schwer, an Zuckerrohr zu kommen. Natürlich hielt sich nicht jeder an das Verbot, am wenigsten die Engländer, und im Zuge dessen wurde die Insel Helgoland zum Schmugglerumschlagplatz. Auf diesem Wege muss das Zuckerrohr auch nach Wunsiedel gekommen sein. Es half der reibungslosen Reise des Zuckerrohrs, dass der Bruder des Besitzers der Wunsiedeler Zuckerfabrik Großkaufmann und preußischer Konsul in New York war. Auch die Tatsache, dass einer der beliebtesten Gäste in Wunsiedel der Hamburger Kaufmann Heinrich Johann Merck war, der wegen seiner Schmugglertätigkeiten später vor den napoleonischen Truppen nach Karlsbad fliehen musste, wird dem geheimen Unternehmen des Zuckerrohr-Transports geholfen haben. Dass Florentin Schmidt aber die Chuzpe hatte, gleich einen Teil des Landschaftsgartens nach dieser abenteuerlichen Geschäftsidee zu benennen, zeugt von fast revolutionärem Charakter. Dass er sich der Gefahr bewusst sein musste, die das Geschäft mit geschmuggeltem Zuckerrohr mit sich brachte, beweist die Tatsache, dass er den Stein, der unter einem großen wackeligen Stein liegt, mit seinen Initialen versah. Der Wackelstein steht noch heute, und auch die Zuckerfabrik blieb unentdeckt und entwickelte sich im Laufe der Jahre prächtig weiter.

1815 wurde auf der höchsten Spitze im Landschaftsgarten ein Gipfelkreuz gesetzt, was einiges über die veränderte Wahrnehmung des Felsenlabyrinths verrät. Während der Ort zuvor wie ein zu Stein gewordenes »gothic novel« wirkte, in dem sich der Mensch glücklich schaudernd zu »erhabenen Gefühlen« inspirieren ließ, wurde er jetzt zum Leistungsausdruck für körperliche Ertüchtigung. Der Felsengarten wurde »bezwungen«, das Gipfelkreuz erstürmt. Romantisch war das nicht mehr. So sind denn auch die Worte, die Wilhelm Müller 1826 oder 1827 für die Luisenburg fand, eher ernüchternd.

> »... Alle Felswände mit Täfelchen behängt oder mit Buchstaben zerhauen, überall wo man hinsieht ein Moosbänkchen, ein Steintischchen, und daneben haben die Leutchen ihre sentimentale Nothdurft in Prosa und Versen verrichtet. Gott Lob, daß doch wenigstens die Aussichten freigeblieben sind und die Wolken unbeschrieben.«[45]

Dieser Liedautor Müller ist übrigens schuld daran, dass jeder Deutsche »das Wandern ist des Müllers Lust« trällert, sobald er einige Schritte in der freien Natur unternimmt.

Die neue Rolle, die dem Felsenlabyrinth zugewiesen wurde, stand ihm offensichtlich nicht so gut. Mit der Zeit wurde es immer mehr von Moos überwuchert, und die Wege wurden nicht mehr vom Wuchs freigehalten. Erst 2005 startete die Stadt ein Sanierungsprogramm, so dass heute wieder alles bewandel- und bestaunbar ist. Das Moos hat man dabei nicht entfernt, in manchen Felsnischen wächst sogar das seltene Leuchtmoos. Eine letzte Erinnerung an die Zeit der Aufklärung.

**Luisenburg**
**95632 Wunsiedel**
**www.wunsiedel.de**

**Das Felsenlabyrinth hat nur in den Sommermonaten geöffnet.**

## ‖ 17 ‖

# Eden sucht Gärtner

**Die Obstbaukolonie Eden: vegetarische Siedlung von 1894.**

Der Garten Eden lag einst eine Stunde Zugfahrt und 45 Minuten Fußweg entfernt nördlich von Berlin. Heute braucht man für die gesamte Strecke gerade mal halb so lange. Ein Paradies wird man dort allerdings nicht vorfinden. Gefühlte neun Monate Winter herrschen in dieser Region, die mit dem sandigen, unfruchtbaren Boden der Mark Brandenburg auskommen muss. Ausgerechnet diesen Ort wählte sich 1894 eine Gruppe von gebildeten Berliner Vegetariern, um ein neues Leben im Einklang mit der Natur zu wagen. Irgendetwas scheinen sie richtig gemacht zu haben, denn die Siedlung und der Geist von damals existieren noch heute.

Bruno Wilhelmi hieß der Mann, der 1893 zu einem Treffen im vegetarischen Restaurant Ceres in Berlin einlud. Er wollte mit anderen Lebensreformern eine Obstbausiedlung gründen. Wilhelmi war Kaufmann und hatte einige Zeit in Brasilien gelebt. Er war dort an Krämpfen erkrankt, die nur durch die Umstellung auf vegetarische Kost besser wurden. Vegetarismus war zu dieser Zeit noch eine »allgemein als verrückt verschriene Lehre«.[46] Der Erfolg dieser Kur aber erweckte Wilhelmis Interesse an verschiedenen alternativen Lebensformen und an der Naturheilkunde. Er hörte nicht nur von einem Tag auf den anderen mit dem Rauchen auf, sondern fasste auch den Entschluss, sein Leben grundlegend zu ändern. So schaltete er 1893 Anzeigen in der *Vegetarischen Rundschau*:

**113**

*»›Aufforderung und Plan zur Gründung einer Obstbau Kolonie zu Berlin‹: … Mein Plan ist etwa dieser. Etwa 10 Vegetarier, möglichst solche, die vom Obst- und Gemüsebau etwas verstehen und auch Zeit haben, etwas Organisationsarbeit zu leisten, begründen mit je 2000 Mk. barer Einlage eine Obstbau Genossenschaft mit beschränkter Haftung, welche es sich zur Aufgabe macht, naturgemäßes Leben zu fördern durch Anlage von Obst- und Gemüseplantagen und Schaffung von »Heimgärten« für ihre Genossen … Jeder Genosse kann … nur eine Heimstätte zur Anlage und Unterhaltung eines Gartens auf seine eigene Rechnung hauptsächlich zur Erzeugung seines eigenen Bedarfs an Obst und Gemüse unterhalten. Ferner erhält jeder Genosse eine der Anzahl seiner Geschäftsstelle entsprechenden Gewinnanteil an der gemeinschaftlichen Plantage …«*[47]

In England entwickelte sich zeitgleich das Konzept der Gartenstädte, doch Wilhelmis Ansatz war gewagter. Die Gartenstädte waren eine Antwort auf die Verschlechterung der Wohn- und Lebensverhältnisse im Zuge der Industrialisierung. Hier erhielten die Menschen ein Haus mit Garten, den sie bewirtschaften konnten, veränderten ansonsten ihr Leben aber nicht weiter. Das heißt, Arbeits- und Wohnort blieben weiterhin getrennt. Wilhelmi aber hatte ein radikaleres Verständnis. In seiner Kolonie Eden sollte jede Familie genug Land erhalten, um sich selbst ernähren zu können. Zusätzlich sollten alle an einem genossenschaftlichen Gemeinschaftsprojekt arbeiten. Der Ort des Wohnens und des Lebens blieb also derselbe. Der größte gemeinsame Nenner in Wilhelmis Vision war der Vegetarismus, den die Familien pflegen sollten. Schon ein Jahr nach Erscheinen der Anzeige war die Obstbausiedlung Eden gegründet, und 1895 lebten dort bereits 93 Mitglieder in 45 verpachteten Heimen. Jede Familie, die sich auf dieses Experiment einließ, erhielt eine Fläche von 2800 qm zur Selbstversorgung. Zusätzlich arbeiteten alle gemeinschaftlich an der Genossenschaft mit.

Aller Anfang ist schwer, und in Eden war das nicht anders. So war der Ort nicht unter Berücksichtigung von gartenbaulichen Aspekten gewählt worden, sondern, etwas naiv, nach dem erschwinglichen Preis des Landes. Oskar Mummert, ein Mann der ersten Stunde, schrieb 1918 über die Anfänge der Siedlung:

>*Eden war ja zunächst als Zufluchtsort für stadtmüde Vegetarier gedacht, die hier wie im Paradies in einer Art von schwärmerischer Naturverehrung die reifen Früchte ohne sonderliche Mühe von den Bäumen schütteln wollten. Diese Einbildung musste freilich gar bald einer nüchternen Wirklichkeit Platz machen, denn die ›reichen‹ Vegetarier, auf die man auch gehofft hatte, blieben aus oder zeigten sich in ihrer Schwarmgeisterei als völlig wertlos für ernste Siedlungstätigkeit.«*[48]

Doch ließen sich die Edener nicht von ihrer Vision abbringen. Sie wollten eine neue Lebensform begründen und versuchten sich in alle Richtungen zu verbessern. Sie konnten nur sechs Jahre nach den ersten Anpflanzungen die Früchte von 15 000 Obstbäumen, 50 000 Beerensträuchern, 3000 Haselnussbäumen, 20 000 Rhabarberstauden und 200 000 Erdbeerbüschen ernten. So wie die Korsette der Frauen fielen und die Männer begannen barfuß zu laufen, entwickelten die Edener eine Professionalität und einen Einfallsreichtum, die ihresgleichen suchten. Eden war noch vor dem Monte Verità in Ascona gegründet worden und somit einer der ersten Versuche in Europa, alternative Lebensweisen umzusetzen. Quergeister jeder Sinnesrichtung strömten aus der ganzen Welt herbei, um zu lernen und mitzudiskutieren. Mummert berichtet auch darüber anekdotisch:

>*Wie sehr der harte Kampf ums Dasein die Erfüllung wichtiger lebensreformerischer Forderungen hemmte, geht auch daraus hervor, dass es nur schwer gelingen wollte, eine gemeinsame Freiluft-Badeeinrichtung in Eden zu schaffen. ... Denn die ›im Bade‹ oft leidenschaftlich und zumeist von Unberufenen und Gästen gepflogenen Redeschlachten um die ›bessere‹ Siedlungsform, Lebensweise, Verwaltung und was sonst noch alles veranlassten die Edener bald, lieber im Frieden der eigenen Heimstätte ihr Luft- und Sonnenbad zu genießen.«*[49]

Einer der Neudenker, der lange Zeit in Eden bleiben sollte, war der Ökonom Silvio Gesell, der Begründer der Freibank. Ihm ist es zu verdanken, dass die Edener sich auch in Sachen Geld selbständig entwickelten und eine eigene Kreditanstalt gründeten, die eine bessere Finanzierung ermöglichte. Aber auch Gustav Lilienthal, der Bruder des Flugpioniers, lebte hier und baute ein Haus, ebenso Karl Klindworth, der Komponist, und etliche andere.

Alles mussten die Edener von Grund auf neu lernen. Bald wussten sie, wie sie ihr Obst abkochen und als Konserven in den neu gegründeten Reformhäusern deutschlandweit vertreiben konnten. Die Marke Eden gibt es übrigens heute noch und steht für gesunde Säfte, Kompotte und andere Obstprodukte. Einer der Mitbegründer Edens entwickelte auch die erste Pflanzenmargarine.

Der größte gesundheitliche Erfolg Edens lässt sich in seiner geringen Säuglingssterblichkeit ablesen. Während der deutsche Durchschnitt vor dem Ersten Weltkrieg bei 18 Prozent lag, starben in Eden nur 3,8 Prozent der Säuglinge, das war die niedrigste Rate europaweit.[50]

Eine Gesellschaft lebt nicht nur von der Arbeit alleine, und so etablierte sich in Eden ein ganz eigenes Kulturprogramm. Da der Genuss von Tabak und Alkohol in der Siedlung verboten war, hatten die Feste und Veranstaltungen in Eden ihren eigenen Charakter. Es waren vor allem die Erntefeste, die den Edenern lebhaft in der Erinnerung geblieben sind und viele Gäste aus Berlin anzogen. Es gab auch Werkschauen, bei denen Töpferware aus Eden angeboten wurde. Stolz war man auch auf die selbst gedruckten reformistischen Bücher. Der Höhepunkt des kulturellen Lebens in Eden muss der Internationale Kongress der Vegetarier gewesen sein, der 1932 hier stattfand.

Eden überlebte den Ersten Weltkrieg. Im Zweiten Weltkrieg musste man aber von der Marmeladenproduktion auf die Herstellung von Kriegsmus umstellen. 40 Prozent der Edener Männer wurden eingezogen, und viele starben an der Front. Eden startete geschwächt in die Zeit des Sozialismus. Eigentlich hät-

te das genossenschaftliche System in der DDR nur Begeisterung
finden müssen, doch waren dies die schwierigsten Jahre für die
Lebensreformer. 1972 wurde Eden verstaatlicht und nach Programm bewirtschaftet. Die Heimgärten waren nur mehr grüne
Erweiterungen des Hauses, und auch Pestizide wurden eingesetzt. Der Geist Edens war fast erloschen, als die Mauer fiel.

Heute grünt Eden wieder natürlich. Neue Begriffe wurden
gefunden, die das Lebenskonzept der Edener prägen: Umwelt-
schutz und Nachhaltigkeit. Neue Familien sind nach Eden gezogen und bauen sich Häuser nach neuesten nachhaltigen Kon-
zepten. Ein Kindergarten mit der größten Lehmkuppel Europas
wurde gebaut, und auch ein Altersheim gibt es neuerdings in
Eden. Ein Spaziergang durch die Siedlung mit den wunderschö-
nen Gärten und den alten Obstbäumen ist wie eine Wanderung
durch die über 100-jährige Geschichte des reformistischen Lebens in Eden, Deutschland und der ganzen Welt. Wer unterwegs
Durst bekommt, kann im Reformladen frischen Edener Obstsaft
kaufen und sich daran laben. Denn wie schrieb leidenschaftlich
der Edener Karl Bartes 1918:

*»Die wundervolle Wirkung der frischen Früchte beruht vor allem
auf der Lebendigkeit ihrer Zellen, die im Höhepunkt ihres sonn-
durchglühten, luftumspülten Daseins mit den gierig zitternden Zellen unseres Körpers zum Kampf antreten.«*[51]

**Eden Gemeinnützige Obstbau-Siedlung eG**
**Struveweg 501**
**16515 Oranienburg**
**Tel.: 033 01 / 523 26**
**www.eden-eg.de**

## 18

# Schwundgeld gegen Weltwirtschaftskrise

*Während der Weltwirtschaftskrise zu Beginn der dreißiger Jahre des letzten Jahrhunderts gab es in Schwanenkirchen im Markt Hengersberg einen wirtschaftlichen Aufschwung. Grund dafür war die Einführung von Schwundgeld.*

Wer es nicht weiß, fährt hinein nach Schwanenkirchen im Bayerischen Wald und fährt wieder heraus, ohne zu ahnen, dass hier einst eines der spannendsten Wirtschaftsexperimente des letzten Jahrhunderts durchgeführt wurde. Am wahrscheinlichsten aber ist, dass überhaupt keiner nach Schwanenkirchen fährt.

Silvio Gesell, der zeitweise in der Obstbausiedlung Eden lebte, war nicht nur Sozialreformer, sondern auch ein umstrittener Ökonom. Mit der Gründung der Organisation der Physiokraten kämpfte er gegen die Wertbeständigkeit von Geld an. Er vertrat die Meinung, dass das Aufbewahren von Geld genauso wie das Aufbewahren von Waren etwas kosten sollte. Damit wollte er eine krisenfreie Wirtschaft schaffen, bei der Geld nicht gehortet, sondern in Umlauf gebracht werden musste.

Eine eigens dafür entwickelte Währung – Wära – in Form von Scheinen musste regelmäßig auf der Rückseite mit Aufklebern versehen werden, um sie vor dem Werteverfall zu schützen. Das Geld sollte also möglichst schnell wieder in den Wirtschaftskreislauf gelangen.

1929 wurde die Wära-Tauschgesellschaft in Erfurt gegründet, nur zwei Jahre später konnte man in mehr als 1000 Firmen deutschlandweit mit dieser Währung bezahlen: in Friseurbetrieben, Bäckereien, Restaurants, Molkereien etc.

Ein Physiokrat war auch Max Hebecker, der 1929 das Braunkohlebergwerk in Schwanenkirchen ersteigerte. Das Bergwerk war zuvor wegen Nichtrentabilität geschlossen worden, die ehemaligen Arbeiter standen in dieser ohnehin wirtschaftsschwachen Zeit auf der Straße. Hebecker hatte zwar das Bergwerk, benötigte aber einen Kredit, um es voll funktionsfähig zu machen. Da die Banken ihm keinen gewährten, wandte er sich an die Wära-Tauschgesellschaft, die ihm 50 000 Wära genehmigte. Im Gegenzug wurden den Bergleuten 90 Prozent des Lohns in Wära ausgezahlt und nur der Rest in Reichsmark. Das Problem waren nun einzig die verschiedenen Geschäfte von Schwanenkirchen, die natürlich erst einmal keine Wära annehmen wollten. Also wurde eine Betriebskantine eingerichtet, in der die Bergbauarbeiter ihre Wära für Dinge des täglichen Bedarfs ausgeben konnten. Glaubt man den Erzählungen von alten Schwanenkirchnern, so begannen die Geschäftsleute im Dorf selbst nun auch Wära-Scheine zu akzeptieren. Die neugewonnene Kaufkraft entging ihnen nicht, und sie wollten natürlich auch ein Stück des Wära-Kuchens abbekommen.

Als der Sch(t)ein erst einmal ins Rollen kam, war er nicht mehr aufzuhalten. Bald begann die neue Währung im ganzen Ort zu zirkulieren. Der Bäcker bezahlte den Müller mit Wära, der Krämer den Bauern und so weiter. Zwar wurde jeden Monat 1 Prozent an Wert auf nicht-ausgegebenes Geld eingebüßt, allgemein aber herrschte die Meinung: »Schwundgeld ist besser als wertbeständiges, das man nicht kriegt.«[52]

Im August 1931 befanden die Reichsbank und das Reichsfinanzministerium, dass Schluss mit lustig sei, und stellten durch die Staatsanwaltschaft einen Strafantrag gegen Hebecker wegen fortgesetzter und unbefugter Ausgabe von Banknoten. Als die Anklage beim erweiterten Schöffengericht des Landkreises eintraf, wurde sie mit einer zehnseitigen Erklärung abgelehnt. Die Begründung des Schöffengerichts war, dass Wära kein Notgeld sei und darum der Umlauf auch nicht straftätig. Die Gegend um

Schwanenkirchen florierte und prosperierte im Vergleich zu anderen Regionen dank der neuen Währung. Niemand wollte darauf verzichten. Der Reichsfinanzminister sah sich also gezwungen, per Notverordnung Wära doch als Notgeld einzustufen. Infolgedessen wurde das Experiment Wära am 30. Oktober 1931 begraben.

Hebecker musste Konkurs anmelden, und Schwanenkirchen fiel wieder in ein wirtschaftliches Loch. Nach dem Krieg wurde noch einmal versucht, die Bergwerke wiederzubeleben, doch alle Anstrengungen scheiterten.

Die Idee des Schwundgeldes aber war so bekannt geworden, dass sie in anderen Gemeinden außerhalb Deutschlands angewendet wurde. In Wörgl in Tirol wurde das Experiment bis 1933 fortgesetzt.

**Markt Hengersberg / Schwanenkirchen**
**94491 Hengersberg**

## || 19 ||

# Ein Haus für Kinder

*Hans Scharoun baute 1930 ein Familienhaus für einen Nudelfabrikanten. In der DDR wurde es als Jugendheim benutzt. Heute gilt es als einer der wichtigsten Bauten der Moderne.*

Die Stadt Löbau im südöstlichen Zipfel Sachsens ist bescheiden: *»Eine gute Stunde, viel länger brauchen Sie nicht für einen geruhsamen Spaziergang durch die historischen Viertel«*, steht in der Tourismusbrochüre. In dieser »guten Stunde« lässt sich ein gusseiserner Aussichtsturm (»Einzigartig in Europa«) von 1854 erklimmen und ein Rathaus mit einer alten Uhr bestaunen. Weit weniger bekannt ist, dass ausgerechnet hier eines der wichtigsten Gebäude der Moderne steht: das Haus Schminke, das der Architekt Hans Scharoun plante. Es war das Wohnhaus der Besitzer der ortsansässigen Nudelei, in der bis 1992 die »Anker-Nudeln« hergestellt wurden, übrigens die ersten Nudeln Deutschlands, die in Cellophan eingepackt wurden. Scharoun sagte selbst:

*»Das Haus, das mir das liebste war, ließ sich der Fabrikant Schminke in Löbau in Sachsen bauen.«*[53]

Der heute weltberühmte Architekt, der das Berlin der Nachkriegszeit durch seine Bauten am Potsdamer Platz prägte, betrachtete das Haus Schminke und die Berliner Philharmonie als die besten Repräsentanten seines Stils.

Als Charlotte und Fritz Schminke im April 1930 bei Scharoun anfragten, ob er ihr Wohnhaus gestalten könne, war dieser noch ein relativ unbekannter, aber mutiger Architekt. Rückblickend erklärte Fritz Schminke 1961 in einem Gespräch mit Scharoun:

*»Charlotte und ich haben uns schon lange vor dem Bau des Hauses für moderne Architektur interessiert. Wir besaßen eine ziemlich reichhaltige Bibliothek und lasen auch Fachzeitschriften wie die ›Innendekoration‹, ›Moderne Bauformen‹ und ›Die Bauwelt‹. Auch besuchten wir die damaligen Bauausstellungen in Breslau und Stuttgart, wobei uns in Breslau dein Junggesellenheim besonders interessierte und gefiel. Auf Grund all dieser Anregungen kam der Kontakt zu Dir zustande.«*[54]

Scharoun hatte bis dato auf den Werkschauen in Breslau und in Stuttgart Häuser gebaut, die die Veränderungen des Gemeinschaftslebens anhand der Architektur aufzufangen versuchten. Dieser Ansatz gefiel den Schminkes, die ihre Kinder nicht in einem Zimmer wegsperren, sondern ihnen möglichst viel Freiraum bieten wollten.

Schon Opa Schminke hatte vorgehabt, auf einem Stück Land gleich hinter der Fabrik eine Villa zu errichten. Diese hätte eine repräsentative Gründerzeitvilla werden sollen, wie sie überall in Deutschland zu dieser Zeit gebaut wurden. Doch verhinderten der Erste Weltkrieg und die darauffolgende Inflation diese Pläne. Um seine Arbeiter nicht entlassen zu müssen, beschäftigte Fabrikant Schminke sie anders und ließ sie schon mal den Garten zur Villa anlegen und die Baugrube ausheben.

Als er starb, übernahm sein ältester Sohn Fritz Schminke, gerade mal 22-jährig, die Nudelfabrik. Er bezog mit seiner Familie ein familieneigenes Reihenhaus in der Stadt. Nachdem jedoch auch noch der Bruder Joachim, Miterbe der Fabrik, mit seiner Familie in die Stadt zog, wurde das Reihenhaus zu eng, und Fritz und Charlotte beschlossen, die Baugrube mit einem Haus zu füllen. So ist das Haus Schminke wohl eines der wenigen Häuser, bei denen zuerst der Garten und dann das Haus geplant wurden. Hans Scharoun erinnerte sich später an die Vorgaben, die ihm gestellt wurden:

Wie ein Schiff liegt das Haus Schminke im Garten vor Anker

> »*Ein modernes Haus für 2 Eltern, 4 Kinder und gelegentlich 1–2 Gäste; da der Garten zur Hauptsache nördlich des vorgesehenen Bauplatzes lag, sollte der Blick nach dort wohl frei sein, jedoch sollten die Wohnräume auch Südsonne haben; leichte Bewirtschaftung, nur eine Gehilfin für die Hausfrau; praktische Fußböden, einfach und leicht zu reinigende Bäder, Schlaf- und Waschräume; Wohn-, Wasch- und Baderaum für die Hausgehilfin; Möglichkeiten zur Blumenpflege, an der die Hausfrau besonders interessiert war ...*«[55]

Das Haus sollte also seine Gestalt durch die Wohnenden erhalten. So wurde die Planung des Hauses zur Gemeinschaftsarbeit der Schminkes mit Scharoun. Vor allem Charlotte Schminke hatte klare Vorstellungen vom neuen Haus, die sie mit Scharoun bis ins Detail ausdiskutierte. Während dieses Prozesses wuchs eine starke Freundschaft zwischen den Schminkes, ihren Kindern und dem Architekten.

Im Mai 1933 bezog die Familie ihr neues Heim, das mit einer Gründerzeitvilla nichts gemein hat. Alles an diesem Haus ist, auch noch nach heutigen Standards, modern und bis ins letzte Detail durchdacht. So ist die Seite des Hauses, die der Fabrik zugewandt ist, die repräsentative Seite. Durch kleine Kristalle, die in den Putz mit eingearbeitet wurden, glitzert das Haus im Sonnenlicht. Im Kontrast dazu waren die Fenster blaugrau und die Rollladenkästen rot angemalt.

Dank einer großzügigen Auffahrt konnte der Fabrikant mit dem Auto direkt bis vor die Haustür fahren. Vor dem Eingang erstreckt sich ein langes Dach, damit der Hausherr auch bei Regen trockenen Fußes ankommen konnte.

Der Eingang ist nicht nur für die Familie und ihre Besucher geplant. Hier gibt es auch ein kleines Fenster für die Katzen.

Hinter dem Flur öffnet sich das Haus dem Besucher. Eine Treppe windet sich an der linken Wand nach oben und geht in eine Balustrade über: *»Das Geländer eignete sich hervorragend zum Rutschen«*, erinnerte sich später die jüngste Tochter Helga.[56] Neben der Treppe öffnet sich der Raum zu einem geräumigen Esszimmer. Daran angegliedert ist das nur durch einen Vorhang abtrennbare Spielzimmer der Kinder. Wer dachte in dieser Zeit schon so? Ein offenes Kinderzimmer, in dem die Kinder am Leben der Eltern teilnahmen. Hier ist klar Charlotte Schminkes Einfluss zu erkennen. Die jüngste Tochter Helga berichtete später:

*»Das Spiel im Haus fand vorwiegend im Kinderzimmer statt, das durch einen Vorhang von der Halle abgetrennt werden konnte. Aber auch die Halle wurde in das Spiel einbezogen. Vor allem die elektrische Eisenbahn von unserem Bruder hatte da einen großen Platz, und wir lagen rundum auf dem Bauch und durften zusehen.«*[57]

Vom Esszimmerfenster geht der Blick direkt in den Garten. Viel Licht fällt herein. Daneben geben große Türen die Aussicht in den nächsten Raum frei, das Wohnzimmer. Hier steht ein offener Kamin, und als die Schminkes noch hier lebten, zog sich ein langes Sofa über den gesamten Raum. Wieder hatte Charlotte Schminke an die Kinder gedacht, ein jedes sollte Platz haben, um sich lümmeln zu können. Abgeschlossen wird der Raum am anderen Ende durch einen Konzertflügel. Durch Glastüren hindurch ist schon der nächste Raum zu erkennen, der Wintergarten, in dem Charlotte auch Kakteen anpflanzte. Besonders gewagt an diesem Raum ist das orangefarbene Licht, das von der

Decke fällt. An den gläsernen Türen, die alle in den Garten oder auf den Balkon führen, wurde in Kinderaugenhöhe farbiges Glas eingearbeitet. Die Kinder sollten dadurch bunt in den Garten blicken können. Auch hieran erinnert sich Tochter Helga:

>»Wie sehr sich Hans Scharoun in unsere Kinderseele versetzen konnte, zeigen farbige, runde Scheiben in den verschiedenen Türen zum Garten. Vier Türen waren es, und jede hatte eine andersfarbige Scheibe. Sie waren in den Türverstrebungen und vor allem in Kinderblickhöhe angebracht. Ich weiß, wie sehr mich die verzauberte farbige Welt beeindruckt hat und ich immer von Türe zu Türe lief, um hindurchzuschauen.«[58]

Im Gegensatz zur Freizügigkeit des Erdgeschosses wirkt die obere Etage eher spartanisch. Ein langer Flur mit Wäscheeinbauschränken zieht sich die gesamte Länge des Hauses entlang. Zwei Türen gehen nach rechts ab zu den Zimmern der Kinder, danach kommt das elterliche Schlafzimmer. Die Kinderzimmer haben außer Betten, Tischen und Einbauschränken nicht viel zu bieten. Das Leben sollte tatsächlich unten im Gemeinschaftsraum stattfinden. Im elterlichen Schlafzimmer fallen die getrennten Ehebetten auf. Charlotte Schminke schaute nach Osten und konnte so den Aufgang der Sonne beim Aufwachen verfolgen, ihr zugewandt lag ihr Mann, der mit dem Aufwachen den Blick direkt auf die Fabrik hatte. Durch einen Vorhang konnten die Eheleute auch eine räumliche Trennung erreichen. Neben den sanitären Anlagen ist im Obergeschoss nur noch ein Zimmer für Gäste untergebracht, in dem Scharoun selbst oft zu schlafen pflegte.

Die Küche und Räume der Haushaltsgehilfin befinden sich alle im Erdgeschoss. Auch die Küche war vom Konzept her vollkommen neu für die Zeit: eine sogenannte Frankfurter Küche, die der Ergonomie der kochenden Person angepasst ist.

Im Haus wurde viel mit Einbauschränken gearbeitet, frei stehende Möbel gab es fast gar keine. Auffallend ist die hohe Dynamik der Räume. Fast überall lassen sich Türen verschieben und geben Blicke frei. Durch die vielen Fenster ist jeder Raum hell.

Scharoun plante sogar den Einfall der Schatten mit in seinen Entwurf ein, so dass das Haus zu jeder Tageszeit andere Lichtverhältnisse aufweist. Abends sorgten viele Vorhänge für eine zeltartige Verwandlung des Hauses.

Die Dynamik des Hauses rührt auch von der freien Sicht in den Garten und den vielen Möglichkeiten, diesen zu betreten. An vielen Stellen scheinen Garten und Haus eine Einheit zu bilden. So sieht es auch Helga Zumpe:

>*Im Rückblick auf die Jahre, die ich im Haus lebte, habe ich das Gefühl, als wäre immer Sommer gewesen. Alle Türen zum Garten standen offen, Innen und Außen waren eine Einheit.*«[59]

Diese Verschmelzung von Garten und Wohnhaus erinnert an ein anderes wichtiges und zeitgleich entstandenes Gebäude der Moderne, das Haus Falling Waters des amerikanischen Architekten Frank Lloyd Wright in Pennsylvania, das übrigens auch fernab jeder Großstadt gebaut wurde. Die Eigenart der Löbauer Villa ist seine Ähnlichkeit mit einem Schiff, das in den Garten vorzustoßen scheint. Die Balkone und Treppen können fast als Kommandobrücke gedeutet werden. Hans Scharoun schrieb 1933, als das Haus endlich fertig war, in das Gästebuch:

>*Das neue Lebensschiff liegt unter Dampf. Es diene Euch bestens zu frischem fröhlichen Kampf! Ihr Hans Scharoun.*«[60]

Allerdings konnte Familie Schminke nur 12 Jahre lang in ihrem Domizil leben. 1945 wurde das Haus von den russischen Besatzern beschlagnahmt. Im Jahr darauf wurden die Schminkes enteignet.

Charlotte Schminke konnte immerhin durchsetzen, das Haus als Erholungsheim für Dresdner Kinder zu nutzen, die durch den Bombenanschlag ihr Zuhause verloren hatten. Bis 1951 blieb das so. Dann wurde das Haus zum Klubhaus der Freien Deutschen Jugend (FDJ) und fand so einen ersten, wenn auch dürftigen Eintrag in die Broschüre der Stadt Löbau, die 1959 erschien:

*»Obwohl das Klubhaus der Jugend als letzte kulturelle Einrichtung erwähnt wird, steht es doch in seiner Ausstattung den anderen kulturellen Einrichtungen nicht nach. Mit allen technischen Mitteln der Neuzeit ausgestattet, bildet es den Mittelpunkt der FDJ-Arbeit in unserer Stadt«.*[61]

Mittlerweile wohnten die Schminkes in Celle. Von 1963 bis 1990 waren es wieder Kinder, die das Haus der Schminkes in Löbau belebten. Diesmal waren es die Jungen Pioniere, die einzogen. Dafür wurde ein Teil des Gartens zu einem Appellplatz umgewandelt. Nach der Wende erklärte die Stadt das Haus zum Freizeitzentrum für Jugendliche und stellte Tischtennisplatten auf. Zu diesem Zeitpunkt sah das Haus bereits sehr mitgenommen aus. Dennoch: Als 1990 Vertreter der Berliner Hochschule der Künste vom Schminke-Haus erfuhren, waren sie erstaunt darüber, wie verhältnismäßig gut das Haus in seiner Grundsubstanz die DDR überstanden hatte. 1999–2000 wurde es endlich durch die Gelder einer Stiftung saniert und ist heute wieder fast wie neu.

Seit 2006 kann das Haus besichtigt werden und bleibt seiner großzügigen Philosophie treu: Architekturbegeisterte und Familien dürfen hier wieder für ein kleines Entgelt übernachten. Nach 17 Uhr, wenn die letzten Besucher das Haus verlassen haben, werden oben, im Elternschlafzimmer, Klappbetten aufgestellt. Mit einem Glas Rotwein kann man dann im Wintergarten den Tag ausklingen lassen. Kinder toben dabei begeistert durch das Haus, wie schon immer.

**Stadtverwaltung Löbau Haus Schminke**
**Kirschallee 1b**
**02708 Löbau**
**Tel.: 035 85 / 86 21 33**
**Fax: 035 85 / 83 30 10**
**www.hausschminke.de**

## 20

# Im Märchenwald

*Die tanzenden Wasserfontänen im deutschen Märchenwald in Altenberg sind legendär. Seit 1952 sprudeln sie bunt auf Kommando. Der dazugehörige Märchenpark ist einer der ältesten Deutschlands.*

Es gab eine Zeit, da fuhren Busse vollgepackt mit Touristen hinein ins Bergische Land, um in diesem Naherholungsgebiet deren Lungen mit Frischluft vollzutanken und das Auge auf dem Grün der Bäume und der Hügel ruhen zu lassen. Die Bewohner dieser verwunschenen Ecke Deutschlands warteten mit einer Kaffeetafel auf, wie sie ihresgleichen sucht: Waffeln, Sahne, Wurst und Bohnenkaffee, sättigend und erfüllend.

Heute bedient ein unübersichtliches Busnetz die Ortschaften. Um von A nach B zu gelangen, wird über Z gefahren, der Bus hält überall, und die Reise dauert ewig. Vom Ruhrpott aus ist man genauso schnell nach Paris oder London geflogen, und es ist ruhig geworden im Bergischen.

Irgendwo mittendrin liegt Altenberg, nennenswert wegen des alten Doms hier, der 1133 von den Zisterziensern errichtet wurde. Die Verbindung von Kultur und Kulinarischem bescherte ihm vor allem zu Zeiten des Deutschen Wirtschaftswunders viele Touristenbusse. Die letzten zwölf Jahre allerdings verbrachte er im Dornröschenschlaf, wobei er anstatt von Rosen von einem Baugerüst umschlossen war. Und so nahmen auch die letzten potenziellen Ausflugsgesellschaften Abstand von dieser Lokalität. Dabei lohnt sich die Reise schon allein wegen eines Kleinods, das versteckt wenige hundert Meter entfernt vom Dom im

Paris Hilton
oder das schlafende
Dornröschen

Wald verborgen liegt: der Deutsche Märchenwald mit seinen tanzenden Wasserfontänen.

Der Park wurde 1931 errichtet. Somit wird er einer der ersten Märchenparks in Deutschland überhaupt gewesen sein, so genau will das keiner wissen, denn Superlative sind hier fehl am Platz. Hier steht weder das runzeligste Rumpelstilzchen noch das schnellste Tischleindeckdich. Es gibt hier keine Fun-Rides und wilde Überraschungen, keine trötenden und blinkenden Videospiele, außer einem, am Eingang in einer Garage versteckt. Das stammt noch aus den achtziger Jahren und brummt in Schwarz-Weiß vor sich hin. Dieser Märchenwald ist etwas für Liebhaber von Atmosphäre und für Menschen mit Sinn fürs Detail.

Zehn Hütten gilt es zu bewandern, eine jede davon ist einem Märchen gewidmet. Mal sind es Wachsfiguren, mal sind sie geschnitzt, mal sind sie aus einer Fabrik für Schaufensterpuppen – doch sie sind in jeder Hütte zu finden, die Hauptakteure des deutschen Märchenschatzes.

An jedem Häuschen ist ein Knopf in Kinderaugenhöhe ange-

bracht, der gedrückt werden will. Mit einer zeitlichen Verzögerung geht dann das Licht an und die mechanische Vorstellung
beginnt. Sei es eine Tür, die sich öffnet und den Jäger hinein-
schiebt, oder ein Knüppel, der auf einen Mann einschlägt.

Untermalt wird das ganze durch eine traurige, klagende Weise, bis eine Stimme ertönt und die Märchen nacherzählt. Einst
waren es Schallplatten, die den Text vorlasen, heute sind die Geschichten digital gespeichert. Erziehungsberechtigte, die in den
siebziger Jahren des letzten Jahrhunderts aufgewachsen sind,
werden die ein oder andere Geschichte am Originalton erkennen, stammen sie doch von populären Hörspielen.

Besonderes Augenmerk sei den Inneneinrichtungen der Hütten gewidmet. Sechs der zehn Hütten stammen noch aus dem
Jahr 1931 und sind gefüllt mit allerhand Tand, der heute gut
beim Antiquitätenhändler unterkommen könnte. Vor wenigen
Jahren brachen nachts beim Dornröschen Diebe ein, dabei wurde ein Spinnrad gestohlen. Es bleibt zu hoffen, dass der Dieb, wie
im Märchen, seiner saftigen Strafe nicht entkam.

So stehen in den Hütten altes Steinzeug, gehäkelte Fliegen-
pilze und Delfter Porzellan. Gardinen hängen vor den kleinen
Glasfenstern, und ausgestopfte Tiere runden das Ensemble ab.

Gemütlich sieht es aus darin und ordentlich sauber, denn zweimal im Jahr ist Großputz angesagt. Im Frühjahr und im Herbst
wird Staub gewischt, und die Fenster werden geputzt. Die Spin-
nenweben werden entfernt und die Gesichter betupft. Die Figuren werden neu eingekleidet, die alten Kleider gewaschen und
aufgeräumt. So sauber und adrett sind die Figuren, dass Dornröschen aussieht wie die schlafende Paris Hilton.

Die Hütten liegen durch einen Serpentinenfußweg miteinander verbunden an einem Waldhang. Früher konnte man von
überall bis hin zum Altenberger Dom blicken, doch ist seither
die Zeit vergangen und der Wald gewachsen. Manchmal kann
man die nächste Hütte schon erahnen, andere Male liegen lange Teilstrecken dazwischen. Kinder fangen dann an zu rennen,
die Erwachsenen dagegen lassen sich vom Wald einlullen und
gehen gemütlich hinterher. Passieren kann hier nichts. Die Hexe

ist mit Hänsel und Gretel beschäftigt, und der Wolf giert nur nach Rotkäppchen.

Bei den sieben Geislein ist ein Ziegengehege, und beim Froschkönig schwimmen die Enten. Auf einem weiteren Gelände eröffnet sich die Aussicht auf Rehe, und ganz am Anfang des Waldes hüpfen Kaninchen herum. Kinder dürfen die Tiere mit Trockenfutter aus kleinen Papppaketen aus dem Automaten füttern. Das ist aber eines der wenigen Dinge, die eigens bezahlt werden müssen. Was sonst noch extra Geld kostet, sind eine Münzprägemaschine und ein Wahrsageautomat. An den Geldschlitzen lässt sich noch das Alter der Automaten ablesen. Sie stammen aus den fünfziger Jahren, als die Betreiber des Märchenwaldes Kindergärten und Schulklassen mit einem Kleinbus abholten. Der Besuch endete mit einer Erbsensuppe, und bestimmt hatte nicht jedes Kind das nötige Kleingeld für ein Souvenir.

Es war auch um diese Zeit, als der Betreiber des Parks sein gastronomisches Angebot erweiterte. Wilhelm Schneider war gelernter Steinmetz, hatte aber jahrelang zusammen mit seiner

Die legendären tanzenden Wasserfontänen

Frau eine Kantine in Köln geleitet. 1931 kaufte er sich nahe dem Altenberger Dom eine Waldschänke mit dazugehörigem Waldstück und errichtete hier den Märchenwald. Die Waldschänke wurde zu einem Ausflugsrestaurant, das mit eigener Küche und Konditorei die Gäste beglückte. Vor allem in den Jahren nach dem Krieg wurden hier riesige Kuchenteller angeboten.

Das Konzept ging auf, denn 1956 schon konnte Schneider sein Restaurant um eine weitere Attraktivität bereichern: die tanzenden Wasserfontänen des Herrn Przystiwak. Schneider hatte diese auf einer Industrieausstellung gesehen und wollte sie haben. Bekannt waren die Fontänen schon in den zwanziger Jahren durch das Ballhaus Resi in Berlin. Przystiwak, damals Cheftechniker, hatte im Ballhaus nicht nur Rohrpost und Tischtelefone etabliert, sondern war auch der Erste, der Wasserspiele mit Licht und Musik verband. Das Schauspiel passte in die Zeit und wurde viel kopiert.

Heute funktioniert das Konzept nur noch in Florida. Przystiwaks Enkel leitet im amerikanischen Rentnerparadies die Firma »Waltzing Waters«. In Deutschland dagegen sind tanzende Fontänen vom Aussterben bedroht und können nur noch an wenigen Orten bestaunt werden, in der Märchenwaldgaststätte wohl noch am originalgetreusten.

Als Schneider 1965 starb, übernahmen sein Konditor und dessen Frau den Betrieb. Das Paar hatte sich hier kennengelernt, und Schneider war der Patenonkel ihrer Tochter, der heutigen Besitzerin. So kann man mit Recht von einem Familienunternehmen sprechen, in dem sich die alten Werte durchgesetzt haben. Im Restaurant sind auch heute noch die Tischdecken gestärkt und der Kellner von der alten Schule. Bergische Waffeln sind ein Muss, mit Schlagsahne und Kirschen, der Bohnenkaffee unübertrefflich. Die Liebe fürs Detail, die schon in den Häuschen im Märchenwald zu sehen war, setzt sich hier fort. In jeden Stuhl ist ein anderes Märchen geschnitzt, und die Märchenmotive sind selbst auf den Tellern zu finden.

Auch heute noch wird zu jeder vollen Stunde eine Vorstellung der tanzenden Fontänen geboten, zuschauen darf jeder Gast.

Erst schließt sich der dicke Vorhang vor den Fenstern mit einem langen Rattern. Dann wird ein in Marmor gemeißeltes Bild von Wilhelm und Jakob Grimm auf der Bühne bestrahlt. Ein leises Plätschern – die Musik beginnt. Gleichzeitig erheben sich die ersten Wasserfontänen in die Luft. Sie sprudeln nach oben, sacken wieder ab, passen sich ganz dem Rhythmus an. Dabei werden sie mit bunten Scheinwerfern beleuchtet und wirken mal kristallklar, dann wieder gelb, rot oder grün. Im Zuschauerraum ist es still, erst wenn der Vorhang sich wieder öffnet, klatscht das Publikum begeistert.

Seit über 75 Jahren gibt es ihn nun schon, den deutschen Märchenwald in Altenberg. Es ist wie ein kleines Wunder, dass der Zahn der Zeit hier so wenig genagt hat. Jede Märchenhütte funktioniert tadellos, und selbst die Mülleimer stammen noch von anno dazumal. Aber manche Dinge verändern sich eben nicht: fröhliche Kinder sind vielleicht der beste Ansporn, das Alte nicht alt werden zu lassen.

**Deutscher Märchenwald**
**Märchenwaldweg 15**
**51519 Odenthal**
**Tel.: 021 74 / 404 54**

## ∥ 21 ∥

# Bevor sich das Sandmännchen einen Hubschrauber leisten konnte

*Im thüringischen Walldorf wurde früher unter der Erde Sand abgebaut. In den unterirdischen Hallen stehen heute Märchenfiguren.*

Woher kommt es, wohin geht es? So wichtig diese Frage auch sein mag, Kinder interessiert viel mehr, auf was es kommt und worauf es geht. Gemeint ist das Sandmännchen, das jeden Abend um fünf vor sieben die gute deutsche Stube besucht, eine Geschichte erzählt, Sand in die Augen der Kinder streut und dann wieder verschwindet. Jedes Mal ist das Transportmittel ein anderes. Mal ist es ein Raumschiff, mal ein Schwan, mal eine Rikscha oder einfach nur ein Traktor. Die Welt des Sandmännchens ist eine gute Welt, aber das war nicht immer so.

Im thüringischen Walldorf lebten sie einst, die echten Sandmänner und -frauen und -kinder. Tagelöhner waren sie, deren Arbeit so wenig Spaß machte, dass sie einfach nur vergessen wollten und nichts darüber erzählten, geschweige denn aufschrieben. Als in den zwanziger Jahren des letzten Jahrhunderts das Gewerbe ausstarb, starb auch das Wissen darüber, dass es jemals so etwas wie »Sandmacher« gegeben hatte. Es gab sie an vielen Orten in Deutschland, doch das Los der Sandmänner und -frauen in Walldorf war besonders hart, denn sie mussten den Sand unterirdisch abbauen. Die Gutsbesitzer in Walldorf genehmigten die Sandgrube nicht auf ihren Feldern, versprachen sich aber durch die Pacht, die sie auch unter ihren Grundstücken erheben konnten, gewinnbringende Einnahmen. Ein halbes Jahr

Kein Spaß: So und noch dunkler muss es gewesen sein, als hier noch Sand abgebaut wurde

Pacht kostete sechs Mark, wobei eine Metze (fünf Liter Sand) für nur zehn Pfennig angeboten wurde. Für die Gutsbesitzer war das rentabler als für die Grabenden, wie die vielen Bittschriften zum Erlass der Pacht noch heute beweisen. Es gab Zeiten, in denen täglich bis zu 200 Menschen den Stein unter der Stadt aushöhlten, später waren es nur noch eine Handvoll, die dann alleine im Halbdunkel der brennenden Ölfunzeln mit Eisenspitzen und Holzklöppeln Brocken von den Wänden und der Decke abhoben und klein hämmerten, bis nur noch feiner Sand übrig war. Auf Hundeschlitten wurde der Sand dann in die nahe Stadt Meiningen gebracht und dort mit dem Ruf: »Der Sandmann ist da. Er hat so schönen weißen Sand, ist allen Leuten wohlbekannt«, verkauft. Benutzt wurde der Sand in den Stuben der Bürger für die unbehandelten Dielenböden und zum Polieren der Töpfe. Als Meister Proper noch in Amerika Baumwolle pflückte, streute man in Deutschland den feinen Sand auf den Boden, der durchs Fegen den Dreck von den Dielen schliff. Danach war die Stube wieder rein.

Die Sandmänner, -frauen und -kinder aber hatten dicke Hälse vom vielen Bücken, tränende Augen vom Sand, der immer hineinrieselte, und wunde Stellen am ganzen Körper.

In den dreißiger Jahren des letzten Jahrhunderts bemühte sich ein Lehrer aus Walldorf, die Geschichten von noch lebenden Sandmännern zusammenzutragen, doch bereitwillig berichtete keiner der einstigen »Sandhasen«. Bekannt ist nur die Geschichte der Eve Lies, die sich nach 40 Jahren Arbeit ein paar Schnürsenkel gönnte. Und der Bericht eines Anatomen, der die Lunge eines Sandmanns examinierte. »Wie durch Sand schneiden«, beschrieb er das Gefühl beim Sezieren.

In der Walldorfer Chronik taucht das Gewerbe der Sandmänner erst um 1811 auf und stirbt offiziell 1920 aus. Doch muss es bereits viel früher dort angesiedelt gewesen sein, denn wie sonst erklärt man sich eine Höhle von 65 000 qm mit über 2000 Säulen, die von Menschenhand gegraben wurde. Dass sie damit eine der größten, wenn nicht gar die größte Sandsteinhöhle Nordeuropas ist, kann man sich bei den Ausmaßen schon denken. Dass sie aber kaum bekannt ist, gibt zu denken. Wären es wirklich nur knapp hundert Jahre Betrieb gewesen, wäre das eine Leistung, die der Erschaffung eines Weltwunders gleichkäme. Doch ein Weltwunder gibt es in Walldorf nicht. Nur diese sehr, sehr große Höhle. Und weil es in Deutschland zugegebenermaßen viele Höhlen und Bergwerke gibt, taugt diese hier nur eingeschränkt als Touristenattraktion. An Regentagen, wenn in Thüringen, Bayern, Sachsen und Berlin gleichzeitig Ferien sind, dann verirrt sich der ein oder andere Besucher hierher. An sonnigen Tagen tummeln sich die wenigen Feriengäste lieber auf der Minigolfanlage über der Sandsteinhöhle oder besichtigen die alte Wehrkirche von Walldorf.

Als sich um 1902 abzeichnete, dass der Sandabbau der Vergangenheit angehören würde, versuchten die Walldorfer die Höhle anders wirtschaftlich zu nutzen. Champignonzucht kam ihnen in den Sinn, und es war keine schlechte Idee. In kurzer Zeit hatten sie den Dreh raus und kultivierten vorzüglichen Champignon in den feuchten Höhlen, der in Nobelhotels von Hamburg bis Österreich gefüllt oder mit Butter angeboten wurde. »So gut wie in Paris«, lautete der lukullische Befund, und die Einnahmen von 150 Mark am Tag sprachen für sich. Bis sich eine Schimmelkultur ausbreitete, die die gesamte Ernte vernichtete und die zu beseitigen sehr mühselig gewesen wäre. So standen die Höhlen wieder leer. Während des Ersten Weltkriegs versteckten die Walldorfer ihre Habseligkeiten hier unten, wie ihre Vorfahren es in Kriegszeiten schon seit Jahrhunderten taten. (In Walldorf ist die Legende nicht totzukriegen, wie sich die gesamte Stadt hier unten versteckte, als die Hunnen einfielen. Dabei gibt es keine Belege darüber, dass es damals schon die Höhle gab.)

Als der Erste Weltkrieg endete und der Deutsche an sich enthusiastischer denn je sein Land bereiste, da kam es dem alten Dorflehrer Rauschert in den Sinn, den volkstümlichen Charakter der Höhlen herauszuarbeiten und touristisch zu nutzen. Nachdem er aber vergebens versucht hatte, Geschichten über die Sandmänner und -frauen zusammenzutragen, animierte er die Schüler Walldorfs, als besondere Attraktion in den Höhlen Märchen nachzuspielen. Das taten sie, und bis zu Beginn des Zweiten Weltkrieges kam auch ein reger Besucherstrom, um sich die Mär-

Die Sieben Schwaben: eines der vielen Märchen, die hier locken

chen in dem besonderen Ambiente der Höhle anzusehen. Dann war es drinnen still und draußen laut.

Erst in den fünfziger Jahren des letzten Jahrhunderts wurde die Höhle wieder touristisch genutzt. Diesmal spielten aber nicht die Kinder die Märchen nach, sondern Jahr für Jahr wurde ein anderes Märchen aus Stein und Beton nachgebaut und unten aufgestellt. Heute stehen dort unten 26 Märchen, von den Sieben Schwaben bis Rotkäppchen ist hier fast alles vertreten. Viele der nachgestellten Märchen stammen von Ludwig Bechstein, der ein Adoptivsohn des Gründers der Forstakademie in Meiningen war. Um aber auch das Erbe der Höhle nicht zu vergessen, stehen in sechs Gruppen die Figuren von Sandmännern und -frauen aus Stein hier unten, die gebückt die Höhle bearbeiten.

Früher gab es mehrere Eingänge zur Höhle, doch wurden bis auf einen alle zugemauert. Wer durch diesen Eingang das dunkle Labyrinth betritt, kann die Beklemmung nachempfinden, die die Sandmänner hier unten gefühlt haben müssen. Auch heute noch ist die Höhle nur spärlich beleuchtet, der Pfad durch die gigantische Säulenhalle gerade notdürftig markiert. Es hat etwas Archaisches, hier unten zu sein. Manche der Gewölbe sind mit Wasser gefüllt, das durch die Decke gesickert ist, doch hat die Höhle nichts gemein mit der Höhle des bayerischen Märchenkönigs, der sich auf einem Schwanenboot durchs geheimnisvolle Dunkel gondeln ließ. Die Romantik hier erinnert viel mehr an Tom Sawyer, der vom Weg abkam und sich verirrte. Das Auge des Besuchers erkennt erleichtert eine Numerierung an den Säulen, muss aber nach wenigen Schritten feststellen, dass sie überhaupt keinen Sinn ergibt und irgendwann auch eingestellt wurde. Sie stammt noch aus der Zeit des Sandabbaus, als das Bergamt von Saalfeld alle zwei Jahre vorbeikam, um zu überprüfen, ob genug Säulen stehen gelassen wurden, damit die Decke nicht einstürzte.

Doch was hat das Sandmännchen, das allabendlich die Kinder besucht, mit dem Schicksal der hier ansässigen Sandmänner zu tun? 1817 veröffentlichte E.T.A. Hoffmann die Geschichte des Sandmanns. Hier ist der Sandmann ein unheimliches Monster, das den Kindern die Augen aussticht. Inspiriert wurde Hoffmann wahrscheinlich durch Sandmänner wie die aus Walldorf, die in jeder deutschen Stadt auftauchten. Man kann sich die armen Tagelöhner gut vorstellen, wie sie in Lumpen gekleidet in die Stadt kamen, den weißen Sand feilboten und selbst so gar nicht rein aussahen. Die meisten der damaligen Sandmänner müssen durch den Sand, der unentwegt die zarten Schleimhäute angriff, wunde, rote Augen gehabt haben. Wenn Kinder sich also abends die Augen rieben, so erzählte man ihnen damals vom bösen Sandmann, der schuld daran sei.

Hans Christian Andersen wiederum kehrte die Gruselgeschichte ins Gute. Bei ihm goss der Sandmann süße Milch in die Augen der Kinder, damit diese friedlich einschlafen konnten. Dieses Bild war es auch, das das DDR-Fernsehen 1959 an die Kinder weiterreichte. Am 22. November 1959 besuchte das Sandmännchen zum ersten Mal die ostdeutschen Fernsehstuben. Nur zwei Wochen später war der große Auftritt des West-Sandmännchens. Die Sandmännchenspionage ist ein interessantes Kapitel deutsch-deutscher Fernsehgeschichte, die sich nicht als Gutenachtgeschichte eignet. Heute gibt es nur noch ein Sandmännchen, das aus dem Osten, und wer es genau wissen will, kann es in Babelsberg besuchen gehen.

**Sandstein und Märchenhöhlen Bernd Hartung**
**Marienstraße 6**
**98639 Walldorf**
**Tel.: 036 93 / 899 10**
**Fax: 036 93 / 89 01 63**
**www.sandsteinhoehle.de**

**Sandmannhaus Filmpark Babelsberg**
**August-Bebel-Straße 26–53**
**14482 Potsdam (Eingang Großbeerenstraße)**
**Tel.: 03 31 / 721 27 50**
**Fax: 03 31 / 721 27 37**
**www.filmpark.de.**

## 22

# Von Gräfenroda in die Welt hinaus

*Die Zwergenmanufaktur in Gräfenroda behauptet von sich, vom Erfinder der Gartenzwerge selbst gegründet zu sein.*

»Die Apotheke zum Engel sowie der Goldene Löwe. So war mein Garten auch in der ganzen Gegend berühmt, und Jeder Reisende stand und sah durch die roten Staketen. Nach den Bettlern von Stein und nach den farbigen Zwergen. Wem ich den Kaffee dann gar in dem herrlichen Grottenwerk reichte, Das nun freilich verstaubt und halb verfallen mir dasteht, Der erfreute sich hoch des farbig schimmernden Lichtes Schön geordneter Muscheln; und mit geblendetem Auge Schaute der Kenner selbst den Bleiglanz und die Korallen.«

Dieser hübsch dekorierte Vorgarten mit Zwergen, drappierten Steinen und geordneten Muscheln wurde nicht etwa in den Zeiten des deutschen Wirtschaftswunders beschrieben, sondern bereits 1796 und stammt aus dem Stück »Hermann und Dorothea« (Kapitel: Thalia) von Johann Wolfgang von Goethe. Die Helden in diesem Epos sind keine Kriegsherren, Alchemisten oder Liebestrunkene. Es sind allesamt spießige deutsche Kleinbürger. Goethe wählte ausgerechnet diese Welt, um den traditionellen deutschen Werten ein Denkmal zu setzen. In diesem Zusammenhang erhielt auch der Gartenzwerg seine erste und vielleicht auch einzige literarische Statistenrolle.

Das Stück greift eine Entwicklung vorweg, die erst sehr viel später einsetzen sollte: die Bevölkerung von vor allem deutschen Vorgärten mit Wichteln. Als Goethe den Garten des Apothekers

Wie von Zwergenhand geschaffen: Zwerge in der Manufaktur

beschrieb, waren Gartenzwerge nur in den barocken Gärten in Deutschland und Österreich zu finden, wobei man nicht wirklich danach suchen musste. Die Zwergenstatuen in den fürstlichen Parks waren meist aus Sandstein gehauen, hatten durchaus propere Dimensionen und bildeten eine amüsante Abwechslung zum gewöhnlichen klassischen Repertoire von griechischen Göttern.

Ganze 28 solcher Zwerge standen im Salzburger Mirabellgarten herum und waren alles andere als fleißig. Noch verkörperten die Zwerge lustige Gesellen, die ihren Spaß am Hofe trieben, buckelig waren und für Unterhaltung sorgten.

Die ersten Miniaturgartenzwerge mit Zipfelmütze und Bart, die Fleiß und Tüchtigkeit repräsentierten, traten in England auf, wobei die Zwergenhistoriker hier noch nicht vom echten Gartenzwerg sprechen. Es war ein gewisser Sir Charles Isham, der 1847 in seinem englischen Adelssitz Lamport Hall einen alpinen Steingarten, übrigens den ersten in England, anlegte. Bei einem Besuch in Nürnberg hatte er Spielzeugzwerge erstanden und plazierte diese in seine fiktive Bergwelt. Heute gibt es nur noch einen davon. Der steht jetzt im Gutshaus und ist sehr, sehr wertvoll. Um die Vorgärten der Welt zu erobern, bedurfte es einer Massenproduktion von Zwergen. Und so liegt die Wiege des deutschen Gartenzwerges, wie wir ihn heute kennen, in Gräfenroda in Thüringen, weil hier ein paar Arbeitstüchtige die perfekten Produktionsbedingungen hatten.

In der Gegend wurden viel Braunstein und Schiefer abgebaut, als Restprodukt blieb Ton übrig, ein billiger Rohstoff, mit dem es sich prima modellieren ließ. Dies erkannte 1856 Heinrich Dornheim, seines Zeichens Porzellanmaler. Als Thüringer mit Leib und Seele war er dem Wald verbunden, und so begann er zuerst damit, Tierköpfe zu modellieren. Fürsten und Grafen hatten in ihren Stuben gerne Geweihe hängen, und auch der kleine Biedermeier-Bürger sehnte sich nach etwas Statustier in der guten Stube. Bald folgten Jagdhund, Storch und Fuchs. Dornheims Figuren waren der Renner, und Gräfenroda wurde zum Zentrum der »Thierköpfer«, wie die Keramikmodelleure genannt wurden. Ende des 19. Jahrhunderts gab es bereits viele Nachahmer in Gräfenroda. Insgesamt sind 16 Fabriken bekannt, die diesen Markt bedienten. In einem Artikel der *Illustrierten Welt* von 1893 wird das Gräfenrodaer Handwerk ordentlich beschrieben:

*»Stundenlang müssen sie daselbst ausharren, um das Spiel der Tiere, ihre Bewegungen und charakteristischen Eigenarten zu studieren, festzuhalten und dann daheim in Thon nachzuformen. Auf diesen ersten Entwurf folgt, nachdem man das betreffende Tiermodell in einzelne Teile (Kopf, Rumpf und Beine) zerschnitten hat, der Gipsabguss, in welchem dann mittelst einheimischen, eigens hergestellten Thons das Neuformen, besser Einkneten erfolgt. Nachdem der Prozess langsamen Brennens in dem eigens dafür eingerichteten Ofen vollendet ist, werden die einzelnen Teile zusammengesetzt, die Fugen verstrichen, geglättet und für das Auge unsichtbar gemacht. Die Tiere empfangen Glasaugen – auch ein vortreffliches Erzeugnis aus dem Thüringer Bergnest Lauscha! – und mit denselben erhält die Gestalt erst Leben. Nun beginnt die nicht minder schwierige*

*Arbeit des Malens. Da bei der Natur der dafür allein anwendbaren Farben ein frisches Uebermalen von Farbe auf Farbe ausgeschlossen ist, so muss fast jede Farbe allein aufgetragen werden, worauf das so bemalte Tier in ein gewärmtes Zimmer zum Trocknen gebracht wird.«*

Der Artikel ist reich bebildert, und am Ende lächelt ein Zwerg mit Mütze und Pfeife den Leser an.

Um sich voneinander zu unterscheiden, versuchten sich die einzelnen Manufakturen auch in unterschiedlichen Produkten. Philipp Griebel, der bei Dornheim gelernt hatte und 1870 seine eigene Manufaktur gründete, erweiterte sein Repertoire um Figuren aus der Märchenwelt und erfand dabei den Gartenzwerg. 1884 stellte er ihn zum ersten Mal auf der Messe in Leipzig vor und hatte schon bald viele Bestellungen. Bald begannen auch andere Betriebe in Gräfenroda die fleißigen Wichtel nachzubauen. Somit entstand hier ein wahres Mekka der Gartenzwerge. In einem Keramikverzeichnis von 1927 sind europaweit 14 Firmen gelistet, die Gartenzwerge herstellten. Außer einer Fabrik in Böhmen und einer in Sachsen hatten alle ihren Sitz in Thüringen. Und davon die meisten in Gräfenroda.

Thüringen als Heimat des Zwergenstaats kommt nicht von ungefähr. Neben Wald und Natur wird Thüringen auch vom Bergbau geprägt. Die tiefen dunklen Stollen inspirierten die Bergleute zum Bildnis des Zwergs, der darin ackerte. Eventuell sind die Zwerge sogar historischen Ursprungs, wie 1938 der Bergbau-Professor Heinrich Quiring von der TU Berlin in seinem Buch »Die Geschichte des Goldes« andeutete. Er schrieb hier über die antiken Bergleute Griechenlands. Diese hochspezialisierten Menschen waren allesamt klein und trugen Zipfelmützen, um damit die Decken abzufühlen, ohne sich den Kopf anzustoßen. Als die Stollen Griechenlands leergefegt waren, verbreiteten sich die Bergleute über ganz Europa. Einige davon landeten gewiss auch in Thüringen.

Das Besondere an Griebels Manufaktur in Gräfenroda ist, dass es sie noch heute gibt. Und zwar an derselben Stelle wie seit Jahr und Tag. Das kann keine der anderen Manufakturen von sich behaupten.

Heute ist es der Urenkel von Philipp Griebel, Reinhard, der sich um die Zwerge kümmert. In der Fabrikgeschichte gab es richtig gute Zeiten. Zum Beispiel in den Zwanzigern des letzten Jahrhunderts. Da flogen die Bestellungen aus der ganzen Welt ein. Nachdem der Deutschamerikaner Adolphus Busch, der Firmengründer von Budweiser Bier, sich seine »Bush-Gardens« in Pasadena, Kalifornien, mit Zwergen aus Gräfenroda bestücken ließ, boomte der Zwergenexport nach Amerika. In Tennessee, in Florida und in vielen anderen Staaten wurden Zwergenthemenparks eröffnet – alle mit den kleinen Männern aus Gräfenroda.

Aber es gab auch schlechte Zeiten für die Griebels. Während des Zweiten Weltkriegs wurden noch fleißig Zwerge modelliert, 1948 aber war Schluss damit. Es wurde ein Verbot erlassen: Gartenzwerge brachten keinen Nutzen für die Gesellschaft. Anscheinend doch, denn die Nachfrage an Zwergen aus der westlichen Welt war nach wie vor ungebrochen, und durch den Export ließen sich harte Devisen verdienen. Die skandinavischen Länder, Amerika und Westdeutschland – alle wollten Gartenzwerge aus Ton. Griebels Betrieb wurde 1972 verstaatlicht und musste 23 Personen einstellen, um der Nachfrage nachzukommen. Als um 1960 japanische Fabrikanten versuchten, Gartenzwerge aus Plastik zu verkaufen, mussten sie feststellen, dass asiatische Wichtel einfach nicht erwünscht waren. Es musste der echte deutsche Gartenzwerg sein.

Heute ist wieder alles anders. Die Plastikzwerge haben sich durchgesetzt, und es sind eigentlich nur die wahren Liebhaber, die noch auf handgefertigte Tonzwerge stehen. Man geht davon aus, dass in ganz Deutschland über 25 Millionen Gartenzwerge herumstehen, Population wachsend. Reinhard Griebel setzt auf alte Werte, doch damit allein lässt sich nicht reich werden. So hat er seine Manufaktur um ein Museum erweitert. In den Räumen über den Produktionsstätten ist ein Streifzug sowohl durch die Geschichte des Gartenzwerges als auch durch das Sortiment der Griebelschen Manufaktur zu sehen: vom Tierkopf über den

Fuchs und Fliegenpilz bis hin zum ersten Gartenzwerg. Auch das neue Sortiment ist ausgestellt. Zwerge in Polizeiuniform oder mit heruntergelassener Hose. Neuerdings fabriziert Griebel auch Zwerginnen, was ihm so mancher Zwergenfan übelnimmt.

Laut einer Umfrage aus den Jahren 1956–1961 favorisierten 35 Prozent der Deutschen das Modell »fröhlicher Gärtner« mit Schubkarre. 1988 hingegen bevorzugten die Deutschen eher den »Kulturzwerg«, mit Pfeife. Der Zwerg als Kulturbarometer. Kleine Männer soll man eben nicht unterschätzen.

**Philipp Griebel GmbH**
**Inh. Reinhard Griebel**
**Ohrdrufer Straße 1**
**99330 Gräfenroda**
**Tel.: 03 62 05 / 764 70**
**Fax: 03 62 05 / 911 61**


**Gräfenrodaer Gartenzwergmuseum:**
**ganzjährig geöffnet!**
**Mo.–Fr. 10.00–17.00 Uhr,**
**Samstag 10.00–14.00 Uhr,**
**Sonntag (1. 4.–25. 10.) 10.00–14.00 Uhr.**

## ‖ 23 ‖

# Mein kleiner grüner Kaktus

*Als ältester Kakteenzüchter Europas beliefert die Firma Kakteen Haage aus Erfurt seit über 150 Jahren Fürsten, Botaniker und Liebhaber. »Bleib den Kakteen treu«, heißt der Leitspruch des Familienbetriebs, und bisher konnte ihm weder Krieg noch Systemwechsel etwas anhaben.*

Die Stadt Erfurt hat eine lange und, wie sollte es auch anders sein, mitunter kuriose Geschichte. Martin Luther studierte hier nicht nur, er wurde auch unweit der Stadttore vom Blitz getroffen. Der Erfurter Latrinensturz ist eine Sache, die sich nachzulesen lohnt, und warum Erfurt heute für sicheren Sex steht, hat mit der hier ansässigen Latexindustrie zu tun. Fruchtbarkeit wird in der thüringischen Landeshauptstadt dennoch gefördert: Als Gartenbaustadt ist Erfurt mindestens seit dem Mittelalter bekannt.

Einst soll die Stadt von Bonifatius der »Garten des Heiligen Römischen Reichs deutscher Nation« genannt worden sein, dank des fruchtbaren Bodens um Erfurt, in der »Mitte der Mitte«, wie Luther später sagen würde. Bonifatius' Männer bauten hier Wein an und schufen auch die ersten Gärten. Im Mittelalter entwickelte sich daraus das Zentrum des Waidhandels – einer Pflanze, mit deren Gerbstoff sich die begehrte blaue Farbe erzielen ließ. Waid wurde in den Dörfern um Erfurt angepflanzt und war maßgeblich am Aufschwung der Stadt beteiligt. Im 14. und 15. Jahrhundert zählte die Stadt 18 000 bis 20 000 Einwohner und galt als Großstadt.

Was für Nürnberg die Händler, waren für Erfurt die Gärtner. 1650 waren bereits 150 Gärtnereibetriebe in Erfurt gelistet. Einer davon gehörte einem gewissen Christian Reichart (1685–1775), der als der Pionier des Erwerbsgartenbaus gilt. Er erfand neue Werkzeuge und Produktionstechniken, die zum Teil heute noch angewandt werden. Auf sein Wissen griffen die späteren Erfurter Gärtner zurück und »erfanden« den Saathandel, den Verkauf und Versand von Blumen- und Gemüsesamen. Auch heute noch wird aus Erfurt qualitativ hochwertiges Saatgut in die ganze Welt vertrieben.

Erfurt muss damals herrlich ausgesehen haben. Ein Blumenmeer begrüßte jeden, der die Stadt bereiste, denn die Gärtner hatten vor den Stadttoren ihre Schau- und Zuchtfelder angelegt. Im 19. Jahrhundert wurde Erfurt darum Blumenstadt genannt.

Später meinten die Funktionäre der DDR, dass die proletarischste der Blumen ja wohl der Blumenkohl sei. Der wuchs auf den Feldern vor den Stadttoren genauso gut. Und so wurde Erfurt für ein paar Jahrzehnte zur Blumenkohlstadt. Heute hat sich alles wieder eingerenkt, blühende Landschaften erstrecken sich in kapitalistischer Eintracht vor den Stadttoren.

Dort liegt auch die Gärtnerei Haage, die einer der ältesten Gärtnerfamilien Erfurts gehört. Seit dem Dritten Reich blockiert ein gigantisches Getreidesilo die Sicht auf die Stadt, doch die Haages wären nicht die Haages, wenn sie dem nicht etwas Positives abgewinnen könnten. Das sei ein wunderbarer klimatischer Schutz vor Hagelstürmen, wissen sie über das Silo und die in den fünfziger Jahren unmittelbar daneben errichteten Plattenbauten zu berichten.

Den Haages gehört heute ein kleines Reich aus Gewächshäusern, in denen sie Kakteen und Sukkulenten ziehen. Das tun sie immerhin schon seit 1822, was sie als älteste Kakteenzüchter Europas auszeichnet. Anderswo sähe ein Betrieb mit diesem Prädikat anders aus. Ein Schildermeer würde den angereisten Kakteenfreund bis zur Gärtnerei lotsen, und dort gäbe es eine »World of Cactus« zu bestaunen. Man stellt sich unterbezahlte Mexikaner mit Sombreros vor, die mit Kakteen jonglieren und dazu »El Condor Pasa« auf der Panflöte spielen. Vielleicht würden die dann das Sukkulentengetränk schlechthin anbieten – Tequila.

Was einen bei Kakteen Haage aber erwartet, ist von bescheidener Funktionalität. Alte Ostleuchten werfen ihr Licht auf das

»Haage, bleib den Kakteen treu!« Nichts anderes hat Kakteen Haage im Sinn. Auch heute noch.

über 100-jährige Wohnhaus, dahinter befinden sich dann die Gewächshäuser. Hier werden die Stachelpflanzen gezüchtet und geordnet, benannt und versandt. Insgesamt gibt es bei Kakteen Haage über 3000 Kakteen und Sukkulenten zu bestaunen. Und jede, wirkliche jede der Pflanzen hat ihre eigene Geschichte, die Ulrich Haage, der die Gärtnerei heute in sechster Generation führt, gerne erzählt. Das dort sei der Kaktus, den wir von der mexikanischen Flagge kennen. Und schon ist er mittendrin, bei den Mayas, denen prophezeit wurde, einen Adler mit einer Schlange im Schnabel auf einem Kaktus sitzend zu finden. Genau an diesem Ort sollten sie eine Stadt gründen. Irgendwo dort, wo heute Mexiko City steht, muss das gewesen sein.

Oder Ulrich Haage erzählt die Geschichte vom größten Kaktus der Welt, einem über fünf Meter großen Koloss in der Wüste von Arizona. Als ein Segelflieger die Spitze des einstmals größten Kaktus rammte, fiel sie zu Boden. Sie traf aber noch die Kabine des Piloten und riss ihn mit in den Abgrund. Das Zeitungsbild davon schnitt Kakteen-Haage der Sechste fasziniert aus und wunderte sich, wie diese Geschichte es in die Zeitung der damaligen DDR geschafft hatte. Kleinere Verwandte des amerikanischen Riesenkaktus stehen bei Kakteen Haage im hinteren Teil des Gewächshauses in einer wüstenähnlichen Landschaft.

Man muss Ulrich Haage nur fragen, schon hört man auch von lebenden Steinen und von Monsterkakteen, vom goldenen Kaktus der Gracia Patricia und vom psychodelischen Lophophora. Doch die spannendste Geschichte ist die der Firma selbst.

Der erste verzeichnete Haage war Hans Peter Haage, der sich schon 1685 als selbständiger Gärtner in Erfurt seinen Lebensunterhalt verdiente. Hans Peter hatte aber noch nichts mit Kakteen am Hut. Kakteen kamen mit den spanischen Eroberern nach Europa und waren lange Zeit nur in den Orangerien der Fürstenhäuser zu finden. Dort machte auch der erste Kakteen-Haage, Friedrich Adolph (1796–1866), die Bekanntschaft mit der Stachelpflanze. Er arbeitete zu Beginn des 19. Jahrhunderts am Hof des Königs Friedrich August von Sachsen. Seine Aufgabe war es, im Gewächshaus des Königs eine »Königin der Nacht« pünktlich zum Gartenfest zum Blühen bringen. Es gelang ihm, und die Gesellschaft konnte im Glanze der großblütigen Kaktuspflanze dinieren und sich an ihrer Exotik ergötzen. Als Dank durfte Friedrich Adolph sich einen Steckling mit nach Hause nehmen. Mit diesem ersten Prachtstück gründete er die Firma Haage und bemühte sich, eine Kakteensammlung zusammenzutragen. Kein einfaches Unterfangen zu dieser Zeit, als man nicht einfach nach Amerika in die Wüste reiste, dort herumspazierte und Kakteen einsammelte, obgleich damals das Finden von noch unbekannten Kakteenarten sehr viel einfacher war als heute. Friedrich Adolph baute ein Netzwerk zu bestehenden botanischen Sammlungen auf, das noch heute existiert und das von allen Haages über die Jahrhunderte hinweg bis heute gepflegt wurde. So gelang es ihm, eine der umfassendsten und bedeutendsten Kakteensammlungen aufzubauen, und es gehört zur wahrscheinlich wahren Familienlegende, dass er von Humboldt, Goethe und Liszt besucht wurde. Welche Interessen Goethe mit dem Kaktus verfolgte, lässt sich in einem Gedicht lesen, das der große

Galan 1826 zusammen mit einem Kaktus-Steckling an Marianne von Willemer schickte:

*Was erst still gekeimt in Sachsen*
*Soll am Maine fröhlich wachsen.*
*Flach auf guten Grund gelegt,*
*Merke, wie es Wurzel schlägt!*

*Dann der Pflänzlein frische Menge*
*Steigt in luftigem Gedränge.*
*Mäßig warm und mäßig feucht*
*Ist, was ihnen heilsam deucht.*
*Wenn Du's gut mit ihnen meinst*
*Blühen sie Dir wohl dereinst.*

Zu diesen Zeiten war der Kaktus noch ein Luxusgut, das nur der Intelligenzia, Verlegern, der Bourgeoisie und den Fürsten zugänglich war. Es ist zu einem Großteil den Haages zu verdanken, dass der Kaktus in den zwanziger Jahren des letzten Jahrhunderts einen regelrechten Boom in Deutschland auslöste. Der Kaktus stand auf dem Fensterbrett und war Sinnbild fürs Reisen und für die Exotik der Welt, die man sich neuerdings auch nach Hause holen konnte. Die Comedian Harmonists dichteten einen, im wahrsten Sinne des Wortes, Evergreen auf die Pflanze, und Walther Haage, der vierte Kakteen-Haage, initiierte und finanzierte wie keiner zuvor und keiner danach Expeditionen nach Südamerika und Afrika, um nicht nur die Neue Welt, sondern auch den Kaktus zu erkunden. In seinen Memoiren berichtet er von seinen Anekdoten mit dem damals berühmten Kakteenjäger Fric aus Prag:

*»Als ich im Winter 1924 Fric in Hamburg abholte, fiel er selbst unter all den dortigen fremden Besuchern auf. Der Kälte wegen hatte er sich in seinen bunten mexikanischen Poncho gehüllt, und auf dem Kopf trug er einen großen Sombrero aus Stroh. Im Freihafen sortierten wir zunächst die Kakteen, denn wir wollten nur die ge-*

*sunden Pflanzen verzollen. Nebenbei erzählte mir Fric, daß er vor seiner Abreise im botanischen Garten den Arzt Dr. Dermberg kennengelernt hatte, den er nun unbedingt noch am gleichen Abend besuchen wollte. Nach einem kurzen Telefongespräch wurden wir tatsächlich für den Abend eingeladen. Doch bevor wir uns auf den Weg machten, meinte Fric: ›Wenn ich eingeladen bin, pflege ich mich vorher satt zu essen.‹ Deshalb stärkten wir uns zunächst in einem kleinen Kellerlokal. Mit großer Verspätung trafen wir in der Villa Dr. Dermbergs ein. Dort überraschte uns eine festlich geschmückte Tafel mit einem für diese Notzeit erstaunlich reichhaltigen Festessen und einem sehr guten Wein. Zahlreiche Kakteenfreunde waren anwesend, unter ihnen Professor Dr. Schwantes, C. A. Maass, Sophus Coutinho und die leitenden Herren vom botanischen Garten. Fric kam allerdings kaum zum Essen, weil er ständig erzählte und später Lichtbilder von seiner Reise vorführte.*

*Längst hatten sich die Damen und einige Gäste bereits zurückgezogen, als wir gegen drei Uhr morgens im Taxi zum Hotel fuhren. Als ich Fric darauf aufmerksam machte, daß wir eigentlich länger geblieben sein als es die Höflichkeit erlaube, antwortete er nur: ›Ich habe auf dem Dampfer Lophophora probiert, ich kann sowieso nicht schlafen!‹«*

Zu dieser Zeit wurde schon der Kakteen-Versandkatalog, der zweisprachig auf Deutsch und Englisch erschien, bis nach Japan verschickt. Im Firmenmuseum sind Fotos von Kakteenschauen weltweit zu bestaunen, bei denen Haage immer anwesend war.

Leider war der Kaktus an sich durch und durch unarisch, was zu Beginn des Naziregimes den Reichsnährstand dazu veranlasste, der Gärtnerei das Züchten von Kakteen als Geschäft zu verbieten. Es sollten Pflanzen angebaut werden, die zur Ernährung des deutschen Volkes dienten. Walther Haage packte seine Kakteen unter die Produktionstische, auf denen er fortan eine besonders eiweißreiche Sojabohne züchtete, und hegte seine Kakteen heimlich darunter, in einem Schattendasein. Nicht nur die Kakteen, sondern auch die ausländischen Beziehungen und Korrespondenzen mussten im Zweiten Weltkrieg zurückgesteckt werden, was fast genauso schlimm war. Doch so wie die Kakteen lange Durststrecken überleben, harrten auch die Haages aus. Irgendwann mussten ja wieder bessere Zeiten kommen.

Der Krieg ging vorüber, und der erste Winter stand vor dem Gewächshaus. Die Heizung musste gefüttert werden. Die Haages begannen schon, die Obstbäume im Garten zu fällen, um an Brennholz zu kommen. Im Kampf gegen Gevatter Frost schien die Lage aussichtslos, als ein kleines Wunder geschah. Es wurde just niemand anderes Stadtkommandant von Erfurt als der russische Professor Baranov, der zuvor der Leiter des Botanischen Gartens von St. Petersburg gewesen war. Er kannte die Haages natürlich von seinen Korrespondenzen und schätzte ihren wertvollen Beitrag zur Erkundung der Kakteen. Nach einem Besuch im Betrieb veranlasste er sofort eine Kohlenlieferung.

Und wieder begann ein neues Zeitalter. Bald konnte Walther Haage erneut seiner Muse, der weltweiten Korrespondenz über Kakteen, frönen, wenn auch ungewollt und etwas eingeschränkter. Er wurde 1961 vom DDR-Regime enteignet, während sein Sohn Hans-Friedrich Haage die Leitung des nun als VEB Saatzucht Zierpflanze umbenannten Betriebs zugesprochen bekam. Walther Haage nutzte die frei gewordene Zeit und veröffentlichte sein Wissen in mehreren Büchern, die in vielen Sprachen publiziert wurden. Sein Sohn dagegen schrieb, als einer der wenigen Betriebe überhaupt, schwarze Zahlen. Seit den siebziger Jahren waren die Kakteen nicht nur in Westdeutschland wieder in Mode gekommen, sondern auch im Osten. Der Katalog der Haages, jetzt nur noch auf Deutsch, wurde an 40 000 Kunden in der DDR verschickt, und während Kakteen im Westen Deutschlands im Laufe der achtziger Jahre an Beliebtheit abnahmen, hatten sie in der DDR bis zum Fall der Mauer eine große Fangemeinde. Wie zuvor in den zwanziger Jahren waren sie das Sinnbild für die weite Welt, die nach Hause gebracht werden konnte.

In den ersten Wehen des wiedervereinigten Deutschlands wurde der Betrieb wieder privatisiert. Heute leitet Ulrich Haage das Kakteen-Imperium und hat es mit seinem eigenen Elan bereichert. Er ist der Erste der Haages, der auch im Ausland lernen konnte, und machte Praktika in Guatemala, in den Londoner Kew Gardens und der berühmten Sukkulentensammlung von Zürich. Überall, wo er auftauchte, war ihm der Ruf seiner Familie vorausgeeilt. Sein Beitrag zur Kakteenkultur war die Entdeckung der Kakteen als Nahrung. Er hat ein Kochbuch geschrieben mit einer Sammlung von Rezepten zum Nachkochen. Einmal im Jahr räumt er ein Gewächshaus und veranstaltet darin ein Kakteenessen. Und wenn man ihn nicht auf einer Pflanzenshow antrifft, dann vielleicht vor dem Erfurter Dom, wo er Kakteen-Bratwürste verkauft. Wahre Liebe geht eben auch durch den Magen.

Bei Kakteen Haage können auch online über 3000 Arten von Kakteen und Samen bestellt werden. Bei einem Besuch bei Kakteen Haage unbedingt nach dem Museum fragen. Es wird nur auf Nachfrage geöffnet.

**Kakteen-Haage**
**Blumenstraße 68**
**99092 Erfurt**
**Tel.: 03 61 / 229 40 00**
**Fax: 03 61 / 22 94 00-90**
**www.kakteen-haage.de**


**Weitere Adressen für Garteninteressierte in Erfurt:**
**Deutsches Gartenbaumuseum Erfurt Cyriaksburg**
**Gothaer Straße 50**
**99094 Erfurt**
**Tel.: 03 61 / 223 99-0**
**Fax: 03 61 / 223 99-13**
**www.gartenbaumuseum.de**


**egapark Erfurt (ehemalige Gartenanlage aus der DDR)**
**Gothaer Straße 38**
**99094 Erfurt**
**Tel.: 03 61 / 564 37 37**
**Fax: 03 61 / 564 37 22**
**www.egapark-erfurt.de**

## || 24 ||

# Vitrinen des Wissens

*Es ist ein Wunder, dass das Naturalienkabinett im Schloss Waldenburg noch genauso dasteht wie damals, als es aufgebaut wurde.*

Die kleine Stadt Waldenburg in Sachsen wartet mit einem ganz besonderen »Naturalienkabinett« auf: Spannend an dieser Sammlung sind nicht nur die wild durcheinandergewürfelten Exponate, wie mehrere zweiköpfige Kälber, »heydnische Gottheiten aus dem antiken Ägypten«, »Launen der Natur« oder 800 verschiedene Holzarten. Das eigentlich Faszinierende an dieser Sammlung ist, dass es sie noch gibt. Von den ehemals unzähligen Naturalienkabinetten, die zum Ausgang des 19. Jahrhunderts in Deutschland existierten, haben nur zwei die Schwelle ins zweite Jahrtausend übertreten: eine Sammlung in Halle und die in Waldenburg. Alle anderen wurden zugunsten größerer und modernerer Sammlungen aufgelöst und trugen in einzelne Exponate aufgeteilt so zu deren Vervollständigung bei, verloren damit aber ihren eigenen Charakter und Charme. Nicht so in Waldenburg, wo die Sammlung heute noch genauso existiert wie bei ihrer Eröffnung 1844.

In sieben Räumen in sieben unterschiedlichen Farben wird das Wissen der Zeit in Vitrinen, speziell dafür angefertigten Schränken und Kassetten vermittelt. Die Dielen des Fußbodens knarzen etwas mehr als 1844, in manchen Spirituspräparaten wurde die Flüssigkeit ausgetauscht, und überall wurde der Staub penibel abgewischt. 1840 befand Fürst Otto Victor I. von Schönburg-Waldenburg, dass es an der Zeit sei, ein Naturalienkabinett anzulegen, um durch

*»die Errichtung eines naturhistorischen Museums mit Bibliothek ein neues Mittel zu schaffen, um Aufklärung und Intelligenz zu vermehren und Anregung für die Geschichte der Naturwissenschaften zu bieten«.*[62]

Er war damit seiner Zeit voraus, denn erst acht Jahre später regten die Mitglieder der Nationalversammlung zu Frankfurt an, ein gesamtdeutsches Naturkundemuseum zu etablieren. Fürst Otto Victor I. tat's im Kleinen und beauftragte seinen Forstsecretaire und späteren Oberförster mit dem Ankauf von Exponaten. Der tüchtige Mann kaufte in den nächsten vier Jahren vier verschiedene bereits existierende Sammlungen auf: die Mineraliensammlung des Apothekers Karl Ferdinand Reichel aus Hohenstein, die Gliedertiersammlung des Karl Gerhardts aus Leipzig, die Vogelsammlung des Zuckerbäckers Karl Ferdinand Oberländer und das Raritätenkabinett der Apothekerfamilie Linck aus Leipzig. 1846 erstand der Fürst die Mumie einer Ägypterin von einem Herrn aus Leipzig, der diese wiederum zur Schuldentilgung von einem Kaufmann erhalten hatte. Etliche Jahre später bereicherte der Sohn des Fürsten die Sammlung um Tiertrophäen, die er von Reisen nach Äthiopien und den Ländern am Weißen Nil zurückbrachte.

Leider wird das Naturalienkabinett des Fürsten in keinem Reiseführer der Zeit erwähnt, so ist nicht belegt, wie viel Aufklärung und Intelligenz der Fürst tatsächlich vermehren konnte. Es war aber jedem gestattet, die Ausstellung und die Bibliothek zu konsultieren, und es war auch fast immer ein Museumsaufseher angestellt. 1934 erschien sogar ein Museumsführer, der die einzelnen Räume und Exponate erläuterte.

Die verschiedenen Sammlungen, aus denen das Kabinett besteht, sprechen jede für sich Bände über die Wahrnehmung und die Erfassung von Wissen zum jeweiligen Zeitpunkt des Entstehens. Am interessantesten ist dabei die Sammlung der Apothekerfamilie Linck, die 1671 von Heinrich Linck gegründet wurde.

In der zweiten Hälfte des 16. Jahrhunderts, als Linck mit dem Sammeln begann, war er nicht der Einzige, der diesem teuren

Hobby frönte. Das Sammeln von antiken Gegenständen, Raritäten und Kuriosem war zu einer Leidenschaft und einem Kommunikationsvehikel für viele gutsituierte Europäer geworden. Der belgische Graveur und Sammler Hubert Goltz fertigte von 1556 bis 1560 eine Liste von 968 Sammlern an, die er in verschiedenen Städten in Europa besuchte.

*»Darunter befinden sich der Papst, die Kardinäle, der Kaiser, die Könige und Fürsten, weiterhin Theologen, Juristen, Mediziner, Gelehrte, Dichter, Priester, Mönche, Offiziere und Künstler.«*[63]

Als Linck also mit dem Sammeln begann, war die Sache schon ausgereift: Es gab einen etablierten Markt mit Publikationen, Auktionen und Zwischenhändlern. Durch das Zusammentragen konnte der Sammler sich in eine bestimmte gesellschaftliche Schicht einkaufen und sich mit anderen Sammlern austauschen. Eine Sammlung zeigte den guten Geschmack ihres Inhabers und konnte als Anknüpfungspunkt für viele spannende Gespräche dienen.

Als Apotheker war Linck prädestiniert für eine Raritätensammlung, hatte er doch durch das Bestellen von exotischen Gewürzen und Heilpflanzen Zugang zu allerhand ferngereisten Händlern. Ein aufgehängtes Krokodil im Verkaufsraum zog bestimmt auch die Kunden an (selbst der Faust von Goethe soll ein solches in seinem Labor gehabt haben).

Den finanziellen Grundstein für seine Sammlung aber fand er in einer Lieferung Aloemasse, die er zu einem arzneilichen Wirkstoff verarbeiten wollte. In der Masse waren 6000 Goldmünzen, Teile einer goldenen Krone und eines goldenen Brustpanzers versteckt, so besagt es zumindest die Legende. Der Sack, in dem die klebrige Masse angeliefert wurde, ist allerdings nur noch im Inventarverzeichnis zu finden:

*»1 Sack, der hauptsächlich deswegen merkwürdig, weil er mit Aloe überzogen und mit Goldstücken angefüllt gewesen und beim alten Linke unter anderen Aloen, die er aus Indien bekommen, gefunden*

worden. *Ein Stück Gold aus diesem Sacke wird noch jetzt im Museum gezeigt im innersten Schranke.*«[64]

Manche Teile der Sammlung wirken für unser heutiges Verständnis etwas merkwürdig. Doch die als »Monstrum Humanum« betitelte Sammlung, die der Apotheker Linck in seiner anatomischen Sammlung von Missbildungen führte, entsprach voll und ganz dem damaligen Zeitgeist.

1727 schrieb Caspar Friedrich Jenckel in einem Traktat zu Raritätenkammern:

> »*Etliche Curiöse, und vornehmlich Medici, legen sich auch auf en Anatomiecabinet, oder in grossen Städten findet man gantze Anatomie-Kammern, in welchen die Häute, das Gerippe und Eingeweide von Menschen, Thieren, Fischen und Vögeln, kürtzlich allerley anatomirte und balsamirte Cörper und Glieder gezeigt werden. (...) Die besondere Curiosität in Anatomica aber besteht auch darinnen, wenn man monströse oder ungemeine Objecta vorzeigen kann ...*«[65]

Ein doppelköpfiges Kalb im Dienste der Wissenschaft. Es steht hier, »um Aufklärung und Intelligenz zu vermehren«.

In Waldenburg findet sich noch ein ganzer Wandschrank voll davon, und der Inhalt ist nichts für schwache Gemüter. Sechs Fehlgeburten sind darunter, anatomisch vorzüglich, in Spiritus aufbereitet.

Besonders interessante Stücke der Sammlung sind dabei die, an denen eine neue Methode der Präparierung deutlich wird, die vom holländischen Arzt und Anatom Frederik Ruysch entwickelt wurde. Ruysch war der Erste, der Präparate unter einem ästhetischen Aspekt betrachtete und ausstellte. So findet sich in der Linckschen Sammlung die Hand eines Kindes, die ein Stück der Hirnhaut hält.

Eine wirkliche Rarität in der Sammlung aber ist der sogenannte Hühnermensch, oder wie es auf dem Etikett steht: »*Ein Kind von Gestalt eines Hahnes, bey Leipzig in Taucha 1735 gebohren*«. Das so geborene Kind hat krallenartige Finger und einen stark deformierten Kopf, einem Hahn nicht unähnlich.

Das Exponat wurde erst 1994 von der Wissenschaft wiederentdeckt und gelangte vor allem durch die Behauptungen eines Ufologen zu einer gewissen Bekanntheit. Besagter Ufologe meinte, der Hühnermensch sei der Beweis einer sexuellen Beziehung zwischen einer Frau und einem Außerirdischen. Diese Äußerung stammt wohlgemerkt nicht aus dem 18. Jahrhundert, sondern aus der Gegenwart. Sie wird dennoch gerne in Boulevardmagazinen des deutschen Fernsehens als möglich präsentiert. Chemnitzer Ärzte untersuchten allerdings die DNA des Hühnermenschen und bewiesen, dass es sich hierbei tatsächlich lediglich um eine Missbildung handelt.

Apotheker Lincks Nachfolger, sein Sohn Johann Heinrich, kurz »der Ältere«, führte die Sammlung des Raritätenkabinetts weiter und kam dabei sogar zum Forschen. Er korrespondierte unter anderem mit Henry Sloan aus England, dessen Sammlung später der Grundstock für das British Museum werden sollte. Auch veröffentlichte Linck der Ältere ein Buch zu Seesternen. Sein Sohn, Heinrich Linck, »der Jüngere«, wiederum muss von der Sammlung sehr angetan gewesen sein, denn er systematisierte alle Stücke und etikettierte sie so weit wie möglich. Auch erweiterte er sie um viele Stücke, wissenschaftlich aber bleibt er, verglichen mit seinem Vater, auf der Strecke.

Mittlerweile steht das 19. Jahrhundert vor der Tür, und die Wissenschaft hat sich spezialisiert. Das Wissen ist einfach zu groß geworden, als dass sich die Universalgelehrten behaupten konnten.

Von Linck dem Jüngeren aber zeugen noch heute viele der Beschriftungen an den Exponaten, die in Waldenburg stehen. So auch diese bei einem ausgestopften Faultier:

»*Faultyr – das dreyfingrifte Faulthier aus Ceylon*
*Das Thier ist wirklich faul und braucht zwey Tage zeit auf die Spitze eines Baumes dessen Aufenthalt es doch ist, weil es die Blätter davon frisst, zu steigen. Auf der Ebene thut es des Tages kaum 50 Schritte und weint und lacht zugleich.*«[66]

Oder bei einer Kokosnuss:

»*Maledivische Kokosnuss*
*Von ganz ausserordentlicher Grösse und herzförmigem Ansehen. Die Sinesen bewahren selbige wie einen Abgott in ihren Häusern, und sie sind daher sehr rar zu bekommen.*«[67]

Schön ist auch das Herbarium, auf Pappe geklebte und beschriftete Pflanzen. Hier gaben sich die Apotheker besonders viel Mühe und klebten die Pflanzen so, dass eine jede von ihnen in einer anderen aufgedruckten Vase steckte.

Zu Lebzeiten von Linck dem Jüngeren war die Raritätensammlung ein Besuchermagnet, der Reisende von weit über Leipzigs Grenzen hinaus anzog. Nach Lincks Tod wurde die Apotheke an einen Herrn Rohde verpachtet, der zunächst Teile der Sammlung, vor allem die in Spiritus eingelegten Amphibien, verkaufte. Später veräußerte er die gesamte Sammlung an den Fürsten Otto Victor von Waldenburg.

In dessen Naturalienkabinett wurden die meisten Stücke der Linckschen Sammlung in einem Zimmer untergebracht und ver-

Auch diese in Spiritus eingelegten, zur Sammlung »Monstrum Humanum« gehörigen Spezies sind Teil der Sammlung des Naturalienkabinetts.

mitteln so heute den Originalzustand einer Raritätenkammer, wie man ihn kaum sonst auf der Welt finden kann.

In den weiteren Räumen finden sich ähnlich bunt zusammengewürfelt Schuhe aus Japan zusammen mit wissenschaftlichen Instrumenten, ein Raum voller Schmetterlinge, die besagte ägyptische Mumie, viele ausgestopfte Vögel, Fische, Reptilien sowie Mineralien und Fossilien. Über jeden Teil der Sammlung ließen sich Bände schreiben.

Besonders erwähnenswert ist jedoch noch die Vogelsammlung, die vom Zuckerbäcker Oberländer angekauft wurde, denn durch sie wird eine andere Leidenschaft, wie sie in einem Teil Sachsens damals florierte, deutlich. Die Bauern des Osterlandes, des Gebietes zwischen Weißer Elster und Mulde, hatten besonders fruchtbare Lössböden und demnach gute Erträge. Seit 1790 ist belegt, dass viele dieser Bauern anfingen, Vögel selbst zu präparieren und zu sammeln, untereinander zu tauschen und somit die Geschichte der Ornithologie mit zu begründen. Zur in Waldenburg angekauften Oberländer Sammlung gehören neben heimischen Singvögeln auch ein paar Exoten, wie ein Flamingo und ein Pelikan.

Nach dem Zweiten Weltkrieg sollte das Schloss von der russischen Besatzung abgebrannt werden und die Sammlung in Dresden unterkommen. Beides wurde verhindert.

Zu Zeiten der DDR verzeichnete das Naturalienkabinett bis zu 25 000 Besucher im Jahr, wobei die meisten in den Sommermonaten durch Ferienlager der Jungen Pioniere zusammenkamen. Heute sind die Besucherzahlen auf fast die Hälfte gesunken. Aufklärung und Intelligenz werden in Waldenburg auf jeden Fall vermittelt, wenn auch ganz anders, als vom Fürsten angedacht. Ein Besuch regt an, über den Verfall des Wissens nachzudenken, ein ganz modernes Thema.

Übrigens lohnt sich bei einem Besuch des Museums auch der Besuch des Schlossparks von Waldenburg. Er gehört zu den frühesten und bedeutendsten englischen Parkanlagen in Deutschland. Doch auch das wissen die wenigsten.

**Heimatmuseum und Naturalienkabinett**
**Geschwister-Scholl-Platz 1**
**08369 Waldenburg**
**Tel.: 03 76 08 / 225 19**
**www.waldenburg.de**

## ‖ 25 ‖

## Das Museum der Stimmen

*Das Lautarchiv der Berliner Humboldt-Universität zählt zusammen mit dem Berliner Phonogramm-Archiv zu den bedeutendsten Sammlungen von Klängen: Hier werden über 100 Jahre alte Stimmen wieder lebendig.*

Der Raum, in dem das Berliner Lautarchiv untergebracht ist, könnte kaum unscheinbarer sein. An der rechten Wand zieht sich ein dunkelgrüner Aktenschrank entlang, an der linken sind ein paar Tische aufgebaut. Darüber hängen vergilbte Fotos, sie scheinen mehr Gedächtnisstütze als Dekoration zu sein. Auf dem einen ist ein Elefant zu sehen, der vor einem Trichter sitzt, hinter dem ein schnauzbärtiger Mann wichtig tut. Offensichtlich tutet der Elefant gerade in den Trichter hinein. Auf einem anderen Bild ist ein Indianerhäuptling abgebildet, auch wieder vor einem Trichter und mit gleich drei schnauzbärtigen Männern. Er wirkt etwas befangen, doch die Brust drückt er stolz heraus.

In diesem Raum befindet sich ein Schatz, der als solcher nicht zu sehen ist – wohl aber zu hören. Die Schubladen des Aktenschranks sind gefüllt mit über 7500 Schellackplatten, die meisten mit Aufnahmen aus den Jahren 1915–1918. Es befinden sich aber auch die ein oder andere Gelatineplatte darunter und einige Edison-Wachswalzen.

Wer nach dem Zufallsprinzip eine solche Platte aus der Schublade zieht und auf einem Grammophon auflegt oder besser sich die Nummer der Platte merkt und diese dann beim Archivar digital abfragt, kann öfter einmal folgenden Satz hören:

»Ich schlage dich gleich mit dem Kochlöffel um die Ohren, du
Affe.«

Es handelt sich hierbei um einen von 40 sogenannten Wen-
ker-Sätzen, die der Deutsche Germanist Georg Wenker für die
deutsche Dialektforschung zusammengestellt hat. Durch einen
Wenker-Satz lassen sich die Besonderheiten eines bestimmten
lokalen Dialekts besonders gut hören. Diese und ähnliche Aufnahmen wurden um 1920 angefertigt, um eine Sammlung von
deutschen Mundarten anzulegen. Diese Aufnahmen bilden zwischen 20 und 30 Prozent des Archivs. Heute sind manche dieser
Mundarten bereits ausgestorben.

Auf der Platte PK1252 spricht ein Mann in tatarischer Sprache.
Was er sagt, liegt dank der akribischen Arbeit der Aufnahmeleiter auch in deutscher Sprache vor. Er spricht von den Gewohnheiten der Tataren:

»Bei uns Tataren gibt es folgende Gewohnheiten. (…) Wenn man
beim Anziehen den Anzug mit der verkehrten Seite anzieht, dann
wird, so sagt man, irgendetwas Freudiges eintreten. Wenn die Fuß-
sohle juckt, dann wird Gelegenheit kommen, irgendwohin zu gehen.«[68]

Die Stimme des Tatars erklärt auch, was das Jucken des jeweils
linken oder rechten Auges oder der Ohren bedeutet, und be-
spricht so ein einmaliges Zeitdokument, das sein Leben überdauerte und womöglich auch den »Zuckungs- und Juckungs-
aberglauben«[69] seines Volksstammes.

Diese und ähnliche Aufnahmen wurden von der preußischen
phonographischen Kommission, wie erwähnt, in den Jahren
1915 bis 1918 aufgenommen.

Wer sich die Tonaufnahmen, die selbst im digitalisierten Zustand noch knistern, heute anhört, fühlt die Geister längst vergessener Tage heraufbeschworen. An alte Bilder ist man gewöhnt,
aber alte Töne, die hört man selten, und so ist ihr Klang umso
faszinierender. Unweigerlich versucht sich der Zuhörer ein Bild

**163**

vom Sprecher zu machen, wie er aussah und wie alt er war. Auch hier hilft die akribische Arbeit der einstigen Aufnahmeleiter. Für jede Stimme, die sie auf Tonträger bannten, fertigten sie ein fotografisches Porträt nach der damaligen ethnologischen Norm an, ähnlich der Gefängnisporträts, einmal frontal von vorne und einmal von der Seite. Außerdem gehört zu jeder Aufnahme ein Formular mit über 20 Angaben zu Muttersprache, Alter und Ausbildung des Sprechers sowie Klang der Sprache. Wenn dort dann steht: »Stimme etwas belegt«, kann man sich zwar fragen, welche wissenschaftliche These sich daraus aufstellen lässt, doch die Einheitlichkeit der Formulare ist überzeugend. Manchmal wurden auch Gipsabdrücke der Gaumen der Sprecher oder Röntgenbilder vom Kehlkopf angefertigt, um die Entstehung bestimmter Sprechlaute zu veranschaulichen. Leider sind die meisten dieser zusätzlichen Informationsbruchstücke im Laufe der Jahrzehnte verlorengegangen, und die Personen hinter den Stimmen lassen sich nur noch fragmentarisch erkennen. Das Lautarchiv bleibt weiterhin geheimnisvoll und Inspirationsquelle für den, der die Muße mitbringt, sich hineinzuhören und -zudenken in diese Welt aus Schall und Klang.

Wie kam es zu dieser einzigartigen Sammlung? Sie ist unweigerlich mit dem Deutschen Phonetiker Wilhelm Doegen (1877 bis 1967) verbunden. In jeder seiner Biographien wird erwähnt, dass er in dem Jahr geboren wurde, als Edison den Phonographen erfand. Doegen hatte Nationalökonomie und Handelsrecht studiert, dann aber Englischkurse an der damaligen Humboldt-Universität besucht. Davon angeregt, verbrachte er ein Jahr in Oxford und lernte dort den englischen Phonetiker Henry Sweet kennen. Dieser gilt als einer der Pioniere der Lautschrift, und Doegen bezeichnete die Begegnung mit ihm als eines der Schlüsselerlebnisse seines Lebens. So schloss er 1904 sein Lehramtsstudium mit einem Text über »Die Verwendung der Phonetik im Englischen Anfangsunterricht« ab. Zwar begann er als Lehrer in einem Realgymnasium, aber die Synthese von Nationalökonom und Lehrer fruchtete in noch manch anderer Hinsicht. 1909 begann er zusammen mit dem Berliner Odeon-Schallplattenwerk eine Reihe von Schallplatten mit dem Titel »Doegens Unterrichtshefte für die selbständige Erlernung von Sprachen mit Hilfe der Lautschrift und der Sprechmaschine« herauszubringen. Er veranlasste auch die Produktion von Schallplatten, auf denen französisch- und englischsprachige Schauspieler klassische Texte lasen.

Drei Jahre später benutzten bereits 1000 Schulen und Universitäten seine Materialien im Unterricht. Doegen pflegte zu dieser Zeit gute Kontakte zum Bildungsministerium und wurde von diesem 1910 zur Weltausstellung nach Brüssel eingeladen, wo er sich die Silbermedaille für den Einsatz von Schallplatten in Forschung und Lehre verdiente.

Und Doegen hatte noch mehr im Sinn. Im Februar 1914 entwickelte er die Idee eines Stimmenmuseums und stellte sie prompt dem preußischen Kultusministerium vor. Dort sollten zu hören sein:

1. *Sprachen sämtlicher Völker der Erde*
2. *Sämtliche deutsche Mundarten*
3. *Musik und Gesang sämtlicher Völker der Erde*
4. *Stimmen der großen Persönlichkeiten*
5. *Verschiedenes*[70]

Der Erste Weltkrieg begann, und Doegens Idee wurde in die Tat umgesetzt. In den vielen Kriegsgefangenenlagern auf deutschem Boden waren Menschen aus aller Herren Ländern aufgegriffen worden. Die Engländer hatten unter anderen auch Gurkhas aus dem fernen Nepal, die in ihrer Armee kämpften, bei den Franzosen fanden sich Algerier und nordafrikanische Wüstenvölker, zu den russischen Kriegsgefangenen zählten unter anderem Tataren und Kirgisen. Diese Kriegsgefangenen eigneten sich nicht nur hervorragend als Statisten für eine eigens dafür gegründete Filmgesellschaft, die den Kolonialismus propagierte, es war auch für die Wissenschaft ein guter Moment, um unter ethnographischen Gesichtspunkten die Welt zu bereisen, ohne dabei Deutschland verlassen zu müssen.

Das leuchtete auch dem Kultusministerium ein. Im Oktober 1915 wurde die »Königlich Preußische Phonographische Kommission« gegründet, deren erste Aufgabe es war, von den Lagern Listen einzufordern, die die verschiedenen Sprachen und Mundarten der dort eingesperrten Menschen listeten. Der Vorsitzende der Kommission wurde jedoch nicht Doegen, sondern der Tonpsychologe Carl Stumpf. Doegen besuchte aber als technischer Leiter selbst viele der Lager. Es stellte sich heraus, dass über 250 verschiedene Sprachen in den über 50 Lagern gesprochen wurden.

Innerhalb der nächsten drei Jahre wurden ca. 1650 Schellackplatten zur Sprachsammlung aufgenommen, dazu unter Carl Stumpfs Aufsicht über 1022 Wachswalzen mit Musik aus den Lagern.

Nach dem Ersten Weltkrieg hätten alle Aufnahmen zusammen aufbewahrt werden sollen, doch wurden die Wachswalzen mit den Musikaufnahmen von den Schelllackplatten mit den Stimmenaufnahmen getrennt. Ob es ein Machtkampf der Eitelkeiten zwischen Doegen und Stumpf war, ist heute noch nicht ergiebig erforscht, doch wurde Doegen die persönliche Verfügungsgewalt über sein Lautarchiv zugeteilt. Stumpf war über die Trennung der Aufnahmen alles andere als erfreut. Die Musikaufnahmen auf den Wachswalzen wurden mit anderen musikalischen Aufnahmen zusammengelegt und sind heute im Ethnologischen Museum in Dahlem als Phonografisches Archiv zu finden. Diese Sammlung, die von der UNESCO als »umfangreichstes Schallarchiv der Welt« ausgezeichnet wurde, hat wahre Audioschätze vorzuweisen.

Die ältesten darunter sind die Aufnahmen einer thailändischen Theatergruppe von 1900 und die von japanischen und indischen Musikern, die 1901 und 1902 in Berlin gastierten. Wachswalzen hatten den Vorteil, dass sie von nur einer Person bedient werden konnten, und das gesamte Equipment ein Minimalgewicht von nur zwei Kilogramm aufweist. Daher eigneten sie sich hervorragend zur Feldforschung.

Bereits 1902 riet der Direktor des Museums für Völkerkunde

in Berlin seinen Kollegen zur Mitnahme eines Phonographen. So sangen die christlichen Missionare in aller Welt auf Wachswalzen, die australischen Aborigines beschworen darauf ihre Geister, und Trommler aus Afrika hinterließen auf ihnen ihre Spuren. Das Ende der Kolonialzeit bedeutete auch eine Einschränkung der Sammeltätigkeit. Beklagen konnte sich Carl Stumpf nicht, heute umfasst das Phonografische Archiv über 16 700 Aufnahmen.

Auch die Sammlung der Sprachaufnahmen des Lautarchivs wuchs zunächst weiter. Von 1917 bis 1924 wurde die Sammlung um Stimmen berühmter Persönlichkeiten wie Kaiser Wilhelm II. oder Friedrich Ebert erweitert, später kamen dann auch Personen öffentlichen Interesses wie der Entdecker Sven Hedin hinzu.

In Zusammenarbeit mit dem Zirkus Krone konnten 1925 auch Tierstimmen von nichtheimischen Tieren für die Ewigkeit aufbewahrt werden.

Um 1930 wurde Wilhelm Doegen sang- und klanglos entlassen. Er soll Gelder veruntreut haben, eine genaue Dokumentation der Vorfälle wird derzeit untersucht.

Bis 1944 unterstand das Lautarchiv dem Afrikaforscher Diedrich Westermann, dann versank es in den verschiedenen Instituten der heutigen Humboldt-Universität, von denen keines so recht etwas damit anzufangen wusste. Erst in den siebziger Jahren »entdeckte« der Musikethnologe Jürgen Elsner das Archiv wieder. Seit 1997 wird es mit Hilfe von Stiftungsgeldern digitalisiert und wieder nutzbar gemacht.

Es sind vor allem Dokumentarfilmer, die derzeit das Lautarchiv für sich entdecken. Sei es die BBC, die hier Stimmen findet, die älter sind als die aus den eigenen Tonarchiven, oder andere internationale Filmemacher, die hier auf Bruchstücke ihrer eigenen Kultur stoßen. So fertigte der Grieche Konstantinos Toubekis 2006 einen Dokumentarfilm an, der sich auf Aufnahmen aus dem Lautarchiv stützt. Es handelt sich dabei um Stimmen des 4. Armeekorps der griechischen Armee, das während des Ersten Weltkriegs mit 6500 Soldaten friedlich in Görlitz lebte.

Während es heute außer ein paar griechischen Nachnamen in Görlitz kaum mehr Hinweise auf ihre Existenz gibt, sind viele ihrer Stimmen in den Schubladen in Berlin zu finden.

**Lautarchiv der Humboldt-Universität zu Berlin**
**Musikwissenschaftliches Seminar**
**Am Kupfergraben 5**
**10099 Berlin**
**http://publicus.culture.hu-berlin.de/lautarchiv/**

**Ethnologisches Museum Berlin**
**Arnimallee 27**
**14195 Berlin**
**Tel.: 030 / 83 01-438**
**Fax: 030 / 83 01-500**

## ‖ 26 ‖

# Karl Marx
# steht nicht in Karl-Marx-Stadt

*Chemnitz ist die Stadt mit dem Köpfchen: gemeint ist die gigantische Büste von Karl Marx, die im Stadtzentrum steht. Warum eigentlich?*

Irgendetwas ist in Chemnitz falsch gelaufen. Da, wo das Stadtzentrum sein sollte, wird der Besucher von Leere angegähnt. Darüber thront, groß und mächtig, schicksalsträchtig, eine Monumentalskulptur des Kopfes von Karl Marx – die größte Büste der Welt. Selbst in der Sowjetunion standen seinerzeit keine so großen Köpfe. Zu Marx' Linken, hinter der Straße der Nationen, geht die Sonne auf, zu seiner Rechten, hinter einem schier endlosen Horizont von Plattenbauten, geht die Sonne unter. »Proletarier aller Länder vereinigt Euch!« steht in vielen Sprachen und sehr großen Buchstaben am ehemaligen Gebäude für Staatsorgane hinter ihm. Vor ihm führt eine völlig deplazierte vierspurige Straße vorbei. Karl Marx' Blick ruht auf der ihm gegenüberliegenden Stadthalle, in der jetzt »Karls Brauhaus« Gäste zum Biertrinken verführt.

Zwischen den Stufen, die zur Monumentalskulptur führen, wächst der Löwenzahn, einige Granitplatten am Sockel des Denkmals sind abgefallen. Doch Karl Marx steht und soll auch stehen bleiben. Dazu hat man sich in Chemnitz entschlossen und ihn 1994 unter Denkmalschutz gestellt. So lautet denn auch der Slogan der Stadt: Chemnitz, die Stadt mit dem Köpfchen. Es gibt ihn als USB-Stick im Touristenbüro zu kaufen oder als Postkar-

**169**

tenmotiv. Will der Reisende aber mehr wissen, so reagiert man in Chemnitz argwöhnisch. In der Tourismuszentrale wird ein dreizeiliger Text verteilt, vom Stadtarchiv abgesegnet, in dem alles Wissenswerte steht: Der Kopf ist 7,10 Meter hoch, wurde vom russischen Bildhauer Lew Kerbel geschaffen, 1971 aufgestellt. Das sind die Eckdaten. Doch was steht zwischen den Zeilen?

Vor dem Zweiten Weltkrieg war Chemnitz eine Industriestadt. Auto-, Maschinen-, Textil- und später die Rüstungsindustrie waren hier angesiedelt. Die Stadt hatte Geld und wusste, dies zu präsentieren. Von 1928 bis 1935 wurde das schönste und größte Schwimmbad Europas errichtet, und der Stadtteil Kassenberg mit seinen Jugendstilbauten, von denen die meisten noch heute stehen, war schon damals eine Augenweide. Doch nach dem Zweiten Weltkrieg waren rund sechs Quadratkilometer Innenstadt komplett weggebombt.

1953 hatte sich daran noch nicht viel verändert. Der Schutt war abgetragen, was aber an seiner statt hier entstehen sollte, war unklar. Es war das 70. Todesjahr von Karl Marx, und das Politbüro in Berlin dachte darüber nach, ob es einen besseren Beweis für die Gesinnung des neuen Staates geben könne, als eine seiner neuen Städte in diesem Jahr mit seinem Namen zu ehren. Man hatte sich als Namensträger gerade auf eine neuentstandene Wohnstadt, die dem Eisenkombinat Ost angegliedert war, geeinigt, da starb just zehn Tage nach diesem Beschluss Genosse Stalin. So wurde aus Eisenhüttenstadt kurzerhand Stalinstadt. Der Name »Karl-Marx-Stadt« war noch immer zu vergeben.

Im Politbüro begann ein Denkprozess. Welcher Stadt könnte der Name des großen Philosophen noch verliehen werden? Gab es nicht so etwas wie ein deutsches Manchester? Die Wahl fiel auf Chemnitz. Viele Argumente sprachen dafür, unter anderem auch die kaputte, wiederzubelebende Infrastruktur des einstigen Zentrums der Stadt. Wo noch nichts ist, ist es leichter, Neues zu erschaffen. Wie ein Phönix aus der Asche sollte aus den Ruinen von Karl-Marx-Stadt eine Arbeiterstadt entstehen, eine Modellstadt des Sozialismus. Die Bewohner wurden erst gar nicht groß gefragt, sondern kurz vor der offiziellen Umbenennung infor-

Wo das Stadtzentrum sein sollte, gibt es viel Beton zu bestaunen

miert und zum Aufmarsch gezwungen. Die ehemalige Strumpfmetropole wurde am 10. Mai 1953 in Karl-Marx-Stadt umgetauft.

Zum Zeitpunkt der Namensgebung stand zumindest in einem Punkt fest, was zu einer sozialistischen Modellstadt gehörte: ein Denkmal für Marx und Engels. Die Freunde im Geiste sollten dem Schiller-Goethe-Denkmal in Weimar ähneln, und die Skulptur wurde sofort in Auftrag gegeben. Als sie 1957 fertig war, war man in der Stadtplanung allerdings noch keinen Schritt weitergekommen. Es gab 16 offizielle Punkte, die eingehalten werden sollten, um das Stadtbild sozialistisch zu prägen. Ein wichtiger Punkt dabei war die Planung eines Orts für staatliche und städtische Großveranstaltungen, auf dem sich mindestens ein Drittel der Einwohner versammeln konnte. Dass dies zwangsläufig auch dazu führen würde, mitten in der Stadt ein großes städtebauliches Loch zu schaffen, war zu diesem Zeitpunkt noch nicht in die Köpfe der Stadtplaner gesickert. Es war ja erst 1953, und sozialistische Städtebauer hatten noch viel zu lernen. Zu spät erkannten sie auch, dass das Marx-Engels-Denkmal zu klein geplant worden war, um auf einem Großveranstaltungsplatz zu wirken. Es wurde kurzerhand an einem anderen Platz aufgestellt und steht dort noch heute.

Als 1965 in Chemnitz der 800. Geburtstag der Stadt gefeiert wurde, war vom neuen Stadtzentrum leider noch nicht viel zu sehen. Der Abstimmungsprozess mit dem Politbüro durchlief Endlosschleifen. Immerhin gab es ein städtebauliches Modell, das Walter Ulbricht präsentiert wurde und vor dem man sich fotografieren lassen konnte. Vor einem zentralen Gebäude, in dem alle Institutionen der SED und ein paar weitere untergebracht werden sollten, war eine gigantische stehende Statue von Karl Marx deutlich zu erkennen. Ulbricht sah sich das Modell an und hatte dem Entwurf ein kleines Detail zuzufügen: »Lew Kerbel«. Der Name des russischen Künstlers, der die Skulptur errichten sollte. Kerbel hatte bereits in Moskau für das kommunistische Zentralkomitee eine Monumentalskulptur von Marx errichtet sowie in Berlin das sowjetische Ehrenmal vor dem Brandenburger Tor. Gut, einen Mann mit Erfahrung zu haben, doch in Karl-Marx-Stadt waren die Kulturschaffenden wie vor den Kopf geschlagen. Man hätte sich zumindest einen deutschen Künstler gewünscht, der die Skulptur erschaffen sollte. Ulbricht hatte die Stadt vor vollendete Tatsachen gestellt, an denen nicht zu rütteln war. Übrigens hatte Ulbrichts Wahl einen guten Grund. Ulbricht und Kerbel hatten sich bereits 1961 in Moskau kennengelernt, wie ein Dokument beweist:

»Die Unterhaltung zwischen Walter Ulbricht und Genosse Kerbel war außerordentlich herzlich. Als der Gen. Kerbel den Wunsch äußerte, Gen. Walter Ulbricht zu modellieren, aber Walter Ulbricht sehr wenig Zeit habe, machte Gen. U. den Vorschlag, daß wir in der DDR die Stadt »Karl-Marx-Stadt« haben, aber kein Denkmal besitzen. Gen. Walter Ulbricht äußerte den Wunsch, daß Gen. Kerbel doch für Karl-Marx-Stadt in gemeinsamer Arbeit mit unseren Künstlern ein Karl-Marx-Denkmal für Karl-Marx-Stadt schaffen möge. Dann müsse Gen. Kerbel sowieso in die DDR kommen, und

*Gen. Ulbricht hätte dann auch die Zeit, dass Gen. Kerbel den Kopf
des Genossen Ulbricht modellieren könne.«*[71]

Ob Ulbrichts Antlitz je von Kerbel modelliert wurde, ist eine andere Geschichte. Bereits 1966 wurde Kerbel zähneknirschend von der Stadt eingeladen, sich den Platz anzusehen. Mittlerweile standen ein Interhotel und eine Stadthalle gegenüber dem geplanten zentralen Aufmarschplatz. In der weiteren Entwicklung stießen die Stadtplaner auf noch mehr Schwierigkeiten. Es hatte sich in der sozialistischen Praxis herauskristallisiert, dass es fließende und stehende Versammlungen gab, also solche, bei denen man am Redner jubelnd vorbeimarschierte, und solche, bei denen man stehenblieb und ihm zujubelte. Egal. Es musste etwas geschehen. Um die Funktionäre und Entscheider in Berlin auf ihre Seite zu ziehen, beschlossen die Stadtplaner von Karl-Marx-Stadt, strategisch vorzugehen:

> *»Naja, das war so, dass wir den Ersten Sekretär der Bezirksleitung, das war der Genosse Roscher, den haben wir so überfahren: … Wir hatten ein Modell gebaut – Pläne sind ja für diese Leute nichts. Der stellvertretende Stadtarchitekt, der hat noch so eine Marschkolonne gebaut, eine Tafel und lauter Köpfe draufgemalt, und dann hat er einen Faden von unten gezogen. Der Kerbel war mit da. Und dann hatten wir von Fotografen solche Lampen – (…) die wurden eingeschaltet, und dann machte er: »Umtah, umtah, umtatah!« (er imitiert Marschmusik und lacht).«*[72]

Der kleine Trick fruchtete, und nach fast zwei Jahrzehnten wurde dem Modell endlich zugestimmt. Einen kleinen Schönheitsfehler hatte die Modellstadt noch immer: Die Skulptur des stehenden Karl Marx wäre so groß geworden, dass die Betrachter nur seine Schuhe sehen würden, sein Kopf aber klein wie eine Erbse irgendwo in der Höhe verschwinden würde. Kerbel entschloss sich daher zu einer Büste. Damit auch Deutsche an dieser zentralen Skulptur beteiligt waren, wurden die lokalen Künstler Heinz Schumann und Volker Beier damit beauftragt, auf dem Gebäude hinter der Büste den »Proletarier«-Spruch zu entwerfen – was sie auch taten.

1971, fast 20 Jahre nach dem Entschluss, aus Karl-Marx-Stadt eine Vorzeigestadt zu machen, war es endlich so weit. Das Monument wurde am 22. Jahrestag der DDR enthüllt und gleichzeitig der erste Aufmarsch in Karl-Marx-Stadt inszeniert. 250 000 der 300 000 Einwohner erschienen (wer nicht erschien, hatte mit Strafen zu rechnen). Ein Lied wurde gedichtet. 600 Bläser spielten auf. Vom Redner Honecker auf der vor dem Monument errichteten Tribüne verstand keiner ein Wort. Danach ging der Aufmarsch in ein Volksfest über, das in der Erinnerung der Chemnitzer sehr gelungen war.

Die ersten Witze über das Denkmal entstanden schon in der ersten Nacht, es folgten weitere, wie dieser:

*»Warum steht nur ein Kopf auf dem Sockel?*
*Das Denkmal sollte die marxistische Theorie symbolisieren, und die hat weder Hand noch Fuß.«*[73]

Die Karl-Marx-Städter gaben dem Kopf den Spitznamen »Nischel«, was so viel wie »Dickkopf« bedeutet, und gewöhnten sich nicht nur an ihn, sondern integrierten ihn in ihr Alltagsleben.

Karl-Marx-Stadt wurde immer hübscher. Ganz im Sinne der aufgezeichneten Rede Honeckers bei der Einweihung des Denkmals:

*»Wer wissen will, wie der Marxismus auf deutschem Boden lebendige Wirklichkeit geworden ist, der mag in diese Stadt kommen«*[74],

wurden noch viele andere Dinge aufgestellt. Noch heute kann der aufmerksame Besucher viele gelungene Beispiele von sozialistisch geprägter Kunst aus den siebziger Jahren im Stadtbild erkennen: wunderbar groteske Brunnenanlagen, Mosaikfresken auf Plattenbauten und kleine Bepflanzungen in Betonkübeln. Vom Rooftop-Restaurant des ehemaligen Interhotels hat man darauf die beste Aussicht.

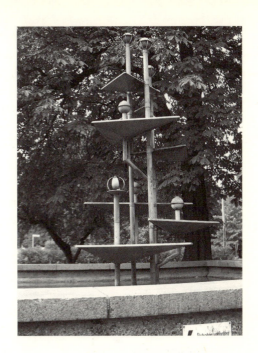

Eine von vielen interessanten Brunnenanlagen

Dann kam die Wende. Bereits am 25. November 1989 gründeten eine Friseurmeisterin und ein Maler die Initiative »Für Chemnitz«. Sie sammelten binnen kürzester Zeit Unterschriften, um Karl-Marx-Stadt wieder in Chemnitz umzubenennen. Eine Bürgerbefragung im April gab mehr Sicherheit: rund 76 Prozent der Einwohner wollten ihren alten Namen »Chemnitz« wiederhaben. Und vom 1. Juni 1990 an gab es kein »Karl-Marx-Stadt« mehr.

So ist es umso verwunderlicher, dass der Kopf von Karl Marx immer noch an prominenter Stelle steht. Zwei russische Panzer, die im Stadtbild aufgestellt waren, wurden an ein Museum in Ingolstadt gegeben. In anderen ehemals sozialistischen Städten verschwanden sozialistisch geprägte Monumente sofort, in Chemnitz durfte der Nischel bleiben. Dabei hatte Köln schon einen Antrag auf die Büste gestellt, da Marx hier bei der Zeitung gearbeitet hatte, in Chemnitz selbst aber nie gewesen war.

1994 hatte der Landeskonservator in Dresden die Büste, das SED-Gebäude mit seiner »sibirischen Länge«, das Interhotel und die Stadthalle unter Denkmalschutz gestellt: *Es sei ein besonders anschauliches Beispiel für den Städtebau eines totalitären Systems.*[75]

Das ist es. Und eine Zukunft hat der Komplex nur dank des Denkmalschutzes. Karl-Marx-Stadt gibt es nicht mehr, aber Karl Marx schaut weiterhin in ein fernes und besseres Morgen.

**Karl-Marx-Büste**
**Brückenstraße**
**09111 Chemnitz**

## 27

# Der Mittelpunkt der Erde

**Zwei Orte in Sachsen behaupten,
die Erdachse trete bei ihnen aus dem Boden.**

*»Viel Orte stritten sich in Sachsen,
wo wirklich sei der Erden Achsen.
Jetzt ist sie uns hierher befohlen,
nun soll sie auch kein Teufel holen.«*

So steht es seit 1937 auf dem Marktplatzbrunnen in Bernstadt auf dem Eigen. Da die Erdachse angeblich hier zutage tritt und von vielen als quietschend wahrgenommen wird, haben es sich die Bernstädter zur Aufgabe gemacht, die Erdachse ordentlich zu schmieren. Das passiert beim alljährlichen Sommerfest. Mit einem eigens dafür hergestellten Likör aus Kirschen, Kümmel und Rum bemühen sich die braven Bürger um ein angenehmes Rotieren unserer Erde. Und dafür sollten wir ihnen dankbar sein, den Bernstädtern.

Nun ist Bernstadt aber nicht der einzige Ort auf der Welt, an dem die Erdachse zu sehen ist. Auch im kleinen Städtchen Pausa im sächsischen Vogtland tritt die Erdachse deutlich aus dem Boden hervor – und rotiert! Der geologisch interessierte Besucher kann im Keller des Rathauses einer Art Peepshow beiwohnen: Wer durch ein kleines Fensterchen blickt und 50 Cent in einen Schlitz wirft, kann zusehen, wie sich die Erdachse dreht. An bestimmten Tagen wird sie sogar geschmiert. Dafür haben die Pausaer gleich zwei verschiedene Liköre entwickelt, einen hellen und einen dunklen. Das Schmieren der Erdachse ist eine ernste Sache, und so wurde dafür eigens eine Erdachsendeckelschar-

Es gibt nicht viele Orte auf der Welt, an denen die Erdachse aus dem Boden tritt. Pausa ist einer davon.

nierschmiernippelkommission aus zwölf Mitgliedern gegründet. Sie alle tragen Zylinderhut und weiße Handschuhe. Ihr Motto: Was gut ist für die Erdachse, muss auch für den Menschen gut sein. So schmieren sie besonders in Vollmondnächten, aber auch an anderen Tagen treffen sie zusammen und verrichten ihre ehrenvolle Aufgabe.

Beide Orte entdeckten unabhängig voneinander gegen Ende des 19. Jahrhunderts die besondere Geologie, die ihnen zu eigen war.

In Bernstadt lautet die Geschichte folgendermaßen: 1874 stand auf dem Marktplatz ein zweiarmiger gusseiserner Kandelaber, der zum einen Brunnensäule, zum anderen aber auch Beleuchtung für den Marktplatz war. Als jedes Jahr Studenten des Löbauer Königlich-Sächsischen Lehrerseminars hier gastierten, um ein Konzert zu geben, waren diese dem Bernstädter Bier nicht abgeneigt. Einer von ihnen entwickelte den Scherz, man solle sich an der Erdachse treffen – also an dem Kandelaber. Das fanden alle wohl recht lustig, und so blieb es bei diesem Begriff. Als die Bernstädter 1934 ihre 700-jährige Stadtgeschichte feierten, wurde ein Theaterstück zu Ehren der Erdachse aufgeführt. Außerdem entwickelte ein Likörfabrikant den eigens zum Schmieren vorgesehenen Kirschlikör, dem auch heute noch kräftig zugesprochen wird. Viel mehr gibt es zur Geschichte Bernstadts und der Erdachse nicht zu berichten.

Heute thront die Erdachse in Form eines Globus auf dem Marktplatzbrunnen, gegenüber dem Eiscafe »Zur Erdachse«. Übrigens hat ein Bernstädter dazu beigetragen, dass die Erde heute als Kugel im Weltraum wahrgenommen werden kann. Klaus Erhard Riedel entwickelte zusammen mit Wernher von Braun den ersten Raketenantrieb.

In Pausa gehört die Findung der Erdachse mit zur Stadtchronik. Für das Jahr 1934 wird dort festgehalten: *»Aufstellen des ersten gläsernen Globus auf dem Rathausdach.«* Damit erhielt Pausa sein Wahrzeichen als »Mittelpunkt der Erde«. Zwei Einträge davor steht: *1912: »Der Zeppelin fliegt über Pausa.«*

Dazwischen wird nur die Errichtung des Schwimmbades erwähnt. Und doch hängt alles miteinander zusammen.

Pausa war nie richtig groß. Heute leben hier knapp 4000 Einwohner. Seit der Industrialisierung bis zur Wende lebten die Bürger der Stadt hauptsächlich von der Textilindustrie. Es wurde gestickt, zuerst zu Hause, dann in der VEB Spitze Bekleidung.

Schon 1850 wurde Pausa für einige Jahre zu Bad Pausa. Die Mineralquellen des Städtchens und ein eigens dafür errichtetes Moorbad sollten die Besucher anziehen. Doch Bad Pausa entwickelte nie eine mondäne Badekultur, wie zum Beispiel das nahe gelegene Bad Linda, das auch heute noch das »Bad« im Titel führen darf.

Einen Versuch aber wagten die Pausaer in Richtung Stadtmarketing und hielten eisern daran fest: die Errichtung der Erdachse aus blankem Edelstahl.

Zuerst war sie im Restaurant »Zum Thüringer Hof« zu sehen. Hier konnten die Besucher gegen ein geringes Entgelt in eine kleine Luke im Keller bis zum Mittelpunkt der Erde schauen. Das Geld wurde für die Obdachlosen der Stadt gesammelt. Irgendwie fand man Gefallen daran und viele Gründe, warum die Erdachse ausgerechnet in Pausa zu sehen sein sollte. Zum einen gehört

Pausa zum Vogtland, das heute nur noch in Sachsen so genannt wird. Früher aber gab es ein böhmisches, ein thüringisches, ein bayerisches und eben das sächsische Vogtland. In der Mitte aller Vogtländer lag Pausa.

Dann war da noch die Geschichte mit dem Brunnenkasten auf dem Marktplatz, an dem man sich gerne verabredete. Im Laufe der Zeit trafen sich die Pausaer nicht einfach am Brunnenkasten, sondern am »Mittelpunkt«. Irgendwann war es auch nicht mehr nur der Mittelpunkt, sondern der Mittelpunkt der Erde. Als 1912 der Zeppelin über Pausa auf seiner Strecke von Nürnberg nach Dresden flog, war klar: Pausa befand sich auf genau halber Strecke des Fluges und sicherte sich somit den Titel »Mittelpunkt der Erde«.

Dieses Ereignis wurde mit eigens dafür entworfenen Postkarten gewürdigt. »Pausa – Mittelpunkt der Erde« steht da in schönen Lettern über dem Luftschiff, das über Pausa gleitet. Die Postkarten werden heute wieder von der Erdachsendeckelscharnierschmiernippelkommission gedruckt und verkauft.

Ein Herr der Erdachsendeckelscharnierschmiernippelkommission tut seine Arbeit

Die Erdachse, wie man sie in Bernstadt kennt

Als 1932 der Bürgermeister der Stadt einen Brief aus Ägypten erhielt, fühlten sich die Pausaer wie aus dem siebten Himmel auf die Stadt und ihre Achse blickend. Der Brief war von einem Professor des Königlich Ägyptischen Kultusministeriums geschrieben worden. Ihm war zu Ohren gekommen, dass in Pausa ein seltener Stein, der als Erdachse bezeichnet würde, zu sehen sei. Er, der Professor aus Ägypten, habe schon viele merkwürdige Steine untersucht, unter anderem auch den schwarzen Stein in Mekka. Ob er denn auch nach Pausa kommen könne und das dortige geologische Kuriosum untersuchen dürfe.

Keine zwei Jahre später wurde der gläserne Globus auf dem Rathaus errichtet, wo er auch heute noch steht. Das geologische Statussymbol hielt sich eisern. Als 1992 die Pausaer eine kleine Revolution anzettelten und den thüringischen Landtag stürmten, ging es zunächst nur darum, wieder zu Sachsen zu gehören und nicht zu Thüringen. Als der Wunsch durchgesetzt wurde, räumten die Pausaer auch ihren Rathauskeller auf und fanden dabei unter den Akten und Zetteln, die sich hier angesammelt hatten, ein Stück der Erdachse: rotierend.

Vor kurzem wurde sogar ein Wanderpfad eingerichtet, der Rund um die Erdachse führt. Viereinhalb Stunden dauert die Wanderung und führt zum alten Glanz Pausas: vorbei am Standort des ehemaligen Kurhauses, vorbei an einer ehemaligen Fabrik, vorbei am Grenzstein Sachsen-Thüringen. Immer um die Erdachse rotierend.

**Erdachse Bernstadt**
**Auf dem Brunnen vor dem Eis-Cafe »Zur Erdachse«**
**Markt 11**
**02748 Bernstadt a. d. Eigen**
**Tel.: 03 58 74 / 203 85**

**Erdachse Pausa:**
**Rathaus**
**seitlicher Eingang**
**07952 Pausa, Neumarkt 1**
**Öffnungszeiten:**
**Mo–Fr: 9.00–16.00 Uhr**
**Sa, So: 9.30–17.30 Uhr**

**Tourismus: Stadt Pausa**
**Neumarkt 1**
**07952 Pausa**
**Tel.: 03 74 32 / 60 30**
**Fax: 03 74 32 / 603 55**

## 28

# Die Wahrheit über den Lügenbaron

*Es hat ihn wirklich gegeben, den Baron von Münchhausen. Wie er Amerika zur Unabhängigkeit verhalf, ist eine bisher unbekannte Geschichte.*

Das Weserstädtchen Bodenwerder rühmt sich als Heimat des Freiherrn Carl Friedrich Hieronymus von Münchhausen, international bekannt als der Lügenbaron. Trotz dieses fraglichen Beinamens reden die Bürger hier liebevoll von ihrem ehemaligen Einwohner. Man ist sich heute einig: »Münchhausen ist ein redlicher Mann gewesen.«

Das war nicht immer so. Von den vielen Streitig- und Unstimmigkeiten, die das Städtchen zu Lebzeiten Hieronymus' mit ihm ausgetragen hat, will man nichts mehr wissen. Der durch die gleichnamigen Bücher unsterblich gewordene Fabulierer ist heute das Maskottchen der Stadt und prägt das Stadtbild in allen erdenklichen Formen: als Brunnen, Statue, Wandgemälde und sogar als Slogan in Internet und Touristenbroschüre. Bodenwerder, Münchhausenland.

Dem Freiherrn zu Ehren bauten die Bodenwerder Bürger das Geburtshaus von Hieronymus zu einem Museum um. Sie scheuten weder Mühen noch Kosten und fanden sogar einen achtbeinigen Hasen zum Ausstopfen, vier Beine oben und vier Beine unten (so wurde der Hase beim Laufen nicht müde!). Ein Tabakbeutel von Hieronymus, Urkunden und die berühmte Kanonenkugel.

Außerdem werden hier Bücher über den Baron in verschiedenen Sprachen ausgestellt, das Drehbuch von Erich Kästner zum großen UFA-Film mit Hans Albers und viele andere Memorabilien.

Noch authentischer ist der Besuch des Grottenhäuschens, des ehemaligen Gartenpavillons des Barons, das nur einen kleinen Spaziergang entfernt steht. Dort sollen die meisten seiner Geschichten entstanden sein. Auch heute noch werden an diesem lauschigen Ort seine Geschichten, begleitet von einem guten Tropfen Wein, vorgetragen.

Als Hieronymus 1720 das Licht der Welt erblickte, tat er dies sowohl in Bodenwerder als auch auf britischem Gebiet, denn dank Herzog Georg I., Herzog von Braunschweig und König von England, gehörte das auf hannoverschem Grund stehende Weserstädtchen zur Weltmacht. Die Begeisterung dafür spiegelt sich in den vielen englischen Wappen wieder, die noch heute auf gusseisernen Ofenplatten im Rathaus und im Heimatmuseum zu finden sind. Titel lauteten plötzlich »königlich großbritannisch«, und auch das gefiel. So war dem kleinen Baron die Internationalität schon in die Wiege gelegt. Mit zwölf Jahren wurde er Page beim Prinzen Anton Ulrich von Braunschweig und stol-

Der legendäre achtbeinige Hase aus Münchhausens Anekdotenschatz.
Im Museum ist man stolz, ein solches Prachtexemplar gefunden zu haben.

perte in die nächste weltpolitische Situation und unverhofft in eine zunächst steile Karriere.

Anton Ulrich würde später Anna Leopoldowna heiraten und mit ihr den zukünftigen Zaren Russlands, Iwan IV., zeugen. Als es auf russischem Boden viel zu tun gab, erinnerte sich der Prinz seines Pagen Hieronymus und berief ihn 1738 in sein Regiment. Wahrscheinlich kämpfte Münchhausen zuerst im Krieg gegen die Türken. In den Geschichten spielen einige der berühmtesten Abenteuer in der Türkei.

> *»Trotz aller meiner Tapferkeit und Klugheit, trotz meiner und meines Pferdes Schnelligkeit, Gewandtheit und Stärke ging's mir in dem Türkenkriege doch nicht immer nach Wunsche.«*[76]

Als Günstling Anton Ulrichs erhielt der junge Münchhausen eine Beförderung nach der anderen. 1739 war er schon Kornett und 1740 Leutnant. Doch dann änderten sich die rosigen Zeiten. Russland erkannte Iwan IV. nicht als Zaren an, und die Familie von Anton Ulrich wurde in die Verbannung geschickt, aus der sie nie wieder entkommen sollte.

So wie der Glücksstern für Anton Ulrich fiel, so fiel er auch für Hieronymus. Zwar kämpfte er weiterhin tapfer, diesmal in Finnland, erhielt aber zehn Jahre lang keine weitere Beförderung. Wenn er nicht an der Front war, verbrachte er viel Zeit in Riga, einer Stadt, in der er viele Kontakte zu alten deutschen Adelsgeschlechtern pflegte. Dem jungen Mann gefiel es hier gut. Er heiratete Jacobine von Dunten und wurde 1750 endlich von der Zarin Elisabeth zum Rittmeister geschlagen. Gerne wäre er länger geblieben, aber just zu diesem Zeitpunkt erbte er Land in Bodenwerder und musste sich beurlauben lassen. Er würde nicht mehr nach Riga zurückkehren und den Rest seines noch langen Lebens an der Weser verbringen.

Baron von Münchhausen, der weitgereiste, der viele Abenteuer gewohnt war, langweilte sich in dem Städtchen. Es half nicht, dass die Bürger Bodenwerders selbstbewusst geworden waren und sich nicht durch einen Baron einschüchtern ließen. Die

Bodenwerderer waren nämlich wer: Die Stadt florierte durch die Fabrikation von einem groben Leinen, das sogar nach Übersee verkauft wurde und dort die Sklaven Amerikas einkleidete.

Der Bürgermeister Schmidt notierte in einer Klageschrift: »*Ist der Edelherr Gebieter oder Privateinwohner der Stadt?*« In den Archiven der Stadt sind viele Zwiste zwischen dem Baron und den Bürgern aufgelistet, bei denen der Baron meist den Kürzeren zog.

Münchhausen machte das Beste daraus. Er frönte der Jagd und liebte es, die Abende in seinem Grottenhäuschen zu verbringen. Der Sockel des gemütlichen Ortes ist mit Muschelstückchen von der geliebten baltischen Küste verziert.

Hier saß der Baron gerne mit Gästen beim Wein und erzählte von seinen Abenteuern in der weiten Welt. Dass er ein Erzähltalent besaß, wurde mehrmals festgehalten. Schon 1781 erschienen in der Berliner Zeitschrift *Vademecum – Zeitschrift für lustige Leute* Geschichten, die unmissverständlich Münchhausen zuzuschreiben sind:

> »*Es lebt ein sehr witziger Kopf, Herr M-h-s-n im H-schen, der eine eigene Art sinnreicher Geschichten aufgebracht hat, (...). Es sind Erzählungen voll der unglaublichsten Übertreibungen, dabei aber so komisch und launig, dass man, ohne sich um die Möglichkeit zu bekümmern, von ganzem Herzen lachen muß.*«[77]

Im Familienarchiv ist heute noch festgehalten, wie sehr es den Baron erfreute, solche Geschichten zu erzählen:

> »*Seine Arme wurden immer unruhiger, das kleine Stutzperückchen fing an, durch seine Hände auf dem Kopf herumzutanzen, das Gesicht ward lebhafter und rother ...*«[78]

Doch Münchhausens Leben plätscherte trotz seiner Fabulierlust dahin. In seinem 70. Lebensjahr starb seine Frau, die Ehe war kinderlos geblieben. Drei Jahre später erhielt Hieronymus Besuch von einem flüchtigen Bekannten, der seine siebzehnjährige

Tochter Bernhardine mitbrachte. Der Baron verliebte sich sofort in das Mädchen und heiratete sie im folgenden Januar. Schon in der Hochzeitsnacht gab es Streit. Bernhardine musste von der Haushälterin ermahnt werden, endlich ins Bett zu gehen, denn das junge Ding wollte bis in die Puppen feiern.

Der Ärger nahm kein Ende. Die junge Frau Baronin ließ sich über zwanzig Kleider bestellen und verbrachte den Sommer im nahen Bad Pyrmont. Dort machte sie die Bekanntschaft mit einem Offizier und ward alsbald schwanger. Dem so gehörnten Baron blieben nur noch Schmach und Scheidung. Der Scheidungsprozess war langwierig und verschlang dazu das Vermögen Münchhausens. 1797 starb er verarmt und verbittert.

Die Bürger aber mussten ihren Baron noch länger ertragen: Er wurde in der Klosterkirche des benachbarten Ortes Kemnade bestattet, wo sein Vater ein Familiengrab erworben hatte. Leider gab es durch den feuchten Untergrund der Kirche Probleme bei der Verwesung der Leiche, was dazu führte, dass nach der Beisetzung das gesamte Kirchenschiff furchtbar zu stinken begann. Trotz Protesten der Bürgerschaft fand Hieronymus hier seine letzte Ruhe und ist auch der Letzte, der überhaupt hier bestattet wurde.

Von Ruhe konnte allerdings nicht die Rede sein. Durch seine Geschichten war der Baron zu diesem Zeitpunkt schon unsterblich geworden. Auch wenn Münchhausen selbst keine seiner Abenteuer selbst aufgeschrieben hatte und sie nur in engstem Kreise erzählte, fanden sie ihren Weg in die Weltliteratur, in die Filmgeschichte und ins medizinische Vokabular. Das Buch über die Abenteuer des Barons wurde in über 50 Sprachen übersetzt. Der Film mit Hans Albers war die teuerste Spielfilmproduktion des Dritten Reiches, und unter dem Münchhausen-Syndrom versteht man in der Medizin eine psychische Störung, bei der der Patient körperliche Leiden vortäuscht. Die Liste könnte endlos weitergehen.

Es war ein gewisser Rudolf Erich Raspe, der Münchhausen und sich in die literarische Ewigkeit katapultierte.

Raspe war anders als Münchhausen. Er stand nicht im Dienste des Krieges, sondern im Dienste der Wissenschaft. Während der Baron bis nach Russland und Finnland reiste, träumte Raspe davon, die Welt zu erkunden. Es wäre ihm beinahe vergönnt gewesen, mit Captain Cook auf Expedition zu gehen, aber eben nur beinahe. Er war ein Universalgelehrter, 16 Jahre jünger als der Baron. Er war bewandert in Assyriologie und Geologie. Er interessierte sich als einer der Ersten überhaupt für das Mittelalter, verfasste Schriften zur Museumspädagogik und übersetzte »Nathan der Weise« ins Englische. Raspe war in fünf Sprachen versiert. Er war Herausgeber des *Casselschen Zuschauers*, einer Zeitschrift, die die öffentliche Meinung Kassels in Form eines fiktiven Schreibers aussprach. Und er war Mitglied der Royal Geographic Society zu London. Johann Gottfried Herder schrieb über ihn:

> *»Raspe steht jetzt mit allem, was Kunst und Wissenschaft ißt, mehr als in Deutschland allein, in Verbindung.«*[79]

Trotz seiner enormen intellektuellen Tätigkeiten und einer Anstellung beim Landgrafen von Kassel als Kustos im Kunsthaus und als Professor für Altertumswissenschaften am Collegium Carolinum hatte Raspe kontinuierliche Geldnot. So kam es 1774 zu einem Vorfall, der Raspe zu einer Persona non grata machte. 1775 wird »*Erich Rudolph Raspe, welcher aus Hannover bürtig (...) noch mehrentheils einen hurtigen Gang habend*«[80] steckbrieflich gesucht.

Die Vorgeschichte: Während Raspe das Münzkabinett des Landgrafen zu Kassel neu ordnete, konnte er es nicht lassen, sich ein paar Münzen selbst zuzuschustern. Die Tat wurde entdeckt, und Raspe floh mit Pistolen bewaffnet nach England. Seine Frau und seine beiden Kinder ließ er in Deutschland zurück. In England durfte er zwar nicht verhaftet werden, doch wurden ihm dort alle Ehren entzogen. Ausschluss aus der Royal Society, keine weiteren Anstellungen. Raspe verfasste weiterhin tüchtig Schriften zu den verschiedensten Themen und hielt sich mit unterschiedlichen Jobs über Wasser. In der Zeitschrift *Vademecum* stieß er auf die Geschichten des Lügenbarons und schrieb davon inspiriert im Jahr 1785 den ersten Münchhausen-Roman. Das Buch erschien in England unter dem Titel »Baron Munchhausen's Narratvie of his Marvellous Travels and Campaigns in Russia. Humbly dedicated and recommended to Country Gentlemen.«

Raspe benutzte den vollen Namen Münchhausens und blieb als Autor selbst anonym. Das mag zum einen damit zu tun haben, dass Raspe als Verfasser wissenschaftlicher Schriften nicht auch noch als Romancier bekannt werden wollte, könnte eventuell aber auch einen brisanteren Hintergrund haben. Denn noch in der ersten Ausgabe des »Munchhausen« steht im Vorwort, »das Ziel des Barons bestehe ausdrücklich darin, den *common sense* zu stärken«.[81]

Der Münchhausen-Forscher Bernhard Wiebel fand heraus, dass Raspes Buch beim Verleger Smith in London erschien, der seine Buchhandlung direkt neben der von einem gewissen Kearsley hatte. Kearsley verlegte das Buch »Common Sense – Addressed to the inhabitants of America« von Thomas Paine, dem amerikanischen Unabhängigkeitskämpfer. Kearsley würde später auch weitere Ausgaben des »Munchhausen« verlegen. Es ist also denkbar, so Wiebel, dass der original »Munchhausen« als eine berechnende politische Schrift zu verstehen ist. Vielleicht wollte sich Raspe damit unter anderem an Friedrich II. von Kassel rächen, von dessen Hof er damals fliehen musste. Friedrich II. war in Europa dafür bekannt, hessische Soldaten an die Engländer zu verkaufen, die in Amerika in den Unabhängigkeitskriegen eingesetzt wurden. So findet sich in den Münchhausen-Geschichten aus Raspes Feder auch eine, die den Baron nach Amerika führt. Jedoch passiert in der Geschichte nichts, außer dass sich ständig irgendwelche Löcher auftun.

*»Hier stieß das Schiff mit erstaunlicher Gewalt gegen etwas an, das uns wie ein Fels vorkam. Gleichwohl konnten wir, als wir das Senkblei auswarfen, mit fünfhundert Klaftern noch keinen Grund finden. Was diesen Vorfall noch wunderbarer und beinahe unbegreiflich machte, war, dass wir unser Steuerruder verloren, das Bogspriet*

*mitten entzweibrachen und alle unsere Masten von oben bis unten aus zersplitterten, wovon auch zwei über Bord stoben.«*[82]

Wollte Raspe hier seine Meinung zum Einfluss der Engländer in Amerika bekannt geben? Sah er die politische Einmischung Europas in Amerika als bodenloses Fass, da Amerika am besten alleine zurechtkommen würde?

Vielleicht sind einige der Geschichten wirklich gesellschaftskritisch zu verstehen. Raspe äußerte sich in dieser Form schon vorher in seiner Zeitschrift in Kassel, und auch aus späteren Jahren sind Dokumente bekannt, in denen er seine Meinung zum Kolonialismus und zu den Menschenrechten kundgab.

Im Jahr nach dem Erscheinen des »Munchhausen« auf Englisch wurde er von Gottfried August Bürger ins Deutsche übersetzt und um mehrere Geschichten erweitert. Zwei Jahre später feierte das Buch große Erfolge in Frankreich und Amerika. Wieder zwei Jahre später gab Amerika sich eine Verfassung, und in Frankreich begann die Revolution. Zufall? Stand hier die Lüge im Dienste der Wahrheit? Der Lügenbaron als Maskottchen der Unabhängigkeit?

Warum sich Raspe ausgerechnet Münchhausens Namen bediente, ist nach wie vor unklar. Er hätte den Protagonisten der Geschichten aus dem *Vademecum* ja nicht bei vollem Namen nennen müssen oder einen anderen erfinden können. Der Name Münchhausen spielte auf der europäischen Landkarte aber eine wichtige Rolle: Ein Mitglied der Familie arbeitete in der deutschen Kanzlei in London, ein anderes hatte den englischen König als Taufpaten, und wieder ein anderer war Berater des englischen Generalleutnants im Siebenjährigen Krieg. Raspe kam nachweislich immer wieder in Kontakt mit einem der Münchhausens. Benutzte Raspe, so Münchhausen-Forscher Wiebel, den Namen sinnbildlich für alle großen Adelshäuser und einer Gesellschaft, zu der Raspe nur durch seine geistige Umtriebigkeit Zutritt hatte?

Der alte Haudegen Münchhausen in Bodenwerder musste noch zu seinen Lebzeiten von seinem fragwürdigen Ruf als Lügenbaron erfahren. Glücklich war er darüber nicht. Wehren konnte er sich dagegen allerdings auch nicht. Die Geschichten hatten eine Eigendynamik entwickelt, die sie übersetzt in alle Herren Länder brachte.

Und die Bürger Bodenwerders erfreuen sich heute der drolligen Geschichten rund um den Lügenbaron. Vielleicht, vielleicht verhalf ihr Baron ja den Bewohnern Amerikas zu ihrer Verfassung. Die Bürger Bodenwerders kleideten immerhin die Sklaven in Leinen. Doch das ist wieder eine andere Geschichte.

**Münchhausen-Museum**
**Münchhausenplatz 1**
**37619 Bodenwerder**
**Tel.: 055 33 / 405 41 oder 40 91 47**

## 29

# Vom Aufschwung Ost und vom Untergang der »Titanic«

*Im Lügenmuseum in Gantikow wird der Staub des Alltags von den Sternen gewaschen*

In der Prignitz wartet man auf die nächste Wende. Die letzte brachte außer ein paar Windrädern nicht viel. Trotz Ökostrom ist hier Dunkeldeutschland, und die Jungen verlassen ihre Heimat, um sich woanders eine neue zu suchen. Die Natur ist idyllisch, und gäbe es in unmittelbarer Nähe nicht die Müritz mit ihren Seen, würden sich die Touristen vielleicht hier tummeln und nicht dort. So aber nicht. Selbst die alten Gutshäuser, die zu DDR-Zeiten in LPGs umgewandelt wurden und heute noch billig verkauft werden, bilden keinen Grundstock, um den Landstrich in eine deutsche Toskana zu verwandeln. Die paar verträumten Berliner, die sich darauf einlassen, kurbeln die Wirtschaft nicht an. So fühlt sich hier niemand verantwortlich, für ordentlichen Kaffee und Kuchen zu sorgen, um wenigstens die paar Menschen, die sich hierher verirren, bei Laune zu halten.

In Gantikow an der Knatter ist das anders. Dort steht ein altes Gutshaus, in dem »bester Kräutertee« angeboten wird. Das Essen muss sich der Besucher zwar selbst mitbringen, er ist aber eingeladen, dies im Garten zu verzehren. Danach lädt der klare Gantikower See zum Baden ein. Auch in anderer Hinsicht ist das Gutshaus ungewöhnlich für die Gegend, für Deutschland und für die ganze Welt. Das Gutshaus ist die Heimat des Lügenmuseums.

Die Geschichte des Museums geht zurück auf das Jahr 1884,

Noch ist hier nichts gelogen. Zum Lügenmuseum geht's da wirklich.

als hier eine Emma von Hohenbüssow lebte, ein für die damalige Zeit ungewöhnliches Mädchen. Nachts träumte sie nicht von Schmetterlingen und Prinzen, sondern von Begegnungen mit Künstlern. Auf ihren Traumpfaden schreitend lernte sie deren Werke kennen. Ihre Phantasie war so lebhaft, dass sie nachts Einblicke in jahrhundertealte Betrachtungsweisen erhielt und Erfahrungen sammelte, die sie wach niemals erlebt hätte. So ist es nicht verwunderlich, dass die elfjährige Emma sich keine Puppenstube zum Geburtstag wünschte, sondern ein Museum. Ihre verständnisvollen Eltern suchten auf dem Speicher alles zusammen, was sie finden konnten, und legten es im Pavillon aus. Emma war begeistert. Sie fing an, die Dinge neu zu ordnen, akribisch zu beschriften und sich ihre Gedanken zu machen. In den Berichten des Reiseschriftstellers Francis S., der auf der Suche nach Fontanes Wanderschuh in der Gegend unterwegs war, findet sich folgende Beschreibung:

»*Ein seltsamer Reiz ging von diesen willkürlichen Anordnungen aus, die Materie war unterschiedlicher Stimmung, und ich konnte über die Phantasie der göttlichen Schöpfer nur staunen: eine Phan-*

*tasie, die an winzigen und missstimmigen Variationen hängt, als gelte es eines Tages eine Kellerassel, einen Bindfaden und ein Fliegenbein in ein ausgewogenes Verhältnis zu bringen.«*[83]

Den Ersten Weltkrieg überdauerte diese seltsame Sammlung ohne Verluste. Emma ging auf Reisen in die ganze Welt. Aus Bali, Japan, Thailand und China brachte sie Geisterhäuser und Schreine mit. Im fernen Orient fand sie einen fliegenden Teppich. Immer wieder collagierte sie neu und hatte ihren Spaß dabei. Während des Zweiten Weltkriegs packte Emma alles säuberlich ein und verstaute es wieder auf dem Speicher. Danach verliert sich ihre Spur. Was das Museum betrifft: Flüchtlinge plünderten, was sie gebrauchen konnten, 1980 landete der Rest auf einer Müllkippe. Durch Zufall fand ein wandernder Künstler diesen zusammen mit einem Buch über das Museum. Er war fasziniert von der Geschichte und baute es wieder auf, so getreu wie nur möglich. Er pflegte ein offenes Haus, und wenn er Gleichgesinnte traf, so lud er sie ein, einen der Räume zu »bespielen«.

Hier haben die Lügen der Welt ein Zuhause gefunden

So auch einen Wanderarbeiter, der auf einem Stein der Kirche von Gantikow Rast machte und dort die Inschrift »Gantikow, Heimat für Heimatlose« las. Der Spruch muss ihm durch Mark und Bein gegangen sein, denn mit seinen Brotlatschen klopfte er im Lügenmuseum an und wurde freundlich aufgenommen. In der Gutsküche wurde ihm ein Platz zugewiesen, an dem er seine Erinnerungen auspacken durfte. Das Labyrinth, das daraus entstand, ist heute fester Bestandteil der Installationen im Museum. Stundenlang kann man sich hier umsehen. Auf einem Kräuterhackbeil steht ein selbstgedichteter Reim und winkt dadaistisch:

»*Die Rehlein beten zur Nacht, halb acht!*
*Sie falten die kleinen Zehlein, die Rehlein.*«

Ein Name, der immer wieder im Zusammenhang mit dem Museum auftaucht, ist der des Hirnchirurgen und Nationaltherapeuten Richard von Gigantikow, der hier einige Zeit gelebt haben soll. Im Gutshaus führte er, noch zu DDR-Zeiten, Experimente mit bewusstseinserweiternden Haushaltsgeräten durch. Als Quintessenz seiner Forschung entstand die Psychedelika Maschinka, die in einem anderen Raum des Museums heute zu bestaunen ist. Sie ist ein Haufen blinkender und rotierender Einzelteile, ein Sammelsurium an Schätzen, die sich in Jungenhosentaschen wiederfinden. Gigantikow ist von seiner Forschung überzeugt und berichtet:

»*1989 führte der Einsatz dieser Maschine zur politischen Wende in Deutschland. 1990 wurde diese Maschine im niederländischen Arnhem ausgestellt. Infolgedessen nahm das niederländische Königshaus geschlossen an einer Fischverkostung am Hafen teil. Meinem Forschungsinstitut angegliedert ist ein der Öffentlichkeit zugängliches Schlossmuseum. Besucher können persönlich die Wirkung meiner Erfindungen kennenlernen. Sie werden aufmerksamer im Umgang mit ihren Haushaltsgeräten sein. Sprechen Sie ruhig und gelassen mit Ihrer Kaffeemaschine.*«[84]

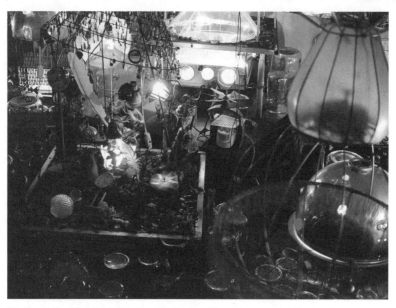

Die legendäre Psychedelika Maschinka des Hirnchirurgen und Nationaltherapeuten Richard von Gigantikow

Gigantikow wohnt heute nicht mehr im Gutshaus, doch die Maschine sorgt weiterhin für Bewusstseinserweiterungen bei den Besuchern.

Die anderen Räume des Lügenmuseums sind nicht weniger anregend. Ein Raum mit Zugang zum Garten heißt »Auf dem Sonnendeck«. Er ist blau getüncht und strahlt mit vielen bunten Leuchtdioden Hoffnung aus. Der Museumsführer rät, hier mal nichts zu tun und nicht an den Untergang zu denken. Aus einem Weltempfänger können dabei die letzten gurgelnden Geräusche der sinkenden »Titanic« gehört werden.

Ein anderer Raum ist voller Knattermaschinen, die nur gebaut wurden, um eins zu tun: laut zu knattern, sobald sie in Betrieb genommen werden. Sie sind lokalpatriotischer Natur und ermuntern, an die Knatter zu denken, den Fluss, der durch Gantikow fließt.

»Die Wundertagesstätte« betitelt sich ein anderer Gutshausraum. Er trägt klar die Handschrift von Emma von Hohenbüssow. Hier trug sie Reliquien und Wundergegenstände von alten Pilgerrouten zusammen, die sie bereist hatte. Das Wunder vom Gülper See ist hier zu bestaunen, aber auch das abgeschnittene Ohr des Vincent van Gogh. Die Silberbüchse des Winnetou findet sich ebenso wie die geheimnisvollen Kreise im Rhinluch.

Aus welcher Epoche die Geburtsstube des Willy Brandt stammt, die in einem anderen Raum eingerichtet wurde, ist unklar. Im ersten Moment wirkt die Stube fast wie ein Heimatmuseum, die gewissenhafte Beschriftung der Gegenstände verleiht dem Raum aber eine Größe, die weit über den Grundriss hinausgeht. So verwundert es nicht, hier ein Knie zu sehen, das einsam um die Welt geht.

»Geschichte ist die Lüge, an die zu glauben wir uns entschieden haben«, steht auf einem anderen Zettel im Museum.

Das Vittoriale der Ostdeutschen zeigt seine Interpretation des mittlerweile fiktiven Raumes Ostdeutschland. Rosa erstrahlt er und ist zugepflastert mit alten Straßenschildern. Parteiwappen und Fähnchen, Leninkopf und allerhand Tand verbinden sich hier zu einem Gesamtwerk oder Kunstwerk, das zu interpretieren allein im Kopfe des Betrachters möglich ist. Der wiederum profitiert durch die Ansammlung der Gegenstände von einem angeregten Geisteszustand. Was das alles soll?

Vielleicht hilft das Motto des Lügenmuseums auf die Sprünge: »Die Lüge im Dienste der Wahrheit wäscht den Staub des Alltags von den Sternen«.

Einen Hauch von Ewigkeit erfährt der Besucher schon an der Fassade des Museums. Hier tobte sich Katharina Zipser, eine angesehene Freskenmalerin, aus, die in den Klöstern Italiens und Rumäniens ihr Handwerk erlernte. Die Malerei auf nassem Putz ist eine der ältesten und widerstandsfähigsten Methoden überhaupt, hier wurde sie mit unorthodoxen Motiven ausgeführt: Griechische Mythen, Graf Dracula, Monica Lewinsky, die Farm der Tiere und der Krieg der Sterne. Sie alle im Dienste der Wahrheit.

Geschichten, Zitate, Referenzen. Bildsprache, Plastiken und Collagen. Wen interessiert da schon, wer wirklich hinter dem

Museum steckt. Ein Mann namens Reinhard Zapka, von dem es heißt, er treibe im selbstgebauten Papierboot von leuchtenden Duftkerzen eskortiert auf asiatischen Flüssen, um Werbung zu machen für sein Lügenmuseum in der fernen Prignitz.[85]

Zapka wurde in Erfurt geboren. Er war mal Eisverkäufer auf dem Alexanderplatz, mal Transportarbeiter einer Puddingfabrik und absolvierte ein Probevierteljahr auf einer Predigerschule. In einer Werbeabteilung hielt er es ein Jahr lang aus. Wegen seiner politischen Einstellung wurden ihm Abitur und Studium verwehrt. Inspiration suchte er sich bei Gleichgesinnten im Dunstkreis des Prenzlauer Berges in Berlin. Während seine Freunde zum Schwarzen Meer fahren durften, musste er zu Hause bleiben, denn er erhielt keinen Pass, sondern nur ein Personaldokument, das sich PM12 nannte. Die Welt konnte er sich nur erträumen. Wut und Aufbegehren durfte er nicht offen zeigen und musste es in andere Bahnen lenken. 1980 erstand er sich eine Bauernkate in der Prignitz, weit weg vom Radar der Funktionäre.

Da er nicht hinaus durfte in die Welt, so dachte er sich, so solle doch die Welt zu ihm kommen.

Der Rest ist Geschichte. Tatsache ist, dass die Lügen der Welt nun endlich einen Ort haben, an dem sie sich am helllichten Tage präsentieren dürfen. Sie verhelfen dem Besucher dabei zu geistigen Eskapaden, die ihn noch lange Zeit wach halten werden. Ob die Welt davon besser wird? Auch die Antwort darauf wäre wohl eine Lüge.

**Lügenmuseum**
**Am Anger 1**
**16866 Gantikow/ Prignitz**
**Tel.: 03 39 71 / 547 82**
**www.luegenmuseum.de**

## ‖ 30 ‖

# Reise nach Jerusalem

*Das heilige Grab in Görlitz sieht dem Heiligen Grab in Jerusalem nicht nur ähnlich, es ist auch originalgetreuer.*

Wer das Heilige Grab in Jerusalem besuchen möchte, muss sich nicht in den Flieger schwingen oder um viele Stühle herumlaufen. Es reicht, bis in den östlichsten Zipfel Deutschlands zu reisen: nach Görlitz. Dort steht die wohl getreueste Nachbildung des Grabes Jesu, getreuer noch als das Heilige Grab in Jerusalem selbst. Ein paar Schritte weiter finden sich dann auch die dazugehörenden üblichen Verdächtigen: der Berg Golgatha, das Kidrontal und der Ölbaum.

Zwar war das Kidrontal bis vor der Wende noch eine Schrebergartenkolonie, und der Ölbaum ist, nachdem die Weide zu alt wurde, heute ein Spitzahorn, aber wir wollen nicht kleinlich sein. Es handelt sich hier um die einmalige Landschaftsarchitektur des Lausitzer Jerusalems. Mitten hinein in die hügelige Landschaft Görlitz' wurden die letzten Stationen Jesu gestellt, damit die Bürger diese selbst erleben konnten.

Das heilige Grab im maurisch-romanischen Stil wurde ursprünglich 1481 erbaut. Einst stand es am Stadtrand, wo Sühner Buße taten. Heute befinden sich keine fünf Schritte hinter ihm die weißen Wände eines Neubaus. Die Pyramiden von Gizeh stehen ja auch nicht mehr in der Wüste. Mit Nachdruck wird einem gewissen Georg Emmerich nachgesagt, das heilige Grab in Görlitz gebaut zu haben, zusammen mit einer mittelalterlichen Kapelle und einem Salbhaus. Ganz unbeteiligt war er daran nicht, wobei die lokale Legendenbildung auch gerne übertreibt.

Tatsache ist, dass Emmerich kein unbedeutender und kein zimperlicher Mann war. Er lebte von 1422 bis 1507 und wurde von Luther schon als »König von Görlitz« bezeichnet. In Dresden studierte er Jura und handelte später, wie viele Görlitzer, mit Tuch. Mitte vierzig, schwängerte er die Tochter des Nachbarn, Benigna Horschel. Vater Horschel war Ratsmitglied, Vater Emmerich wollte eines werden. Die Horschels bestanden auf einer Hochzeit, die Emmerichs aber waren dagegen. Das Ganze drohte zu einer schlesischen Version von »Romeo und Julia« zu werden, denn beide Familien gehörten unterschiedlichen Glaubensrichtungen an. Als Hussiten bevorzugten die Horschels die Anbindung an Tschechien, während die Emmerichs dem katholischen Glauben angehörten und eine Verbindung mit dem Königreich Ungarn bevorzugten, was eine Vergrößerung des Handelsraums versprach. Eine Heirat zwischen diesen beiden Kaufmannsfamilien war undenkbar. Als der Streit zu einer regelrechten Fehde eskalierte, machte sich Georg aus dem Staub. Er fuhr nach Jerusalem. Eine geniale Lösung, die ihm außerdem die Absolution verschaffte. Auch fuhr er nicht mit leeren Händen! 1464, im Jahr vor seiner Abreise, wurde eine Kollekte in Görlitz erhoben, um am Stadtrand eine Kapelle neu zu errichten, die für die Totenfürbitte ungetaufter Kinder und Hingerichteter erbaut worden war. Die Kollekte ging aber nicht an die Kapelle, sondern wurde Emmerich auf seine Reise mitgegeben. Er sollte damit venezianischen Stoff für die Messgewänder der Görlitzer Geistlichen besorgen. Das tat er und vieles mehr. Als er einige Jahre später zurückkam, war er kein Vagabund, sondern ein weitgereister, mit vielen Ehren betitelter Mann. Unter anderem wurde er in Jerusalem zum »Ritter des Heiligen Grabes« geschlagen. Auch lernte er unterwegs viel über das Geschäft des Handels, besuchte einige Bergwerke und informierte sich so über den Erzabbau – ein lukratives Geschäft, das er später auch in der Lausitz und Böhmen einführen würde. Als er in Görlitz wieder Fuß fasste, konnte die Lage nicht besser für ihn sein. Die politische Situation hatte sich, seit der Papst den Ketzerbann über den böhmischen König ausgesprochen hatte, zugunsten der Emmerichs entwickelt. Den

Horschels dagegen wurde die Verstrickung in eine Pulverver-
schwörung unterstellt, im Zuge deren an mehreren Stellen der
Stadt Feuer gelegt werden sollte. Georgs Vater Urban Emmerich
war mittlerweile nicht nur Ratsmitglied, sondern sogar Bürgermeister der Stadt, und die Horschels waren zu einer Familia non
grata herabgesunken.

Als 1481 mit dem Bau der Grabeskapelle begonnen wurde,
war Georg schon wieder ein wichtiger Mann in Görlitz. Ihm gehörten einige Dörfer im Umkreis, insgesamt sollte er sechsmal
Bürgermeister werden. Ein Epitaph, das von Emmerichs Erben
an der Grabeskapelle aufgestellt wurde, liest sich folgendermaßen:

> *Der Herr führet mich aus inn den Raum. Er reis mich heraus, denn
> er hatte Lust zu mir.«*

Und weiter:

> *Dem Edlen Georg Emmerich Rittern«. ... nach viel erlietener zw.
> Land und Wasser Muhe und Gefahr, da er solche Reyse verbracht
> und zw. den seinen, bey Leben seines Herrn Vater glücklich ankom-
> men.«*

Der Text lobt den Mut des Georg Emmerich, betont, dass er
mit seinem Gelde die Grabeskapelle errichtet habe, verschweigt
nicht, dass Georg Emmerich selbst ein paar Mal Bürgermeister
war, und lässt ihn selig entschlafen. Wer schreibt, der bleibt, und
wer auf Stein schreibt, bleibt länger.

In den Chroniken der Stadt sind neben Emmerich mehrere
Stifter erwähnt, er war also bei weitem nicht der einzige. Es ist
aber durchaus möglich, dass die zündende Idee des Nachbaus
des Grabes Jesu von ihm kam, der es selbst gesehen hatte.

Die genauen Baupläne dagegen stammen aller Wahrschein-
lichkeit nach von einer Frau: Agnete Fingerin. Sie ist eine der wenigen Frauen des Mittelalters, die leuchtend aus der Geschichte
heraustreten. Sie lebte zur selben Zeit wie Emmerich und war

Die Heilige-Grab-Anlage mit Neubau im Hintergrund. Die Pyramiden von Gizeh stehen ja auch nicht mehr in der Wüste.

die Witwe eines reichen Tuchmachers. Agnete Fingerin beteiligte sich von 1476 bis 1481 an einer Pilgerreise ins Heilige Land, vermutlich in Gesellschaft des Herzogs Albrecht von Sachsen. Wie in der Reisebeschreibung eines anderen Teilnehmers zu lesen ist, hatte sie einen Begleiter und fertigte zusammen mit ihm die Baupläne für das Grab an:

> »*Die zwey Eheleut von Görlitz haben das Muster vom Heiligen Grabe zu Hierusalem genommen / vnd darnach zu Görlitz herraussen vor der Stadt eine Capelle lassen bawen / vnd ein Grab in aller gestalt/ wie das Heilige Grab zu Hierusalem ist.*«[86]

Die Nachbildung von historischen Stätten Jesu, sogenannte Kalvarienstätten, hat eine lange Tradition. Alles begann im 4. Jahrhundert mit der Schutzpatronin der Nagelschmiede, der heiligen Helena. Die Dame hatte eine interessante Karriere: Als Tochter eines Gastwirtes und Mutter des römischen Kaisers Konstantin reiste sie 76-jährig nach Palästina und wies den dortigen Bischof darauf hin, dass sich unter einem römischen Venustempel das Grab Jesu befand. Der Tempel war im 2. Jahrhundert von Kaiser Hadrian gebaut worden, der die ersten Christen daran hindern wollte, zum Golgathafelsen zu pilgern. Helena veranlasste Grabungen und fand doch glatt ein Stück des Kreuzes Jesu und auch drei Nägel, von denen sich heute einer im Bamberger Dom befindet. Ihr Sohn Kaiser Konstantin errichtete dann zwischen 327 und 335 das Grab Christi an dieser Stelle. Der Bau wurde mehrere Male zerstört, bis die Kreuzritter 1149 die Grabeskirche im frühgotischen Stil mit französischen Motiven wieder aufbauten.

Diese Version ist es auch, die in Görlitz zu sehen ist. 1555 wurde das Jerusalemer Grab durch ein Feuer zerstört, 1809 stürzte das wiederaufgebaute durch ein Erdbeben ein.

Obwohl in Deutschland mehrere Nachbauten der Grabeskapelle stehen, ist die in Görlitz doch die originalgetreuste. Sie ist im Maßstab kleiner als das Original, die Proportionen stimmen aber. So wurde das heilige Grab in Görlitz als Vorlage für etliche weitere Nachbauten des Heiligen Grabes in Europa verwendet.

In Görlitz selbst wurde das Grab vor allem in der Zeit um Ostern besucht. Wer die Reise nach Jerusalem nicht auf sich nehmen wollte, konnte hier ähnliche Gefühlswallungen erleben. Die imaginäre Via Dolorosa führte vom Görlitzer St.-Petri-Dom bis zur Grabeskapelle. Doch blieb es nicht allzu lange dabei. Mit der Einführung der Reformation Martin Luthers 1525 wurde es untersagt, einen Esel durch die Stadt zu führen, und Ostern wurde ausschließlich am Altar gefeiert. Das Grab war nun nicht mehr und nicht weniger als eine Kuriosität für Görlitzer Besucher.

Es tauchte dann auch in den ersten Reiseführern der Region auf, und seine Interpretation über die Jahrhunderte verrät viel über seinen Stellenwert. So steht im Buch »Neue Reisen in Deutschland«, das 1798 in Leipzig erschien:

*»Hatte ich schon vorher keine gar zu vorteilhafte Idee davon, so sank meine gute Meinung noch mehr beim Anblicke desselben. Ich hätte mich fast ein wenig geärgert, und deswegen sag ich Dir auch*

*weiter nichts von diesem berühmten heiligen Grabe. Des Spaßes wegen kauft ich aber doch einen silbernen Silberling, die hier ausgegeben werden, (man prägt auch welche in Zinn) um meinen Freunden in Dresden diese interessante – äußerst schlecht – geprägte Münze zu zeigen.«*[87]

In der Neuauflage desselben Buches wird der Ton noch zynischer:

*»Das weiland berühmte heilige Grab bei Görlitz ist eine so elende Spielerei, dass es kaum eine Erwähnung verdient. (...) Das heilige Grab wird übrigens von Wanderern aus den katholischen Ländern noch fleissig besucht.«*[88]

Heute ist das Grab auf jeden Fall wieder ein touristischer Anziehungspunkt. Es untersteht der Evangelischen Stiftung zu Görlitz, und an Ostern werden hier Andachten abgehalten. Auch die Via Dolorosa wurde wiederbelebt. An vielen Stationen führt sie heute wieder vom Dom zum Grab. An der vierten kann man sich beim Jesusbäcker Tränenbrötchen kaufen. Bäckermeister Tschirner, der das Haus nach der Wende erwarb, wusste beim Kauf nichts von seinem Vermächtnis. Doch backt er jetzt fleißig Tränenbrötchen und lacht über den Gewinn. So ist das, im Lausitzer Jerusalem.

**Heiliges Grab Görlitz**
**Heilige-Grab-Straße 79**
**02826 Görlitz**
**Tel.: 035 81 / 31 58 64**
**Fax: 035 81 / 31 58 65**

**Führungen durch die Anlagen der Evangelischen Kulturstiftung sind unter Voranmeldung auch außerhalb der Öffnungszeiten möglich.**

## 31

# Einmal im Leben bei Kahlbutz gewesen

*Die Mumie des Ritters Kahlbutz, der nicht verwesen will*

Kampehl liegt in der Nähe von Neustadt an der Dosse und Neustadt an der Dosse seit dem Bau der Bahnlinie Berlin–Hamburg um 1900 an ebendieser. Ostprignitz heißt dieser Landstrich, von dem heute wahrscheinlich nur wenige gehört haben. Einst blühte die Region durch den Salzhandel, heute blüht die Natur. Es sieht aus wie in »Der Mond ist aufgegangen«. Dabei prangen die goldnen Sternlein, und den Nebel gibt es hier auch. Doch reicht das nicht aus, um Touristen anzuziehen, weder heute noch früher. So müssen sogar die blutrünstigen Taten der Schweden aus dem Dreißigjährigen Krieg herhalten, um Themen und Attraktionen für Feste zu stellen: Bei Jahrmärkten und Stadtfesten werden die Belagerungen jedes Jahr aufs Neue in historischen Kostümen nachgestellt.

Zum Glück gibt es in Kampehl außerdem ein biologisches Wunder zu bestaunen, das seit dem Bau der Bahnlinie über eine Millionen Menschen zum Aussteigen verführte: der nackte tote Ritter Kahlbutz. Der liegt seit 1702 hier in der Dorfkirche und verwest nicht. Warum, weiß kein Mensch.

Laut »Ledeburs Adelslexikon der preußischen Monarchie« waren die Kahlbutzens von 1524 bis 1783 Besitzer des Rittergutes in Kampehl. Die Kahlbutzer Ritter verdingten sich beim Militär in Preußen und wurden in den lokalen Büchern als Verteidiger gegen die brandschatzenden Schweden aufgeführt.

Christian Friedrich von Kahlbutz (1651–1702), der jetzt das biologische Wunder in der Kirche zu Kampehl darstellt, war zu

**205**

seinen Lebzeiten kein guter Mann. Jähzornig sei er gewesen und rechthaberisch. Weiterhin ist bekannt, dass Christian Friedrich nicht nur im Krieg aktiv war, wovon seine elf ehelichen und dreißig unehelichen Kinder zeugen. Als Ritter hatte Kahlbutz das Recht zur ersten Nacht, wovon er offensichtlich und erfolgreich oft und gerne Gebrauch machte.

Nicht immer bekam er aber, was er wollte. Als er bei einer Frau namens Maria Leppin einforderte, was ihm gebührte, verweigerte ihr Verlobter, der Schäfer Picker aus Bückwitz, diesen intimen Kontakt.

Kurz darauf wurde Picker tot aufgefunden.

Zeugen sagten aus, den Schäfer schreien gehört zu haben, als er seine Schafe auf das Feld des Ritters trieb. Kahlbutz wurde vor Gericht geladen und redete sich fein aus der Sache, indem er einen Reinigungseid leistete. Er schwor bei Gott, nicht der Mörder zu sein. Als ehrenwerter Ritter reichte das damals noch aus. Was er weiterhin sprach, ist nirgends aufgezeichnet, doch munkelt man in Kampehl, dass Kahlbutz seinen Eid mit den Worten endete: »*Und wenn ich lüge, so soll mein Leichnam nie verwesen.*«

So sollte es auch kommen. Der Schäfer Picker wurde begraben, und im Kirchenbuch zu Kampehl ist vermerkt:

> »*Anno 1690. Ist Picker aus Bückwitz, so auf dem Felde hier gestorben im Unglück, von dem Herrn Cornet von Kahlbutz begraben. Dom. Rogate.*«[89]

Kahlbutz heiratete noch im selben Jahr Margarethe Sophie von Rohr, eine Adelige aus der Umgebung. Wahrscheinlich riet das Gericht ihm zu diesem Schritt, um den Trieb des Ritters in ordentliche Bahnen zu lenken. In den zwölf Ehejahren wurden die elf legitimen Kinder geboren, mit 51 Jahren starb der Ritter eines natürlichen Todes. Er wurde in der Gruft der Dorfkirche beigesetzt, und die Jungfrauen der Umgebung hatten eine Sorge weniger.

Das Jahr 1783 erlebte das Ende der Linie der von Kahlbutzens. Das Rittergut wurde an den Meistbietenden versteigert, einen gewissen von Kröcher auf Lohme. Der verscherbelte es vier Jahre später an den königlichen Stallmeister, Herrn Krell. Krell ließ daraufhin die Kirche zu Kampehl renovieren und ordnete an, die Gruft zu räumen. Dort lagen noch drei Särge aus dem Geschlecht der Kahlbutzens, die im Kirchhof beigesetzt werden sollten.

Doch wie wunderten sich die Arbeiter, als sie die Särge öffneten und in einem noch einen vollkommen intakten, wenn auch mumifizierten Körper fanden! Das Leichentuch mit den Initialen C. F. verriet, dass es sich bei dem toten Mann um den Ritter Christian Friedrich von Kahlbutz handeln musste. Seit seinem Tod waren inzwischen schon 92 Jahre vergangen, es gab also keine Zeugen mehr, die bei Kahlbutzens Schwur anwesend gewesen waren. Die Geschichte vom schäfermordenden Ritter muss aber in der Gegend solch einen Eindruck hinterlassen haben, dass sich die Bewohner Kampehls daran erinnerten und nun bestätigt fanden, was Kahlbutz geschworen hatte.

Die älteste und noch immer aktuelle Beschreibung des toten und doch unverwesten Ritters findet sich in einer Schrift des Küsters und Lehrers Leopold Schaumann, der 1881 folgendes wiedergab:

*»Die Leiche ruht in einem Doppelsarge. Der innere Sarg ist von Tannenholz, mit einem flachen Deckel, der äußere ist von starken eichenen Brettern angefertigt und hat einen hohen Deckel, der jedoch stellenweise schon schadhaft ist. Alles Übrige ist gut erhalten; selbst die Hobelspäne, welche als Unterlage dienen, sind noch vorhanden, und die Leinwand, womit das Innere des Sarges ausgeschlagen ist und woraus auch die Gewänder der Leiche bestehen, ist noch ziemlich dauerhaft. Die Leiche selbst ist noch vollständig erhalten; die Zähne und Nägel sind unversehrt, und auch das Haupthaar von rötlicher Farbe ist noch zum Teil vorhanden. Alte Leute wollen behaupten, daß ›der Kahlbutz früher auch noch einen langen Bart gehabt habe‹. Die Haut ist an den Stellen, wo sich starke Muskeln unter derselben befanden, lose und weich, etwas lederartig, sonst ist sie auf den Knochen festgetrocknet und von graubrauner Farbe.«*[90]

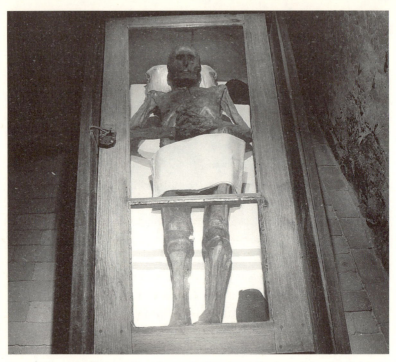

Der Kahlbutz. Ein Tuch an der richtigen Stelle schützt ihn vor indiskreten Blicken.

Die Kampehler beschlossen, dieses gruselige Spektakel in der Gruft zu belassen und die beiden anderen Särge ordnungsgemäß auf dem Kirchhof beizusetzen.

Schon für 1806 ist verzeichnet, dass französische Soldaten, die in der Region einquartiert waren, die Gruft aufsuchten und ihren Spaß mit Kahlbutz trieben. Einer der Soldaten soll den Leichnam aus dem Sarg genommen, mit ihm auf den Straßen getanzt und ihn dabei als Mörder und Scheusal beschimpft haben. Am nächsten Morgen lag der Soldat tot im Bett. Wahrscheinlich hatte er sich durch Bakterien an der Leiche eine Blutvergiftung geholt, in Kampehl aber sprachen alle von der Rache des Ritters.

Dennoch wurde der Ritter danach gerne Frischvermählten ins Brautbett gelegt.

1865 traf ein Paket aus Leipzig im Pfarramt ein. Darin waren ein paar Stiefel und fünf Taler zusammen mit einem anonymen

Brief. Ein K. v. H. schrieb darin, dass er mit seinen Kommilitonen zur großen Heiterkeit die Stiefel, einen Degen sowie einen Brustharnisch des Kahlbutz mitgenommen habe, sein Freund aber solchen Gefallen an dem Degen habe, dass er ihn behalten wolle. Darum die fünf Taler. Den Harnisch werde er bei der nächsten Gelegenheit mit zurückschicken. Bisher wartet man in Kampehl vergebens darauf.

Wann immer Besuch in der Gegend weilte, wurde Kahlbutz vorgeführt. Sabine Kebir schreibt in ihrem Roman »Eine Bovary aus Brandenburg« über den Kahlbutz:

»*Damals [Anmerkung: um 1950] gehörte er noch ganz und gar den Bürgern von Kampehl, die gewissermaßen als Ausgleich dafür, dass er ihre Urahnen ausgepresst hatte, nun kleine, aber regelmäßige Einnahmen für seine Schaustellung verbuchen konnten.*«[91]

Kahlbutz prägt den Landstrich mehr, als man ihm zutrauen würde. Sabine Kebir erzählt in ihrem Buch eine weitere Anekdote:

»*So furchtsam wir Schulkinder vor dem Kahlbutz gestanden hatten, so sehr gab er einigen von uns auf dem Heimweg durch die Felder Anlass zum Spaßen. Frau Meißners Behauptung, dass er neben den elf ehelichen noch mindestens dreißig außereheliche Sprösslinge mit seinen Mägden gezeugt habe, machte viele ganz wild. Wochenlang verdächtigten wir einander, zu seinen Nachfahren zu gehören. Verstohlen prüften wir, wer aus der Klasse ihm wohl besonders ähnlich sehe. Der Kahlbutz wurde unser lebendiges Märchen, das den Vorteil einer wahren Begebenheit hatte, in die wir alle vielleicht auf geheimnisvolle Weise verwickelt waren und die ihren Abschluss noch immer nicht gefunden hatte.*«[92]

Doch schon vorher entwickelte sich Kahlbutz zur wahren Touristenattraktion. Mindestens seit dem Bau der Bahnlinie nach Hamburg wurde Neustadt an der Dosse dank Kahlbutz ein beliebter Zwischenstopp. Noch heute zeugen schriftliche Verewigungen im Sargesinnern von den Besuchern, die meisten kamen aus Berlin. Seinen ersten Höhepunkt erreichte der Kahlbutz-Kult um 1936, zur Zeit der Olympischen Spiele in Berlin. Besucher aus aller Welt kamen, um den toten Ritter zu bestaunen. Die Amerikaner und die Japaner, so heißt es, boten viele tausend Reichsmark, um das Kuriosum zu erwerben. Noch heute beteuern die Kampehler, dass sie für nichts in der Welt ihren Kahlbutz verkaufen würden.

Der nächste Höhepunkt im Kult um das biologische Wunder waren die sozialistischen Jahre. In dieser Zeit pilgerten Reisegruppen aus ganz Ostdeutschland zum toten Ritter. Zwischen 30 000 und 40 000 Menschen besuchten ihn pro Jahr. Sei es ein Betriebsausflug, Frauentagspicknick oder ein Wandertag der Jungen Pioniere – sie alle reisten zur Gruft und schauderten sich. Vor allem die Damen wollten immer ganz genau wissen, was sich unter dem Tuch verbirgt, das über die Lenden des Ritters gelegt ist. Bis 1970 wurde das Geheimnis bei jeder Anfrage gelüftet. Zu sehen ist nicht mehr und nicht weniger als bei jedem Mann, nur etwas eingetrocknet.

Dann wurde eine Glasscheibe auf den geöffneten Sarg gelegt. Deren Erwerb war nur möglich, da Kahlbutz mittlerweile von der Stadt und nicht mehr von der Kirche verwaltet wurde. Die Stadt erkannte den hohen fremdenfördernden Wert der Mumie und kümmerte sich denn auch anständig darum. Das ging so weit, dass 1991, als Kahlbutz wieder der Kirche gehörte, die Stadt versuchte, ihn zu rauben. Ein Beschäftigter war angewiesen worden, den Ritter in ein eigens dafür vorgesehenes Spritzenhäuschen umzuquartieren. Die Entführung konnte in letzter Sekunde vereitelt werden.

Kahlbutz ist zwar nicht die einzige Mumie Brandenburgs, bleibt aber das einzige biologische Wunder dieses Bundeslandes und gewiss eines der wenigen der Republik. Die Professoren Virchow, Sauerbruch und Strauch untersuchten Kahlbutz um die vorletzte Jahrhundertwende und konnten nichts Ungewöhnliches an ihm feststellen. 1983 wurde eine weitere Untersuchung durch das Radiologische Institut der Charité durchgeführt. Auch diese ergab keine Besonderheiten, die die Mumifizierung von Kahlbutz und die Verwesung der anderen beiden Leichen hätten erklären können.

Kahlbutzens Zustand ist wahrscheinlich auf eine Reihe von Umständen zurückzuführen: Zum einen muss der Ritter zum Zeitpunkt seines Todes schon ausgemergelt gewesen sein, heute wird angenommen, dass er an einer Krankheit litt. Auch dass Kahlbutz im kalten Monat November starb, mag zur Mumifizierung beigetragen haben.

Seit einiger Zeit hat der Besucherstrom wieder abgenommen. In Kampehl seufzt man und erklärt sich die Situation damit, dass sich der Kahlbutz eben nicht verändere. Wer ihn einmal gesehen hat, braucht nicht wiederzukommen, höchstens um ihn seinen Kindern zu zeigen.

**Dorfkirche Kampehl**
**16845 Neustadt-Kampehl**
**Pfarramt**
**Tel.: 03 39 70 / 132 65**

**Öffnungszeiten:**
**April–Oktober: 10–12 Uhr und 13–17 Uhr**
**Montag geschlossen**
**November–März: 10–12 Uhr und 13–16 Uhr**
**Montag geschlossen**
**Januar: nur Samstag und Sonntag 10–12 und 13–16 Uhr.**

## ‖ 32 ‖

## Multi-Kult(i)-Stätte

*Der Heiligenberg bei Heidelberg war Kultzentrum für so ziemlich jeden, der hier mal das Sagen hatte. Die Kelten hinterließen einen Ringwall, die Römer wie üblich Steine, die Christen eine Klosterruine, die Nazis eine Thingstätte und irgendwer ein mysteriöses Loch.*

Der Heiligenberg liegt auf der nördlichen Neckarseite von Heidelberg, und wer sich die Mühe macht, ihn zu erklimmen, hat von dort einen der besten Panoramablicke auf das berühmte Schloss – Mekka für Touristen aus aller Welt. Ein wirkliches Heiligtum aber ist der Berg selbst, doch davon wissen die Besucher der Stadt meist nichts. Die kommen, um das große Fass im Schloss zu sehen, und denken dabei an den schweren deutschen Wein, den sie abends in den Kneipen Alt-Heidelbergs kosten können. Auf den Heiligenberg aber wandert kaum einer der Weitgereisten. Dabei spricht man im Kurpfalzmuseum der Stadt sogar von einem der wichtigsten Kulturdenkmäler des östlichen Badens. Victor Hugo war hier, Melanchthon auch, und da der Philosophenweg Heidelbergs am Heiligenberg entlangführt, war wahrscheinlich noch so manch anderer hier oben und fand Inspiration in den Ruinen längst vergangener Kulturen, deren Überreste auf dem Berg herumliegen.

Heute muss man gar nicht mehr den ganzen Berg hinaufwandern, um oben anzukommen. Seit die Nazis im Zuge ihres Blut- und-Boden-Programms die mystische Aura des Heiligenbergs entdeckt hatten und auf ihm eine Thingstätte errichteten, lässt sich der Berg auch dank einer Zufahrtsstraße mit dem Auto erreichen.

In langen Serpentinen windet sich die Straße nach oben und gibt kaum Blicke frei auf das Tal, so dicht steht der Wald. Oben angekommen, erstreckt sich ein großer Parkplatz über den Bergrücken. Seine Dimension verrät etwas über das Vorhaben der Nazis. Was einen neben dem Parkplatz aber noch hier oben erwartet, ist außergewöhnlich. Da ist zum einen eine kleine Klosterruine, das einstige Stephanskloster. Übriggeblieben sind kniehohe Mauern und vereinzelte Fensterbögen, das perfekte Setting für die Liebhaber von Gothic Culture. So kann der Besucher vor allem im tristen Herbst schwarzgekleidete Schönheiten beobachten, die sich in den Ruinen räkeln, mysteriös auf den Mauern herumliegen, um im Blitzlicht abgelichtet zu werden. Neben der Ruine steht ein einwandfrei alt aussehender Turm, der allerdings erst im 19. Jahrhundert vom Verschönerungsverein errichtet wurde – aus den Steinen des ehemaligen Klosters, versteht sich. Im verklärten Stil seiner Zeit gebaut, könnte man jederzeit Rapunzel erwarten, die aus seinem obersten Fenster herausschaut, es sind aber meist nur Gothic-Prinzessinen.

In Sichtweite des Turms steht ein neuneckiges Gebäude, das in den achtziger Jahren des letzten Jahrhunderts gebaut wurde. Es dient als Schutz eines Lochs, das dort tief – sehr tief – hinabreicht: 54 Meter, so weiß eine Infotafel, die hier angebracht ist. Drei Lampen hat die Stadt im Loch angebracht, um es bis ganz hinunter auszuleuchten, doch die letzte Glühbirne ist fast immer kaputt. Es lohnt sich ohnehin, Steine hinunterzuschmeißen, um das Loch auszuloten. Es dauert etwas länger, bis der Ton zu hören ist, aber die Wartezeit verstärkt den Schauer, der davon ausgeht. Wie alle tiefen Löcher ist auch dieses unheimlich, man muss sich nur vorstellen, wie sich die Leute gefühlt haben, die es ausgegraben haben. Tiefer und immer tiefer in die Erde hinein, freiwillig tat das bestimmt keiner. Besorgniserregend ist auch die Vorstellung, dass das Loch bis zum Bau des Gebäudes, das um es herum errichtet wurde, gar nicht abgedeckt war! Etliche Berichte beschreiben, wie Wanderer nur Zentimeter entfernt von dem Loch zu Boden schauten bzw. eben nicht zu Boden, sondern hinein in ein Loch.

Wer hat es graben lassen, und warum? Da diese Frage die Phantasie beflügelt, gibt es auf sie viele, aber keine konkreten Antworten. Die örtliche Bevölkerung schwört darauf, dass das Loch einst von den Kelten gegraben wurde und ein Heiligtum oder eine Opferstätte war. Zimperlich waren sie ja nicht, die Kelten, und für ein paar jungfräuliche Opfer, die in ein tiefes Loch geworfen werden, zeigten sich die Götter gewiss dankbar. Die örtlichen Archäologen aber weisen darauf hin, dass bisher nichts gefunden wurde, was am Loch auf Kelten hinweise. Vielmehr soll es im Mittelalter als Brunnenanlage gebaut worden sein.

Zumindest heute hat es eine eindeutige Funktion: es wird jedes Jahr von den örtlichen Höhlenforschern zum Üben genutzt.

Bei drei Ausräumungen des Lochs wurden römische Ziegel gefunden, Waffen aus dem Spätmittelalter und allerhand Abfall. Erstaunlich, was Leute in so ein Loch schmeißen, wenn es erst mal da ist.

Das ist aber noch längst nicht alles auf dem Berg. Wer den Parkplatz überquert und weiter dem Pfad in den Wald folgt, kommt bald an die schon erwähnte Thingstätte. Heute ist sie von Gras bewachsen, und das Wurzelwerk der Bäume schiebt sich unter die Stufen, die als Sitzsteine dienten. Die Thingstätte als Gesamtwerk hat etwas Monumentales, Archaisches, das wohl auch daher rührt, dass man ein solches Bauwerk hier auf dem Berg nicht vermutet. Sie ist gebaut wie ein typisches römisches Theater mit Bühne und Sitzstufen, die im Halbkreis darumgebaut sind und sich nach oben hin ausdehnen. Heute noch hört man ein auf der Bühne gesprochenes Wort ohne Verstärker in den obersten Rängen, so gut ist die Akustik. Im Juni 1935 zur Sonnwendfeier wurde die Thingstätte vom Reichspropagandaminister Goebbels eingeweiht, neun Monate später als geplant. Sie sollte die erste von 400 weiteren Versammlungsorten sein, die erbaut wurden, und Goebbels rühmte sie als »wahre Kirche des Reiches« und Stätte »steingewordenen Nationalsozialismus«.[93] Die Ortswahl kam nicht von ungefähr, Goebbels hatte in Heidelberg promoviert, und die Stadt wurde als »Brennpunkt des Reichsgedankens« und als »lebendiger Hauch der deutschen Seele« gelobt und gefeiert.[94]

Insgesamt wurden in Deutschland nur zwölf weitere Thingstätten errichtet, dann widmeten sich die Nazis »wichtigeren« Dingen. Das Problem an der Thingstätte, die angeblich 20 000 Menschen fassen konnte, war, dass sie dem Wetter so ausgesetzt war. Die Kreisleitung verfasste daher im *Heidelberger Tagblatt* folgenden Aufruf:

> »*Es war sehr lehrreich festzustellen, wie trotz der vorausgegangenen Anweisung in der Zeitung [...] viele Volksgenossen ihr kleines ›Ich‹ wieder in den Mittelpunkt ihres Daseins stellten, als die ersten Regentropfen fielen und dunkle Wolken den Himmel verfinsterten. Es war eine ungeheure schwere Aufgabe für die Politische Organisation, hier Ordnung zu halten und dem Einzelnen klar zu machen, dass das neue Kleid und der schöne Hut, ja sogar die Gefahr eines evtl. aufkommenden Schnupfens nicht so wichtig sind, als der störungslose Ablauf des Spiels ...*«.[95]

Heute werden trotz des Wetters doch noch manchmal Aufführungen in der Thingstätte abgehalten. Als wahrer Besuchermagnet entwickelt sich die Thingstätte zur Sonnwendfeier, wenn sich hier Tausende von Menschen einfinden und Party machen. Seit der Hippie-Zeit ist dieses Ritual etabliert, und seit das Internet Informationen rasend schnell verbreitet, versammeln sich hier wahre Menschenmassen nicht nur aus der Heidelberger Gegend.

Von den obersten Stufensitzen der Thingstätte ist es nur noch ein Katzensprung durch den Wald bis hin zum höchsten Punkt des Heiligenberges. Auch hier liegen wieder Steine herum, diesmal vom ehemaligen St. Michaelskloster, das bis ins 15. Jahrhundert existierte. Ein Abt habe hier einmal gelebt, der so fromm gewesen sein soll, dass ihm eine Eisenkette, die er um den Bauch trug, ins Fleisch gewachsen war. So angetan waren die Menschen, dass sie fortan das Kloster zur Wallfahrtsstätte erkoren, obwohl

Wo einst die Kelten hausten, bauten die Nazis eine Thingstätte.
Heute verwuchert das Gelände zusehends.

es von der Kirche nie als solche anerkannt wurde. Als die letzten Mönche das Kloster verließen, wurde das Gebäude an die Universität als Steinbruch verkauft.

Das Kloster war aber längst nicht das erste Gebäude auf der Bergkuppe.

Einst war Kuppe frei vom Wald. Als sich unten im Neckartal noch große Sumpfflächen mit Stechmücken ausbreiteten und das Sumpffieber eine ernst zu nehmende Krankheit war, zog es die ersten Menschen auf den Berg. Er fällt zu allen Seiten gleichmäßig ab, und man kann sich gut vorstellen, dass sich die Bewohner hier oben sicher gefühlt haben müssen. Funde aus der Steinzeit belegen die ersten Siedlungstätigkeiten. Später, von 480 bis 280 vor Christus, entwickelte sich der Berg zu einer keltischen Stadt. Die Archäologen gehen davon aus, dass bis zu 2000 Menschen hier oben in einer Keltenburg gelebt haben, die von einem mächtigen Fürsten regiert wurde. Um den ganzen Berg herum sind selbst heute noch Ringwälle zu entdecken, die das Ausmaß der keltischen Festung erkennen lassen. Die Siedlung war durch die Eisenverarbeitung, die hier vorangetrieben wurde, reich, und auf der Spitze des Berges muss wohl eine Art keltische Akropolis gestanden haben, ein mächtiges Heiligtum. Leider hinterließen die Kelten so gut wie keine Schriftstücke, und ihr Leben und Tun lässt sich nur bruchstückhaft zusammenpuzzeln. Sie waren aber längst nicht so barbarisch, wie die Schriftstücke der verfeindeten Griechen und Römer uns heute denken lassen.

Kulturen kommen und gehen. Nirgends wird das deutlicher als auf dem Heiligenberg. Von 80 bis 270 nach Christus waren es die Römer, die sich hier niederließen. Unten am Berg entlang führte eine der wichtigsten Fernstraßen des Römischen Reiches, und die einzige Brücke über den Neckar war am Fuße des Heiligenberges erbaut worden. Noch immer war der Berg nicht bewaldet, und auf seiner Spitze, wo einst das keltische Heiligtum stand, hatten die Römer eine riesengroße Merkurstatue errichtet, die schon von weitem sichtbar war. Das war zu dieser Zeit eine gängige Methode, um den Reisenden ein »Licht in dunkler Nacht«, ein Landschaftsmerkmal, zu geben. Merkur war eine sogenannte Interpretatio romana, eine römische Interpretation eines keltischen Gottes, der sowohl von den Germanen als auch von den Kelten und ebenden Römern verehrt wurde. Er hatte viele Aufgaben. Er war vor allem der Schutzgott der Reisenden und der Händler, aber auch Diebe beteten ihn. Daneben fungierte er als Psychopompos, als Seelengeleiter, der den Verstorbenen half, in die Unterwelt zu gelangen. Als die Zeit der Römer zu Ende ging, wurde genau diese Funktion des Merkur übernommen und auf den heiligen Michael übertragen, der dann Namensgeber für das Kloster wurde, das im Jahr 1070 hier erbaut wurde. Auch der heilige Michael geleitet die Toten mit seinem Flammenschwert in den Himmel. Zwischen diesen beiden religiösen Nutzungen wurde der Platz auch ganz weltlich als karolingischer Herrschaftssitz genutzt.

Der Ort hier auf der Bergspitze, an dem die Universität noch ein paar Klosterruinen übriggelassen hat, wird selbst von den Archäologen als besonders stimmungsreich beschrieben, und das Wort »Aura« schleicht sich ins Vokabular der sonst wissenschaftlich denkenden Menschen. Der Platz strahlt etwas aus, das ver-

stehen lässt, warum sich hier immer wieder neue Kulturen angesiedelt haben. Viel ist von keiner mehr übrig. Ihre Steine tragen
heute die Mauern der Heidelberger Universität und helfen vielleicht, dort den alten Geist weiterleben zu lassen.

**Heiligenberg**
**69121 Heidelberg**
**Zufahrt über Handschuhsheim**

**Kurpfälzisches Museum**
**Hauptstraße 97**
**69045 Heidelberg**
**Tel.: 062 21 / 58-340 00**
**www.zum.de**

## || 33 ||

# Nächster Halt: Externsteine!

*Bei Detmold stehen ein paar Felsen im Wald herum. Ob sie tatsächlich das sagenumwobene Irminsul waren, germanisches Heiligtum und Symbol des letzten Widerstands der Germanen gegen die Christianisierung, oder ob es einfach nur ein paar Steine sind, darf jeder für sich beantworten. Auch die Nationalsozialisten interessierten sich für die Felsen.*

Die fünfspurige Straße, die heute zu den Externsteinen führt, wirkt etwas großspurig. Aber sie stammt ja auch von den Nazis, die hatten einen Hang zur Übertreibung. Bis 1935 gab es lediglich eine Straßenbahn, die einen Stopp zwischen den Steinen einlegte auf ihrer Strecke Paderborn–Horn–Lippe/Detmold.

Der Wald in der Gegend ist wie geschaffen als Kulisse zum Tagträumen. Es ist der Teutoburger Wald, und schon der Name allein verführt zum Phantasieren von Germanenschlachten, wilden Horden und archaischen Riten. Vor allem eine Gruppe von Felsen, die sich hier aus dem Boden herausschiebt, dort, wo es sonst keine Erhöhung gibt, dient als Katalysator für die unglaublichsten Vorstellungskräfte. Die Felsen sind aber auch seltsam angelegt: Treppen führen zu ihren platten Kuppen, Kammern wurden in sie hineingegraben, und an einer Stelle wurde sogar eine Art Sarg in den Felsen gehauen.

Schon um 1564 unternahm ein Pfarrer erste Deutungsversuche und entwickelte die Theorie, dass das hier einst ein germanisches Heiligtum war, das Karl der Große nach der Christianisierung der Sachsen zerstört habe.

Die Externsteine von ihrer touristischen Seite

Diese Deutung hielt sich erstaunlich lange. Dabei wurden bei Ausgrabungen zwar Zeugnisse einer Besiedlung durch Steinzeitmenschen gefunden, nicht aber von Germanen. Wann die Treppen in die Steine gehauen wurden, ist nicht bekannt. Ob, wie oft bekundet, die Steine einst als Sternenobservatorium genutzt wurden, ist vollkommen unbewiesen. Eine Erdkraftlinie, die hier besonders stark sein soll, ist leider auch nicht wissenschaftlich messbar. Es soll aber dieselbe sein, die durchs englische Stonehenge führt.

Die Externsteine sind vor allem eines: Mekka für Mystiker und Fantasyfans. Diese Rolle nahmen sie auch bei den Nazis ein, die das gesamte Areal abriegelten und versuchten, die Kräfte des Ortes für ihre Kriegshandlungen einzusetzen.

Zumindest die Entstehung einiger Felsenkammern kann zeitlich bestimmt werden. So wurde eine der Kammern, die als Kapelle genutzt wurde, bereits 1115 durch einen Bischof geweiht. Etwas später, 1151, entstand das große Relief, das am Fuße eines der Felsen in den Stein gehauen wurde. Es gilt immerhin als eine der wichtigsten Monumentalplastiken Nordeuropas. Und der Teich, in dem die Steine sich pittoresk spiegeln, hat eine ganz banale Entstehungsgeschichte: Er wurde 1836 von Landschaftsplanern angelegt, weil er die Stimmung unterstreichen sollte – und er macht seine Sache gut.

Heute sind die Steine täglich bis 18 Uhr geöffnet, da sie aber nicht abgeschlossen werden, kann auch danach jeder auf ihnen herumklettern. Während tagsüber die Touristen in Bussen hierhergebracht werden, kommen die Reisenden abends aus den Wäldern. Die einen sind auf Kaffeefahrt, die anderen auf der Suche nach einem Ort, an dem die Energie stimmt. Die ersteren packen die Butterbrote aus, die letzteren ihre Psylopilze. Während die einen schauen und staunen, tanzen die anderen zu ihren Trommeln im Schein der Fackeln.

Die Externsteine sind zu einer deutschen Legende geworden, die sich selbst im fernen Indien an den Stränden Goas verbreitet. Viele, die nachts im Wald von Detmold auftauchen, haben wie Gralssuchende den Weg hierher gefunden. Sie alle sind auf der Suche sind nach einer Zeit, in der Steine und Wälder noch Heiligtümer waren.

**Naturdenkmal Externsteine**
**Forstamt Horn**
**Schmales Feld 21**
**32805 Horn-Bad Meinberg**
**Tel.: 052 34 / 32 00**
**oder**
**Auskunft Verkehrsamt**
**Tel.: 052 34 / 20 12 00**

**Öffnungszeiten Di/Mi 14.00–16.00 Uhr**
**Do 14.00–17.30 Uhr**
**Fr/Sa/So 10.00–12.00 Uhr**

## 34

# Vermummt im Schwarzwald

*Schwarzwälder Urgestein von seiner besten Seite.*

Elzach ist ein Luftkurort im Schwarzwald, und meistens hat man hier seine Ruhe. Meistens.

Nicht aber an drei Tagen im Jahr: Vom Fasnetsonntag bis Fasnetdienstag läuft jeder Gefahr, von den Bewohnern des Städtchens mit aufgeblasenen Harnblasen von Säuen auf den Kopf gehauen zu werden. Und als wäre das noch nicht genug: Damit die Blasen, Saublodere genannt, auch richtig schön knallen, werden sie an den getrockneten und dann langgezogenen Penissen von Stieren befestigt. Frische Sauharnblasen stinken zwar ungemein, weh tut so ein Schlag aber nicht. Fairerweise muss erwähnt werden, dass es jedem Auswärtigen erlaubt ist, ebenfalls eine solche Blodere käuflich zu erwerben. An fast jeder Ecke bieten Metzger während der Fasnetzeit diese Naturballons für gerade mal 50 Cent an. Wer nicht aufpasst, bekommt aber nur die kleineren, etwa kindskopfgroßen Exemplare angeboten. Hier in Elzach wird eine alte Tradition gelebt, und wehe, jemand beschwert sich! Die Elzacher sind sich einig: Saublodere rumhauen muss sein, und wem das zu arg ist, der soll gefälligst woanders hin.

Elzach ist einer der ursprünglichsten Orte, in denen die schwäbisch-alemannische Fasnet gefeiert wird. Wie ein Dokument von 1670 belegt, hat damals schon der Schultheiß Johann Georg Heberle hier »allerhand Fassnacht Spill und dotten Däntz« – also »Fasnacht-Spiel und Totentanz« – veranstaltet.[96]

Fasnet, Fasching oder Karneval: allgemein wird noch immer

angenommen, dass es sich dabei um ein volkstümliches Ritual handelt, das den Winter vertreiben soll. Leider beruht dieses Wissen hartnäckig auf Nazi-Propaganda. Eine Unterabteilung der »Kraft durch Freude«-Organisation, das »Amt Feierabend«, versuchte im deutschen Kalenderjahr germanische Wurzeln aufzudecken und zu etablieren. Auf die Idee, die Fasnet zu instrumentalisieren, kamen die Nazis unter anderem durch die verklärten Schriften des Volkskundlers Hermann Eric Busse, auch ein Narr aus Elzach, der 1928 schwulstig schrieb:

>*»Auf der Schwelle der Jahre steht die dunkelste, längste Nacht und braut der Nebel in vielen sonnenlosen Tagen. In den deutschen Wäldern bargen sich ehemals die Dämonen und unheimlichen Geister der Wildnis, die Schreckgestalten, die Unholden, das Gefolge des Wuetesheeres, das Totenvolk des alten Wote, die in Stürmen und erbitterten Winterkämpfen der Fruchtbarkeit, dem Licht, dem Segen der Erde, den Seelen der Menschen feind waren; aber mit der Winterwende vom Tag ab, da es von Mal zu Mal einen Hahnentritt, dann einen Hahnenschritt, dann einen Riesenschritt länger licht blieb über Wäldern und Äckern und Heimen, wuchs des Menschen Kraft dem Unholden, Unguten, dem Dunklen und Dämonischen entgegen mit gläubiger Abwehr. Und mit den Waffen, die sie den furcherregenden Gewalten zutrauten, mit Sprung und Vermummungen schlugen sie alles aus dem Feld, was das sieghaft steigende Licht des Tages scheute.«*[97]

Die germanischen Leitmotive solcher Schriften leuchteten ein, und so wurde 1937 durch das »Amt Feierabend« ein 60-seitiges Pamphlet gedruckt, eine Art Ratgeber zum Feiern der Fasnacht. Darin heißt es:

>*»Die Durchführung dieses Festes ist eine wichtige Aufgabe der NSG ›Kraft durch Freude‹. Bestehen doch hier große Möglichkeiten, Lebenswerte für unser Volk lebendig werden zu lassen, die es weiterhin in seinen seelischen Kräften gesund und wirklich gemeinschaftsverbunden machen.«*[98]

Dass es sich bei der Fasnacht aber vor allem um ein im kirchlichen Kalender eingegliedertes Fest handelt, versucht die moderne Volkskunde, allen voran Prof. Werner Mezger von der Universität Freiburg, gerade richtigzustellen. Die Begriffe »Fasnacht« und »Karneval« winken beide regelrecht mit dem Zaunpfahl. »Fasnacht« ist etymologisch als die Zeit vor dem Fasten zu verstehen. Das Wort »Karneval« hat einen ähnlichen Ursprung. Es ist aus dem italienischen »carne levare« entlehnt, was so viel bedeutet wie »Fleisch wegnehmen«. Gemeint ist also mit beiden Begriffen ein Fest, das den Beginn der Fastenzeit feiert. So werden an Fasching die fettigen Krapfen auch nur gegessen, weil dadurch früher die Fettreserven verarbeitet und aufgebraucht werden konnten. Und die Eier an Ostern, der Zeit nach dem Fasten, kommen auch nicht von ungefähr: Wer die Fastenzeit über keine Eier essen durfte, hatte zur Osterzeit eine ganze Menge davon. Natürlich war die Fasnacht auch eine Art Ventil für den harten Alltag, denn es durfte gefeiert und getanzt werden, beides Aktivitäten, die früher einer Anmeldung bedurften.

Selbst die Reformation konnte die Fasnacht nicht auslöschen. Zu stark war die Symbolik dieses Festes. Der Gegensatz des »Auffeierns« vor der Fastenzeit und des »Besinnens« auf Leben und Tod während der Fastenzeit wurde von der Bevölkerung auch gerne durch Toten-, Teufels- und ähnliche Schauerfiguren aufgegriffen. In der ländlichen Gegend des Schwarzwaldes bediente man sich gerne der mythologischen Figur des wilden Mannes, einer Art Naturdämon, der aus der alemannischen Sagenwelt stammt.

In Elzach trifft man heute an den Fasnettagen auf über 1500 solcher wilden Männer. Sie heißen dort Schuttige. Die tolle Zeit für die Schuttige beginnt am Fasnetsonntag mit dem Ausrufen der Narrenfreiheit und endet in der Nacht zum Aschermittwoch.

Die Schuttige sind heute ein bunter Haufen, doch ehemals waren die als wilde Männer Maskierten mit Flechten, Werg, Flachs und Schneckenhäusern ausstaffiert gewesen. Wegen der hohen Brandgefahr ließ Kaiser Joseph II. diese Art der Kostümierung verbieten. Seit der Barockzeit tragen die Schuttige in Elzach, wie

Was man so alles in den dunklen Wäldern des Schwarzwalds finden kann: brummende Schuttige, die nichts als derbe Späße im Sinn haben

die damaligen Ordnungswächter und feinen Herren, einen Dreispitz, nur umgedreht. Noch immer ist der Hut über und über mit Schneckenhäusern benäht. Früher waren sie nur lose befestigt, um mehr Krach zu machen, heute sitzen sie fest. Die Ecken des Hutes schmücken Bommel aus Wolle oder Papier.

Das Gesicht der Schuttige wird von einer Gesichtslarve, einer Holzmaske, verdeckt. In Elzach leben heute noch vier Holzschnitzer, die die Larven in Auftrag nehmen. Es gibt Larven, die aussehen wie Bärenmasken, andere haben schiefe Münder oder krumme Nasen, lange Nasen, ein Dotegfriß (Totengesicht) oder andere markante Züge. Man kann die Larven in sieben verschiedene Typen unterteilen, wobei Vermengungen und Variationen auch möglich sind. Schön schaurig ist jede auf ihre Art. Larven vererben sich innerhalb einer Familie, und die älteren Elzacher besitzen zum Teil mehrere Larven, die sie an den drei Tagen beliebig vertauschen. So ist es eigentlich unmöglich, sich einen Schuttig zu merken, was die Narrenfreiheit noch größer macht. Das so vermummte Schwarzwälder Urgestein tänzelt, springt und lässt dabei immer wieder die Saublodere auf den Boden oder auf die Köpfe der Zugucker knallen. Sprechen darf ein Schuttig nicht, nur brummen. So bleibt das ganze drei Tage lang.

Dabei gibt es zutrauliche Schuttige, die sich zu den Kindern beugen, ihnen die Wangen streicheln und Gutzele (Süßigkeiten) verteilen; andere aber nutzen ihre Maskierung, um derbe Scherze zu treiben, besonders gerne mit der stinkenden Saublodere, die nicht nur auf Nichtmaskierte knallt, sondern auch auf Verkehrsschilder, Autos und was sonst noch im Wege herumsteht.

Damit auch wirklich nichts über den Menschen hinter der Maske verraten werden kann, liegt ein grünes Filztuch über den Haaren, und der Hals wird hinter einem weißen Tuch versteckt. Ein rotes mit Filzfransen übersätes Gewand, weiße Handschuhe und schwarze Schuhe vervollständigen das Schuttig-Kostüm. Ob jemand alt, jung, dick oder dünn, männlich oder weiblich ist – durch den tänzelnden Gang der Schuttige verliert der so maskierte Elzacher seine Identität und wird für drei Tage zu einem völlig anderen Wesen: wild, ausgelassen, fröhlich und vor allen Dingen brummend.

Das ist vielleicht das Sonderbarste an der Fasnet in Elzach, dieses ständige Brummen, das eindringlich aus den Hohlräumen der Gesichtsmasken tönt. Es mag diesem dumpfen Ton zu verdanken sein, dass die vermummten Elzacher in diesen drei Tagen eben nicht mehr wie Menschen wirken, sondern wie Wesen aus einer anderen Zeit. Sie fallen in die Stadt ein, sind laut und unübersehbar und dann plötzlich, auf einen Glockenschlag, wieder verschwunden. Während sie da sind, treiben sie an jeder Ecke ihre Narretei, das Leben in der Stadt aber geht weiter. Die Supermärkte haben geöffnet, die Busse fahren nach Plan, der Bäcker backt Krapfen. Lediglich der Durchgangsverkehr wird umgeleitet, und am Ortseingang sind Schilder mit der Aufschrift »Achtung Narrentreiben« aufgestellt.

Es gibt eine Zeit der Metamorphose, die Stunde vor dem Ausrufen der Narrenfreiheit, wenn sich die Elzacher in kleinen Gruppen zusammenfinden. Sie stecken schon im Schuttig-Kostüm, die Larve wird aber noch unter einem Tuch versteckt. Es ist ein

Warten, die Ruhe vor dem Sturm. Und so rennen dann auch alle wild los, aus allen Gassen strömen sie zusammen, wenn am Fasnetsonntag punkt zwölf die Narrenfreiheit ausgerufen wird.

An jedem Brunnen des Städtchens wird kurz haltgemacht, und der Zunftmeister ruft den Beginn der Fasnet aus:

*»Wir bringen euch die frohe Kunde,*
*frei ist der Narr zu dieser Stunde.*
*Benützet jetzt die kurze Zeit,*
*damit es keinen von Euch reut.*
*Ein fröhlich, kräftig Trallaho,*
*denn jetzt isch wirklich d'Fasnet do.*
*Tralla-ho!«*

Während der drei Tage wird ein striktes Programm eingehalten. Es ist die Narrenzunft, ein ernst zu nehmender Verein, der die Agenda diktiert. Um drei Uhr desselben Tages geht es weiter mit einem Umzug, mit Fasnetkapellen, Marsch und viel Getöse. Die Melodie des Marsches ist so eindringlich, dass die Schuttige bei einer bestimmten Tonfolge jedes Mal in die Luft springen und dabei wieder und wieder die Blodere knallen lassen. Die Kapelle selbst ist auch verkleidet: lange Spitzhüte, sogenannte Tschakos, mit Leder verbundene Augen, ein weißes Gewand mit Streifen und schwere schwarze Stiefel. Der dickste Mann des Städtchens trägt einen Mast und wird von zwei Laternenhaltern begleitet. Da mittlerweile so viele Schuttige an diesem Umzug teilnehmen, werden noch ein paar Extrakapellen eingesetzt, die allerdings »nur« in historischen Kostümen stecken.

Ältere Elzacher, deren Ausdauer nicht mehr ausreicht, stehen dann wehmütig am Straßenrand, und man merkt das Zucken in ihren Beinen. Werden sie von einem Schuttig erkannt, brummt dieser und verpasst dem in die Jahre gekommenen Elzacher einen Extraschlag mit der Saublodere.

Abends gibt es einen Fackelumzug, dabei wird im gesamten Marschgelände die Nachtbeleuchtung ausgeschaltet. Die Schuttige tanzen noch wilder als am Tag.

Am nächsten Morgen um fünf Uhr wird der Tag ausgerufen. Dazu versammeln sich alle Schuttige, die noch auf den Beinen sind, im Ladhof, am einen Ende des Ortes. Früher wurden von hier die Fuhrwerke umgespannt, um die steilen Strecken des Schwarzwaldes, die hinter Elzach beginnen, meistern zu können.

Noch vor wenigen Jahren schlossen die Wirtshäuser in Elzach um ein Uhr nachts, so dass die Schuttige nach Hause gehen, kurz schlafen und dann um fünf Uhr wieder auf den Beinen sein konnten. Heute sind die Wirtshäuser die ganze Nacht geöffnet, und die Anzahl der Schuttige um fünf Uhr morgens dementsprechend reduziert. Beim Taganrufen und später am Nachmittag desselben Tages werden die Moritaten verlesen. Die Moritaten sind kleine, gereimte und in Mundart vorgetragene Geschichten, die sich das Jahr über in Elzach zugetragen haben. Nach jeder Geschichte brummen die Schuttige anerkennend.

Der Abend des Fasnetmontags ist die Zeit der Frauen. Während sich früher nur Männer als Schuttige verkleideten, dürfen das heute auch Frauen. Dennoch gibt es für sie einen eigenen Brauch: Als »Maschkele«, als Maskierte, ziehen sie an diesem Abend durch die Straßen und Wirtshäuser. Elzachs Frauen lassen sich dafür jedes Jahr ein neues Kostüm einfallen, das sie an den Abenden davor in heimlicher Heimarbeit mit ihren Freundinnen entwerfen und nähen. Wichtig ist vor allem, dass sie später im Kostüm nicht erkannt werden.

Am Dienstag steht der Latschari auf dem Programm, dann wird ein Elzacher zum »Taugenichts«, zum Latschari, ausgerufen, und das geht den ganzen Tag so, bis nachts um zwölf, wenn der Spuk vorbei ist und die Schuttige wieder zu Elzachern werden.

Während der gesamten Fasnetzeit ist es dem Schuttig nicht erlaubt, ohne seine Maske aufzutreten. Die Wirtshäuser haben sich darauf eingestellt und eigens dafür vorgesehene Schuttige-Zimmer eingerichtet, in denen die wilden Scharlatane sich auch einmal stärken dürfen. Beim Verlassen muss die Larve wieder aufs Gesicht.

Von den mittlerweile weit über 1200 verschiedenen Narrenzünften Südwestdeutschlands gibt es wenige, die die Fasnacht so urwüchsig feiern und gestalten wie die Elzacher. In Elzach kann sich kaum einer der Narretei erwehren. Im Gegensatz zu den meisten anderen Orten darf in Elzach jeder eine Larve und ein Kostüm bestellen, auch die, die nicht der Zunft beigetreten sind. So zahlt man in Elzach zwischen 1500 und 2000 Euro für ein komplettes Kostüm. Anderswo verwalten die Zünfte die Fertigung der Kostüme, und alte Kostüme werden für viel Geld versteigert. In manchen Orten kann man vierstellige Beträge dafür hinblättern.

Markant ist in Elzach auch der Wille zum Feiern der Fasnacht. Die Fasnacht von 1920 ist in Elzach allgemein als die Revolutionsfasnet bekannt. Nach dem Ersten Weltkrieg verboten die Behörden in Stuttgart und Karlsruhe aufgrund der vielen Gefallenen und auch wegen der Destabilisierung der staatlichen Ordnung das Feiern der Fasnacht. In Elzach verkleideten sich dennoch die Schuttige und trafen auf 25 bewaffnete Polizisten, die aus Freiburg hergeschickt worden waren. Die Schuttige waren mit Bauernwaffen ausgerüstet. Nur durch Zureden des Bürgermeisters und des Pfarrers konnte die Konfrontation unblutig beendet werden.

Auch die Fasnet von 1991 war ungewöhnlich. Sie fiel aus und war dennoch ausgefallen. Aufgrund des Golfkrieges appellierten die Zünfte in ganz Deutschland, keinen Fasching zu feiern. In Südwestdeutschland wurde befürchtet, Friedensdemonstranten könnten die Fasnachtler mit Spray besprühen und die teuren Kostüme zerstören.

Auch in Elzach richtete die Zunft in diesem Jahr keine Fasnacht aus. Aber die Schuttige kamen von selbst aus ihren Löchern und trieben wie eh und je ihr Unwesen.

Wer heute nach Elzach auf die Fasnet geht, wird spüren, dass es hier die Menschen sind, die feiern, weil es Spaß macht, und nicht, weil es in vielen Teilen des Landes ein Medienereignis geworden ist.

**79215 Gemeinde Elzach**
**www.elzach.de/fasnet/fasnet.html**

## ‖ 35 ‖

## Tempelfest in Hamm (Sri Hamm)

*Der größte Hindutempel Kontinentaleuropas steht im Industriegebiet Hamm. Die zeremonielle Reinigungsstelle ist gleich neben der Autobahn.*

Es gibt einige Orte, an denen man den größten Hindutempel Kontinentaleuropas vermuten würde, das Industriegebiet von Hamm-Uentrop gehört wahrscheinlich nicht dazu.

Doch in unmittelbarer Nachbarschaft eines Kohlekraftwerks, einer Fleischfabrik und eines Baustoffhandels steht seit 2001 der Sri-Kamadchi-Ampal-Tempel ausgerechnet hier. Trotz der ungewöhnlichen Lage zieht es jährlich mehrere tausend Hindus aus ganz Europa an diesen Ort. Die Argumente für den Standort sind nicht von der Hand zu weisen. So ist die Nähe zu fließendem Wasser für einen Hindutempel besonders wichtig. Dieses Kriterium wird durch den gerade einmal 300 Meter entfernten Datteln-Hamm-Kanal erfüllt. Unter einer Autobahnbrücke der A4 können die für den Hinduismus wichtigen rituellen Waschungen ungestört stattfinden. Außerdem erregt sich im Industriegebiet kein Anwohner über die für deutsche Ohren gewöhnungsbedürftige Lautstärke der Tempelfeste. Und das billige Bauland war bei der Entscheidung für den Standort gewiss auch ein wichtiger Aspekt.

Die Existenz des Tempels ist der Hingabe des tamilischen Priesters Siva Sri Arumugam Paskarakurukkal und der Tatsache, dass er auf einer Zugreise von Berlin nach Paris Hunger bekam, zu verdanken. Er stieg in Hamm aus, hatte eine Eingebung und blieb einfach da. Sri Paskaran war einer der 60 000 Flüchtlinge aus Sri Lanka, die seit 1983 in Deutschland Asyl gefunden hatten. Er selbst stammt aus einer Familie von Hindupriestern und war vor seiner Flucht in Schulen in Indien und Sri Lanka zum Priester ausgebildet worden. In Deutschland hatte er von Freunden eine metallene Figur der Göttin Sri Kamadchi Ampal, der Göttin mit den Augen der Liebe, geschenkt bekommen. 1989 richtete er ihr einen ersten Andachtsraum in seiner Kellerwohnung ein. Keine drei Jahre später schon wurde der Andachtsraum zu klein. Hindus aus ganz Deutschland pilgerten zu Sri Paskaran, um den Segen der Göttin zu erhalten. Also mietete er sich mit Hilfe einer Nachbarin Teile einer alten Kegelbahn in Hamm an und hielt dort zweimal am Tag die Pujas, die Andachten. Im Jahr darauf wurde zum ersten Mal das Tempelfest gefeiert. Dabei wird, wie überall in Indien auch, die Göttin in einer Sänfte aus dem Andachtsraum heraus und auf der Straße um das Gebäude herum getragen. Sie bekommt so ihre Nachbarschaft zu sehen und kann diese segnen. Was in Indien ein alter Brauch ist, wurde in Hamm ein Punkt auf der politischen Agenda. Vom Schützenverein war man es ja gewohnt, dass er einmal im Jahr zum Vereinsfest auf den Straßen Musik spielte. Ganz zu schweigen vom Karnevalsumzug. Aber halbnackte Priester, die Lampen mit Feuer schwangen, in fremd klingende Gesänge einstimmten und eine von Ghee berauschte Menge – das war etwas, worauf keiner in Hamm gefasst war.

Als im nächsten Jahr das Fest noch schwungvoller war, die Göttin auf einem Wagen und nicht mehr in einer Sänfte durch Hamm fuhr und die Menge noch größer wurde, da beschlossen die Hammer, Integration hin oder her, sich einzumischen. Die Feuerwehr war mit den Brandschutzverordnungen in der alten Kegelbahn ohnehin nicht zufrieden. Was als Ärgernis begann, wurde aber zum Segen für die wachsende hinduistische Gemeinde in Hamm. Die Politiker stellten sich hinter die Gläubigen und halfen, ein ideales Grundstück im Industriegebiet zu finden, wo niemand sich gestört fühlen konnte. 1996 begann der Umzug, 2001 der Bau des Tempels.

Viele Tage vergingen, und viele Riten wurden ausgeführt, um

den Tempel zu weihen und das *shakti,* die göttliche Kraft aus dem Kosmos, in den Tempel zu führen. Heute vibriert der Tempel regelrecht vom religiösen Leben. Dreimal am Tag werden Pujas abgehalten, die eine wahre Stimulation für alle Sinne sind.

Heute erheben sich in der flachen Landschaft um Hamm zwei weiße filigrane Türme aus einer rot-weiß gestrichenen Industriehalle, die schon von weitem sichtbar sind. Es sind der Gopuram, der Torturm, und der Vimana, der kleine Turm, der genau über dem Schrein der Göttin steht. In Südindien gehören solche Tempeltürme zu jedem Hindutempel. Neben einer deutschen Fleischfabrik wirken sie unzweifelhaft exotisch. Die Kunsthandwerker für die Steinmetzarbeiten hatte man extra aus Indien eingeflogen. Sie beriefen sich bei ihrer Arbeit auf eine alte Tradition. Die verborgenen Gottheiten und Bedeutungen, die in den Arbeiten versteckt sind, kennen nur sie. So auch die sieben kupfernen Kalashas auf der Spitze des Torturms: sie lassen die kosmische Energie ins Tempelinnere fließen.

Als Mensch allerdings muss man den Tempel auf seiner Ostseite betreten. Der Besucher schreitet nicht durch das Haupttor, sondern erst einmal durch eine kleine Tür links davon und findet sich in einem Abstellraum wieder. Hier werden die Schuhe ausgezogen und Hände und Füße gewaschen, denn Leder stammt von einem getöteten Tier und darf nicht in den Tempel gelangen.

Eine weitere Tür gegenüber führt in den Heizungsraum, und von dort gelangt der Besucher dann endlich ins Innere des Tempels. Die Haupthalle ist 730 qm groß und misst 27 × 27 Meter, die im Shilpa-Shastra, dem Handbuch für Tempelarchitektur, festgelegten Maße. Die gesamte Halle ist mit weißen Fliesen ausgelegt. Diese finden sich auch im Innern der einzelnen Schreine und haben keinerlei zeremonielle Bedeutung. Sie dienen lediglich dem Brandschutz und dem Pragmatismus: Bei hinduistischen Zeremonien und Waschungen wird viel Öl, Feuer und Wasser verwendet, und Fliesen lassen sich nun mal besser reinigen als andere Materialien. Dass Sauberkeit hier großgeschrieben wird, ist auch sofort an den Reinigungsmaschinen zu erkennen, die zwischen den bemalten Säulen stehen.

Im Industriegebiet von Hamm, gleich neben einer Fleischfabrik, steht neuerdings Kontinentaleuropas größter Hindutempel

In der Mitte der Halle steht der Hauptschrein. Er ist der Göttin Sri Kamadchi Ampal gewidmet, die als Figur mit im Lotussitz unterschlagenen Beinen, festlich geschmückt und von Blumengirlanden behangen im Schrein thront. Sie ist es auch, die einmal im Jahr zum großen Tempelfest im Mai auf einen Wagen gesetzt und auf den Straßen um den Tempel herum gezogen wird. Frauen plazieren sich im Tempel zu ihrer linken Seite, Männer zu ihrer rechten.

Jeder Gott im Hinduismus hat eine bestimmte Funktion, und so wird Sri Kamadchi Ampal die Erfüllung von Bitten und Wünschen durch ihren gütigen Blick zugesprochen. Sie besitzt jedoch wie alle hinduistischen Götter eine Ambivalenz, die durch die Symbolhaftigkeit der Gegenstände, die sie in ihren Händen hält, ausgedrückt wird. Fünf Blumenpfeile für die Sinneswahrnehmung, eine Fangschlinge für die Begierde, ein Stachelstock für den Zorn und ein Zuckerrohr für den Verstand. Auch Nicht-Hindus dürfen zur Göttin beten und ihren Schrein umrunden. Wichtig dabei: nicht drängeln und immer im Uhrzeigersinn gehen.

Wer vorher im Schuhabstellraum eine Grafik studiert hat, weiß, dass als Nächstes der Schrein hinten links im Raum besucht wird. Er ist dem Gott Ganesha gewidmet, dem Gott mit dem Elefantenkopf. Er steht für die Beseitigung von Hindernissen und wird darum vor Beginn einer Reise oder einer Unternehmung aufgesucht. Auch er hat verschiedene symbolträchtige Attribute: Sein großer Kopf steht für Intelligenz, seine großen Ohren für gutes Zuhören und sein dicker Bauch für seine Vorliebe für Süßigkeiten. Begleitet wird er von seinem Reittier, einer Maus.

Auch der nächste Schrein ist einem Gott gewidmet, den der Hindu-Laie gerade noch kennen könnte. Shiva, der hier in Form eines Lingams, eines phallusartigen Steins, steht. Shiva ist der Gott der Zerstörung und der Erneuerung und reitet auf einem weißen Stier, dem Symbol für die dauerhaft innere Stärke, die jeder erlangen kann, der seine körperlichen Begehren zügelt.

Der nächste Gott heißt Murugan und durchquert den Kosmos auf einem Pfau. Interessant an Murugan ist, dass er mit einer armen und einer reichen Frau verheiratet ist, da er keine Unterschiede macht. Außerdem besiegt er das Böse und Schlechte.

Der letzte Schrein an dieser Seite des Tempels beherbergt Lakshmi und Vishnu, ein Götterpaar. Sie, Lakshmi, ist die Göttin des Reichtums. Warum sie aufgesucht wird, ist wohl ziemlich ersichtlich. Vishnu, der Blauhäutige, schützt alle Menschen. Er sitzt auf einem Garuda, einem Vogelmenschen, und hält einen Diskus als Waffe in der Hand. Gemäß dem Prozedere wird der Schrein für Somaskanda als Nächster besucht. Paare, die sich Kinder wünschen, bleiben besonders lange bei ihm.

Der darauffolgende Schrein beherbergt die meisten Götter, nämlich die neun Navagraha, die Planetengötter. Auch im Hinduismus glaubt man an den Einfluss der Planeten auf das Leben der Menschen, und so befassen sich hinduistische Astrologen mit genauen Berechnungen von Zeitpunkten und Sternenkonstellationen. Wie überall in der Welt werden Hochzeiten, Reisen und andere wichtige Termine erst nach der Befragung von Astrologen festgelegt.

Der Planetengott Sani, der Saturn, ist der wichtigste der neun Planetengötter. Da für ihn im Herbst besonders viele Öllampen angezündet werden, wurde sein Schrein nach draußen, an die Außenmauer des Tempels, verlegt. Der dabei entstehende Ruß würde ansonsten den Tempel, trotz weißer Kachelung, zu sehr in Mitleidenschaft ziehen.

Auf der Seite des Eingangs befinden sich die restlichen zwei Schreine, für die Götter Ayyappan und Bhairava. Bhairava ist ein furchterregender Wächtergott und beschützt den Eingang gleich mit, Ayyappan dagegen ist ein Jüngling in Askese, der in Meditation versunken Ruhe, Gelassenheit und Konzentration symbolisiert.

Der letzte Schrein ist der kleinste und dem Gott Shandeshvarar gewidmet. Er erhält alle Speisereste, die während der Rituale anfallen, und gilt als Vermittler zwischen der Göttin Sri Kamadcha Ampal und den Gläubigen.

Besonders zu den Tempelfesten wird das Gelände des Tempels samt Parkplatz und Kinderspielplatz zu einer originalgetreuen Abbildung Indiens. Die Frauen sind in bunte Saris gekleidet, die Männer filmen ihre Familien mit Kameras, einige Gläubigen rollen auf dem Boden um den Tempel herum. Am Ausgang des Tempels gibt es, wie in Indien auch, Devotionalien zu kaufen. Der Tempel aus der Luftperspektive als Poster, bunte Drucke von indischen Göttern und allerlei Glitzer- und Rauchwerk.

Der Zug nach Paris ist längst abgefahren. Sri Paskaran braucht nicht mehr die Stadt der Liebe zu besuchen. Für ihn und die tamilischen Hindus ist dank der Göttin mit den Augen der Liebe Hamm zu diesem Ort geworden.

**Hindu Shankarar Sri Kamadchi Ampal Tempel e. V.**
**Siegenbeckstr. 4**
**59071 Hamm**
**Tel.: 023 88 / 30 22 23**
**www.kamadchi-ampal.de**

## 36

## Simultan in Bautzen

*Die Simultankirche in Bautzen ist die älteste in Deutschland.*
*Hier sind Protestanten und Katholiken unter einem Dach vereint.*

Bautzen ist eine schöne Stadt. Viel zu schön, wie viele Bautzener behaupten. So perfekt renoviert, wie Bautzen sich heute präsentiert, war es noch nie. An die 40 Mal brannte die Stadt in ihrer Geschichte ab, und nachdem im Dreißigjährigen Krieg Wallensteins Truppen hier durchgezogen waren, blieben gerade mal sieben Häuser übrig. Doch die Stadt ist wie ein Stehaufmännchen. Heute kommen die Touristen sogar aus Japan angereist, um das mittelalterliche Städtchen zu sehen, das ein Lausitzer Rothenburg zu werden droht.

Bautzen hat schließlich auch viel zu bieten. Bautzener Senf – schön scharf, sorbische Kultur – vor allem an Ostern, und das berüchtigte Gefängnis – echt gruselig. Außerdem: eine Simultankirche.

Was das ist, lässt sich nicht so schnell erklären. Kurz gefasst sieht das so aus: Im St.-Petri-Dom im Herzen Bautzens steht ein Zaun, der die Kirche in ein Drittel und zwei Drittel teilt. Auf der einen Seite des Zauns, dem größeren Teil des Kirchenschiffs, ist die Kirche evangelisch, auf der anderen Seite katholisch. Das hat nichts mit Ökumene zu tun, sondern ist einfach praktisch und hat eine lange Geschichte. Die ist so lang, dass der St.-Petri-Dom die älteste Simultankirche Deutschlands ist. Dazu ist er die größte und die einzige, die auch Bischofssitz war, und die einzige im ehemaligen Osten.

Insgesamt gibt es 65 Simultankirchen in Deutschland. Die meisten wurden erst im Zuge der Gegenreformation zu solchen erklärt. Schon in der Pfälzer Kirchendeklaration 1698 gab es den Entwurf des Simultaneums, der besagte, dass in reformierten evangelischen Kirchen auch der altkatholische Gottesdienst abgehalten werden könne. In Bautzen wurde das schon lange praktiziert, nur andersrum: Hier wurde die Kirche schon während der Reformation simultan. 1524, also sieben Jahre nachdem Martin Luther seine 95 Thesen an das Portal der Wittenberger Schlosskirche geschlagen hatte, forderten die Bürger der Stadt, in der Kirche evangelische Gottesdienste abhalten zu können. Die Forderung war auch durchaus gerechtfertigt, denn nur noch 30 Männer Bautzens bekannten sich zum Katholizismus, und die waren alle Berufskleriker. Während andernorts die Kirchen einfach gestürmt und übernommen wurden, kam der kluge Domdekan in Bautzen den Bürgern zuvor und öffnete die Kirche einfach. 1543 wurde das Ganze dann auch per Vertrag geregelt. Darin steht, noch heute gültig, welche Konfession zu welchen Zeiten ihre Gottesdienste abhalten darf.

Zwei Kirchen, zwei Konfessionen und eine Zwei-zu-ein-Drittel-Teilung

Doch das war erst der Anfang einer Reihe von Problemen, die gelöst werden mussten und müssen. Dabei gab es oft abstruse Kompromisse. So zum Beispiel auch das Glockenläuten. Zu den zwei Dritteln Dom, die evangelisch sind, gehört auch der Turm. Und im Turm hängen die Glocken. So läuten die Glocken genau genommen immer evangelisch.

Bis vor kurzem mussten die Katholiken den Strom bezahlen, der fürs Glockenläuten verbraucht wurde. Heute ist das eine Gefälligkeit. Technisch aber wurde das Glockenläuten so gelöst: Das Kästchen, in dem die Schalter für die Glocken sind, hängt in der evangelischen Sakristei, und der katholische Küster hat mittlerweile die Schlüssel dazu.

Ähnlich war es mit dem Orgelspiel. Es gab zu Anfang nur eine Orgel in der Kirche. Der Orgelspieler wurde einfach ausgeliehen. Heute stehen in der Kirche zwei Orgeln, die aufeinander abgestimmt sind. Einmal im Jahr, zum Peter-und-Paul-Fest Ende Juni, gibt es sogar ein Konzert, bei dem beide Orgeln gespielt werden.

Andere Auseinandersetzungen waren da zäher. Bis ins 16. Jahrhundert hinein wurden die evangelischen Bürger katholisch getauft und bestattet. Zu erklären ist das mit dem immensen Geldgewinn, der damit einherging. Erst der sogenannte Taufstein- und Beerdigungskonflikt regelte diese Dienste zugunsten der evangelischen Gläubigen.

Als im Jahr 2005 der Dom renoviert wurde, gab es der Einfachheit halber zwei Aufträge an die Baufirma. So zahlte die evangelische Gemeinde ihren Teil der Kirchenerneuerung für zwei Drittel des Gebäudes, während die katholische Gemeinde nur ein Drittel zu bezahlen hatte.

Wenn es heute Probleme zu besprechen gibt, können der evangelische Pfarrer und der katholische Priester sich einfach am Zaun treffen und diese ausdiskutieren. So reibungslos ging es nicht immer zu. Bis 1951 war der Zaun 4,5 Meter hoch und hatte kein Türchen.

Der Zaun stellt ein weiteres Einmaligkeitsmerkmal der Bautzener Simultankirche dar. Er macht sie zur einzigen Simultankirche Deutschlands, in der beide Konfessionen räumlich getrennt sind und dennoch zusammen einen Raum bespielen. Im hessischen Wetzlar zum Beispiel, wo eine andere Simultankirche steht, wurde das anders geregelt. Hier lassen sich die Rückenlehnen der Bänke einfach verschieben. Auf der einen Seite des Kirchenschiffs steht ein katholischer Altar und auf der anderen ein evangelischer.

In Bautzen erkennt man nicht nur am Zaun die räumliche Trennung. Jeder Teil hat seinen eigenständigen Bereich mit Altar, Bänken und Lichtern. Im katholischen Teil der Kirche brennt ein ewiges Licht, und hinter dem Altar stehen Beichtstühle, im evangelischen Teil fehlt beides.

Seit 1979 hängt ein Abendmahlbild in der Kirche – und zwar zu zwei Dritteln im evangelischen und zu einem Drittel im katholischen Teil der Kirche. Unter dem Bild befindet sich der Eingang zur Kirche – eine Tür auf der evangelischen Seite, eine Tür auf der katholischen. Durch diese Türen dürfen die Touristen schreiten. Und auch das ist geregelt. Zwei Wochen lang ist die Tür im evangelischen Teil geöffnet, und die evangelische Gemeinde kümmert sich um die Besucher, dann ist wieder eine Woche die katholische Gemeinde an der Reihe. Durch die lange Geschichte der Simultankirche hat man sich in Bautzen gut eingespielt.

Die meisten Besucher wissen beim Betreten der Kirche gar nichts von der Simultanität. Sie kommen den St.-Petri-Dom besuchen, weil er an sich schon interessant und die größte Kirche der Stadt ist. 1221 erbaut, zählt er auch zu den bedeutendsten mittelalterlichen Kirchen Sachsens. So finden sich im Domschatz einige wertvolle Raritäten und Besonderheiten. Besonders schön ist ein Kruzifix, das im katholischen Teil der Kirche hängt und von Balthasar Permoser geschnitzt wurde. Er hatte bei den Medici, in Italien sein Handwerk gelernt und hätte dort für den Rest seines Lebens ausgesorgt. Er zog es aber vor, dem Ruf Augusts des Starken zu folgen, der in Dresden ein neues Kunstzentrum aufbaute. Der Jesus, der im St.-Petri-Dom hängt, wäre eine wahre Freude für Anatomen, so detailgetreu ist sein Körper in Holz nachgebildet. Die Dornenkrone, die er trägt, stammt übrigens aus der Wüste in Palästina.

Im St.-Petri-Dom gibt es noch eine Türmerin, natürlich im evangelischen Teil. Und als ob dem Teilen nicht genug sei: Herr und Frau Probst teilen sich eine Stelle und halten abwechselnd Gottesdienste ab.

**Dom St. Petri**
**Fleischmarkt 1**
**02625 Bautzen**
**St.-Petri-Dom Tel.: 035 91 / 422 81**
**Pfarramt St. Petri Tel.: 035 91 / 36 97 21**

**Katholisches Dompfarramt:**
**Tel.: 035 91 / 31 18-0**

## ‖ 37 ‖

# Kein Wunder in Waldbröl

*Waldbröl heißt eine Gemeinde im Bergischen. Einer, der von hier kam, war Robert Ley, Anführer der Deutschen Arbeitsfront im Dritten Reich. Wenn es nach ihm gegangen wäre, würde heute jeder Waldbröl kennen. Zum Glück kam es anders.*

Waldbröl. Der Name klingt schön. Der Ort aber ist alles andere als das. Die Vermutung liegt nahe, dass Waldbröl irgendwo jenseits von Gut und Böse existiert. Geographisch zumindest lässt sich Waldbröl im Bergischen verorten, mittendrin. Je nachdem, ob man nun zur Glas-halb-voll- oder -halbleer-Fraktion gehört, hat das Vor- bzw. Nachteile. So liegt Waldbröl also 65 Kilometer von Köln, 78 Kilometer von Wuppertal und 49 Kilometer von Siegen entfernt, nichts ist nah und nichts ist fern. Keine Autobahn führt an Waldbröl vorbei und keine Eisenbahnlinie hinein. Früher musste die Postkutsche den Ort mit dem Rest der Welt verbinden, heute besorgt das der Regionalbus.

Wer sich die Internetpräsenz dieser bergischen Gemeinde ansieht, wird unter den Sehenswürdigkeiten unter anderem die Waldbröler Klagemauer finden: eine lange Mauer, die am Berghang über Waldbröl thront. In den 80er Jahren des letzten Jahrhunderts hat irgendwer mit weißer Farbe »Nie wieder Krieg« auf die Mauer gepinselt, wohlgemerkt, denn gesprayt wurde damals in Waldbröl noch nicht. Das tat man in der U-Bahn von New York; Waldbröl hatte aber keine, weil alles anders kam.

Während man anderswo versucht, Graffiti abzuwaschen, wird hier sogar nachgeholfen und der Schriftzug immer wieder erneuert. Die Mauer symbolisiert die Verirrungen der Vergangenheit und die Bestrebungen der Bürger in Bezug auf die Zukunft. Dieses architektonische Überbleibsel ist symbolträchtig: als eines der wenigen fertiggestellten Baustücke der einst geplanten Adolf-Hitler-Schule, die hier hätte gebaut werden sollen.

Im Dritten Reich war Waldbröl genauso weit entfernt von Köln oder Wuppertal oder Siegen wie heute. Daran hat sich nichts geändert. Aber ein Sohn Waldbröls hatte damals einen ziemlich hohen Posten und große Pläne für Waldbröl. Er muss sich seiner Sache ziemlich sicher gewesen sein:

*»Weshalb gerade Waldbröl? Als ich dem Führer den Entwurf vorlegte, war er über nichts mehr erstaunt als über den Ort. Ich erklärte ihm das, dann stimmte er zu. (…) Wenn die neuen Bahnen fertig sind (Querverbindung), liegt W. auch sehr günstig. Außerordentlich gut sogar liegt W. für die Reichsautobahn. (…)*
*Ich habe Waldbröl auch aus egoistischen Gründen gewählt. Es war eine Herzenssache für mich, für diese Gegend etwas zu tun. Ich bin ja noch mit ihnen verwandt. (…) Ich stehe direkt unter dem Führer! Ich bin ein Vertreter des Führers, der bei ihm aus und ein gehen kann, und er ist oft bei mir zu Gast. Es sind Aufgaben, die für mich einmalig sind. Ich bin sehr zäh und dickschädelig. (…) Der Führer hat einmal gesagt: ›Ley, manchmal war ich der Einzige, der noch an Sie glaubt!‹ Das heißt also mit anderen Worten, die anderen hielten mich alle für verrückt. Das war dann sehr hart (…)«*[99]

So Robert Ley, der Anführer der Deutschen Arbeiterfront und Chef in Sachen »Kraft durch Freude«. Er trieb es ziemlich weit mit seiner Vision für Waldbröl. Der Ort, dem jegliche Voraussetzungen für ein Kurbad fehlten, sollte unter dem Prädikat »Sommerfrische« Urlauber aus ganz Deutschland anziehen. Ein KdF-(Kraft durch Freude)-Erholungsheim sollte Quartier für viele Erholungssuchenden werden, der Waldbröler Fremdenverkehr sprach schon von einem »KdF-Erholungsort des Westens«. Dann sollte in Waldbröl eine von zehn Adolf-Hitler-Schulen gebaut werden, Kaderschmiede für besonders begabte Nazis, und das

242

war der Clou: In Waldbröl sollten die Volkstraktorenwerke stehen. Ferdinand Porsche hatte den Auftrag, einen Traktor zu bauen, der ähnlich dem Volkswagen preisgünstig sei und von jedem Bauern eingesetzt werden könne. Und dann schwebte Ley sogar der Bau einer U-Bahn für Waldbröl vor.

Leys Augen waren wohl größer als sein Magen, denn wirklich umgesetzt wurde nichts. Von der Adolf-Hitler-Schule stehen nur noch die Klagemauer und ein paar Betonruinen dahinter. Vom Volkstraktorenwerk ist nichts geblieben, und die Tatsache, dass eine Rasenmäherfirma das Gelände des geplanten KdF-Erholungsheims als Teststrecke für ihre qualitativ hochwertigen Rasenmäher verwendet, ist unter der Ironie der Geschichte zu vermerken. Der Rasen vor dem geplanten KdF-Heim sieht jedenfalls makellos aus.

Im Dritten Reich gab es keinen Platz für psychisch Kranke, und nach Leys Auffassung in Waldbröl schon gar nicht. Deshalb eignete sich laut Ley die Anstalt für psychisch Kranke vorzüglich als Ort für das Erholungsheim. Es mussten nur die Kranken verlegt und hier und da am Haus noch mal Hand angelegt werden, um die architektonische Formsprache der Nazis herauszuarbeiten. Mit Leys Einfluss war das alles kein Hindernis. So wurden kleine Giebeldächer entfernt, die Krankenzimmer wurden zu Gästezimmern, und eine große Treppe führte zum Gebäude. Mächtige Säulen waren für den Eingangsbereich geplant gewesen, doch kam es nie zu ihrer Errichtung, die Bauteile dafür liegen heute unter der Treppe und unter Denkmalschutz.

Das Amt »Schönheit der Arbeit« war für die Inneneinrichtung des Erholungsheims zuständig und hatte schon Prototypen für KdF-Hotelzimmer entworfen, wie man sie auch von Prora her kennt. In Waldbröl wurden im Erdgeschoss große Aufenthalts-, Speise-, Musik- und Bibliotheksräume geplant, die zum Teil auch heute noch so stehen. Vor allem eine aufwendige Kassettendecke im ehemals beabsichtigten Speisesaal ist noch vollkommen erhalten. Der Boden des repräsentativen Erdgeschosses wurde mit Marmor ausgelegt, und Ley sah selbst zu, dass es ein Marmor war, der zuvor in Deutschland noch nicht verwendet wurde, dafür aber an den Türgewändern der heiligen Pforte des Petersdoms im Vatikan in Rom.[100]

Was die Gestaltung des geplanten Erholungsheims in der Gegenwart besonders macht, sind die Mosaiken, die im Eingangsbereich die Wände schmücken. Dabei handelt es sich nämlich um die größten Mosaiken der Nazizeit, die heute in Deutschland zu finden sind – neben denen im Schwimmbad der Burg Vogelsang.

Da gibt es nackte Jünglinge, die Pferde bändigen, einen nackten Knaben mit Falken und Bauern bei der Arbeit. Der Künstler Gerstner entwarf die Mosaiken, ausgeführt wurden sie von einer der führenden Werkstätten für Mosaike in Berlin-Treptow. Es wird vermutet, dass noch weitere Mosaike hätten entstehen sollen, diesmal mit amazonenähnlichen Wesen, doch diese Arbeiten wurden nie fertiggestellt. Auch wenn das KdF-Hotel »nur« für Arbeiter gedacht war, so sollten sie sich am Reichtum der Raumgestaltung ergötzen. Leys Leitspruch dazu lautete:

*»Da die Arbeitszeit vom schaffenden Menschen Höchst- und Spitzenleistungen verlangt, muß man in der Freizeit als Nahrung der Seele, des Geistes und des Körpers das Beste vom Besten bieten.«*[101]

Und was hätte die Ideologie des 1000-jährigen Reiches besser verkörpert, als Marmorner Fußboden und Mosaiken an den Wänden.

Wie aus Mosaiksteinchen zusammengesetzt scheint auch die wechselvolle Geschichte des Hauses: Nach seinem Bau, von 1897 bis 1920, beherbergte es eine Pflegeanstalt für Protestanten. Von damals ist ein Eklat überliefert, der eine Auseinandersetzung mit einem der Assistenzärzte schildert. Ein Dr. Schröder hatte angefangen, abends die Krankenschwestern – mit deren Zustimmung – zu hypnotisieren. Bei manchen Schwestern aber behielt er die Suggestivbehandlungen bei und besuchte diese nachts. Es ist nicht verwunderlich, dass der Arzt bald darauf die Anstalt verlassen musste. Aber auch andere Missstände des Hauses wurden verzeichnet, und die Pflegeanstalt konnte sich nur bis 1920 halten. Danach war es eine Fürsorgeerziehungsanstalt für schwererziehbare Jugendliche, dann von 1926 bis 1936 die Anstalt für psychisch Kranke. Von 1939 bis 1944 wurde das Haus zum Erholungsheim umgebaut; es ist ein Wunder, dass trotz des Krieges Gelder dafür bewilligt wurden. 1944 dann wurde das Haus als Lazarett benutzt, danach eine Zeitlang wieder als Krankenhaus. In den 70er Jahren des letzten Jahrhunderts ging das Haus in den Besitz der Bundeswehr über. 1989 zog die Schule der Bundeswehr für Psychologische Verteidigung (PSV) von Euskirchen nach Waldbröl.

Heute steht das Haus leer und seit 1989 unter Denkmalschutz. Keiner will den riesigen Komplex übernehmen, nur einmal die Woche kommt ein Hausmeister vorbei und sieht nach dem Rechten. Die Begründung der Denkmalbehörde:

*»Als Zeugnis für die Indoktrination aller Lebensbereiche durch die Nationalsozialisten ist das Gebäude bedeutend für die Geschichte der Menschen. An seiner Erhaltung und Nutzung besteht aus wissenschaftlichen Gründen ein öffentliches Interesse.«*[102]

Nichts, was sich in diesem Haus etabliert, ist für die Ewigkeit. Und Waldbröl hat noch immer keine U-Bahn. Das Haus ist derzeit nicht für die Öffentlichkeit zugänglich. Die Klagemauer ist leicht zu finden.

**51545 Waldbröl**
**www.waldbroel.de**

**Interessant in diesem Zusammenhang ist auch**
**das ehemalige KdF-Seebad in Prora auf Rügen:**
**KulturKunststatt Prora**
**Objektstraße Block 3/TH 2**
**18609 Prora/Binz**
**Tel.: 03 83 93 / 326 96**

## ‖ 38 ‖

# Zimmer mit Aussicht

*Vogelsang war als Ordensburg in der Eifel geplant. Sie ist das einzig erhaltene Landschaftsdenkmal des Dritten Reiches. Ein Besuch lässt erahnen, wie verführerisch Manipulation sein kann.*

Einen herrlicheren Ort hätten sich die Nazis kaum aussuchen können: inmitten des heutigen Nationalparks Eifel thront die geplante Ordensburg Vogelsang auf einem Plateau mit Sicht auf den Urft-Stausee. Ringsherum ist es still, ist es leer, ist es einsam. Der Wind pfeift, und das Panorama ist wie eine Peepshow in die Ewigkeit.

Die Ordensburg war gedacht als eine Ausbildungsstätte für sogenannte Junker, Führungskräfte für die PO (Politische Organisation) im Nazireich. Sie erhielten eine Eliteausbildung, die vor allem Körperertüchtigung, Rassenlehre und Gesinnung vorsah. 800 Deutsche wurden in Vogelsang so erzogen. Speer berichtete später über sie: *»... eine dem praktischen Leben entfremdete, an Arroganz und Einbildung allerdings unübertreffliche Elite«*[103].

Vogelsang war aber weit mehr als nur Ausbildungsstätte. Vogelsang war, was Hitler »Wort aus Stein« bezeichnete: Propaganda, die Gestalt annahm. Von den Gobelinen, die an den Wänden hingen, bis hin zum Besteck und zur Einbettung in die Natur der Eifel diente alles in Vogelsang dazu zu beeindrucken. Und das tut es. Es gibt kaum einen Ort in Deutschland, an dem so klar wird wie in Vogelsang, wie schwer es ist, dieser inszenierten Verführung zu widerstehen.

Um dies zu erreichen, wurden verschiedene bekannte Stile kopiert, verändert und gemixt. So ist der einstige Kantinenraum, die Schänke, eingerichtet wie ein Raum in einer Ritterburg. Die Thingstätte dagegen entleiht Elemente aus der griechischen Architektur, und die Sportstätten sind im Stil des »Neuen Bauens« gehalten, mit aufwendigen Eisenkonstruktionen, martialisch, klar und sachlich.

Ein geplantes »Haus des Wissens« hätte bis ins Rheintal sichtbar über dem ganzen Komplex thronen sollen. Der pseudoreligiöse Kultraum ähnelt in seiner Aufmachung einem sakralen Bau: die Junker, die ihrer Religion abschwören mussten, entwickelten hier intuitiv die »rechten Gefühle«. Elemente wie der monumentale steinerne Fackelträger auf dem Hügel, die reitenden Ritter am Eingang oder das Sportlerrelief am Sportplatz zeigen den neuen deutschen Körper. Die hier ausgebildeten Männer hätten dann, ähnlich den Kreuzrittern der Ritterorden, ihren neuen Glauben ins Volk und in die weite Welt tragen sollen.

Zum Glück kam es dazu nie.

Fertiggestellt wurde das ambitionierte Vorhaben nie. Einige Tagungen und Staatsbesuche sind verzeichnet. Nach dem Zweiten Weltkrieg waren hier für kurze Zeit amerikanische Soldaten untergebracht, dann britische. Ab 1950 lebten hier belgische Soldaten, und bis 2005 blieb das Gelände militärisches Sperrgebiet. 2006 erst wurde die ehemalige Ordensburg für Besucher geöffnet.

Täglich werden Führungen durch das Gelände angeboten. Aus den 1950er Jahren ist noch ein belgisches Kino in einem der Gebäude untergebracht. Auf einem benachbarten Bergrücken steht die Ruine des Dorfes Wollseifen, das im Herbst 1946 innerhalb von drei Wochen leergeräumt wurde. Heute geht hier nur noch der Wind ein und aus.

**Serviceagentur Vogelsang**
**Forum Vogelsang**
**53937 Schleiden**
**Tel.: 024 44 / 915 79-0**
**www.vogelsang-ip.de**

## 39

# Teletubbiland

*Vom Findlingspark Nochten aus erschließt sich ein einmaliges Panorama auf ein Kohlekraftwerk.*

Eine Reise nach Boxberg in der Lausitz ist fast so mühselig wie eine Reise ins Schlaraffenland. Es gibt hier zwar keine Berge aus Grießbrei zu bewältigen, dafür aber die Monotonie einer Straße, die auf der einen Seite von Kiefernmonokultur und auf der anderen Seite von Kiefernmonokultur geprägt ist. Zwischendrin erscheinen immer wieder Schilder mit der Aufschrift: »Sperrgebiet – Betreten verboten«. Als ob hier jemand auf die Idee käme, aussteigen zu wollen.

Am Ende dieser langen Odyssee, zwischen Kiefern, Restlöchern und Sperrgebieten, liegt die Gemeinde Boxberg-Nochten. Seit 2003 werden hier Touristen erwartet, um, »Einmalig in Europa«, den Findlingspark Nochten zu besuchen. Gerade mal 30 Kilometer vom berühmten Landschaftspark des Fürsten Pückler in Bad Muskau entfernt, wurde hier ein weiterer Landschaftspark inszeniert, um »Zeugen der Eiszeit in blühenden Landschaften« zu zeigen. Mehr als 3000 Findlinge liegen zwischen Hügeln verteilt auf einer Fläche von 17 Hektar inmitten von Heidepflanzen und wollen bewandert werden. Laut Prospekt kommen »Jung und Alt, Erwachsene und Kinder, auf ihre Kosten«. Ähnlich wie in Bad Muskau gibt es auch hier Sichtachsen bis zum Horizont, künstliche Hügel und Seen sowie ein Aufgehen in der Natur. Doch wirkt an diesem Ort alles etwas anders. Die Ausblicke geben in Richtung Süden die Sicht frei auf eines der größten Kohlekraftwerke Europas und nach Norden direkt hinein in ein Rest-

Besucher fotografieren hier das einmalige Panorama

loch. Dies muss einer der wenigen Orte auf der Welt sein, wo sich die Besucher gegenseitig vor einem Kraftwerk fotografieren.

Hier ist Braunkohleland. Seit den sechziger Jahren des letzten Jahrhunderts wurde durch das Braunkohlekombinat der DDR Tagebergbau betrieben. Kein anderes Land der Welt fördert so viel Braunkohle wie Deutschland und in Deutschland nirgends so viel wie hier in der Lausitz. Einst waren in der Region 75 000 Arbeiter im Bergbau beschäftigt, 1999 waren es gerade mal noch 7000. Systematisch wurde die Erde abgetragen, um an das Braunkohleflöz zu gelangen. Im Lausitzer Besucherbergwerk F60 steht noch ein Bagger, der 500 Meter lang und 80 Meter hoch ist. So ein Bagger baggert schnell mal ein Dorf weg. Auch heute noch. Allerdings war der F60 nur ein Jahr lang in Betrieb. Jetzt soll er Besucher anziehen und wird »der liegende Eiffelturm der Lausitz« genannt. Dabei wäre ein Vergleich mit einem Schlachtross aus einem Science-Fiction-Film besser als mit dem überdimensionalen Phallussymbol der Stadt der Liebe.

Für einen Kubikmeter Braunkohle müssen fünf Kubikmeter

Gestein und sechs bis sieben Kubikmeter Wasser bewegt werden. Was oben war, landet in den Haufen unten und andersrum. Danach wird alles wieder aufgeschüttet, minus der Braunkohle, und was bleibt, sind die Restlöcher. Um Investoren und Touristen zu locken, werden diese mitunter recht poetisch beschrieben. Eines hat die Größe von »145 Pyramiden« oder: »Würde man alle Restlöcher mit Wasser füllen, hätte man mehr Gewässerflächen als in der Mecklenburgischen Seenplatte«. Doch die schönsten Beschreibungen täuschen nicht darüber hinweg, dass hier in der Natur klaffende Wunden entstanden sind und so ziemlich alles durcheinandergebracht wurde. Es ist ja nicht einfach so, dass die Berliner und die Leipziger hierher strömten, um auf den neuen Seen mit ihren Yachten zu schippern. Das Wasser in Restlöchern ist mit Essig zu vergleichen, so sauer ist es. Laut Bund Naturschutz eignet es sich aber hervorragend für Reiher, denn die bleiben beim Startflug mit ihren Füßen nicht unnötig in Algenpflanzen hängen. Es wachsen in diesem Wasser nämlich keine Algen oder überhaupt irgendwelche Pflanzen. Darum gibt es auch keine Fische. Man fragt sich, was die Reiher hier so treiben.

Was es gibt, ist viel Uferböschung, in der sich Vögel einnisten können, doch Menschen sollten sich hier erst einmal nicht aufhalten, zu schnell sackt der Rand ab. Dennoch schreibt der Bund für Naturschutz begeistert über zum Beispiel Restloch 120, in dem sich ein Elbebiber angesiedelt hat. In den Ufern anderer Restlöcher wachsen seltene Orchideenpflanzen, woanders nistete sich ein Seeadlerpärchen an. Die biologische Dynamik der Region scheint also nicht zu bremsen zu sein.

Heute steht die Lausitz für das größte Umwelt- und Sanierungsprogramm Europas. Seit der Wende flossen sieben Milliarden Euro in die Region. Mittlerweile arbeiten mehr Menschen an der Rekultivierung des Landes als im Bergbau, der an manchen Stellen noch immer fortgesetzt wird.

Als nach der Wende die Braunkohlekombinate in den Besitz des Bundes übergingen, sah der es nicht als seine Aufgabe, hier einen großen Naturpark anzulegen, sondern verteilte die Aufgabe an private Investoren, Stiftungen und Naturschutzverbände.

Die sollen nun zusehen, dass das Land wieder genest. Dafür ist vor allem viel Phantasie gefragt. Die Kiefern wachsen hier gut, aber Kiefern aus dem benachbarten Polen werden zu Dumpingpreisen angeboten. Manche Orte setzen auf Kunstprojekte, doch kommt keiner, um diese zu sehen. Die einst herrlichen Plattenbauten von Hoyerswerda oder Weißwasser sind auch schlecht zu vermarkten. In der Lausitz gibt es noch etwas in Hülle und Fülle: Findlinge. Durch die letzte Eiszeit wurden sie von Skandinavien mit den Gletschern bis hierher transportiert und blieben da liegen, wo das schmelzende Eis sie ablegte.

Findlinge stehen auch im Garten von Dr. Hans Ulbrich, der die Idee für den Findlingspark hatte. Als Chefgeologe des großen skandinavischen Energiekonzerns der Region nahm ihn Ende der neunziger Jahre ein Freund mit nach Nochten und zeigte ihm, was vom Bergbau übriggeblieben war. »Was würdest du hier tun?«, fragte der Freund. Ulbrich, der damals täglich 120 Kilometer mit dem Auto zur Arbeit fahren musste, nutzte die Fahrzeit zum Überlegen und entwickelte langsam eine Idee. Der größte Besuchermagnet der Region ist nach wie vor der Fürst-Pückler-Park, warum also nicht auch hier einen Park anlegen. Sein Steingarten zu Hause hatte zwar andere Dimensionen, aber das hier war eine Herausforderung, der er sich gerne annahm. Nach seiner Pensionierung wurde das Projekt für ihn zum Lebensinhalt. Er gründete einen Förderverein. Der skandinavische Energieproduzent, zu dessen Aufgaben auch die Rekultivierung gehört, war vom Konzept überzeugt und stiftete Geld. Und der Bund für Arbeit konnte seine ABM-Kräfte sinnvoll unterbringen.

In diesem überdimensionalen Steingarten erwartet man jeden Moment ein »Winke-Winke« von einem Teletubbie. Die Findlinge und die grellen Farben des Heidekrauts erwecken den Eindruck einer Landschaft, in der nichts wirklich erscheint.

Der Park an sich erinnert an den Garten des britischen Künstlers und Filmemachers Derek Jarman, der in Südengland auf einer umwindeten Landzunge auch einen Garten mit Steinen und Heidepflanzen anlegte. Auch dort prägt ein Kraftwerk den Horizont und dampft beängstigende Wolken in den Himmel.

Weltuntergangsstimmung herrscht da. In Nochten sieht man das etwas entspannter. Ulbrich und Co. sind dem Bergbau fast dankbar, dass sie ein solches Projekt wie den Park verwirklichen konnten.

Der Bergbau holt, der Bergbau gibt, so lautet das Mantra der Bewohner der Region.

**Förderverein Lausitzer Findlingspark Nochten e. V.**
**Bautzener Straße 7**
**02943 Boxberg**
**Tel.: 03 57 74 / 747 11**

# Danksagung

*Für alle, die ihre Augen und Ohren offenhalten.*
*Da war's schon wieder, dieses Gefühl von Serendipity.*

Folgenden Personen gilt mein aufrichtiges Danke. Sie haben ihr Wissen mit mir geteilt, mir weiter oder auf die Sprünge geholfen, mich an Ort und Stelle unterstützt.

Reto, Ritter Baldur, Elisabeth (die kühnste Reisende), Frau Schmidt aka Panzer, Heidi und Geert, Theo und Helga, Ute Schnurrer, His Silverness Ralph A., Dt. Botschaft Tokio, Heike Wilhelmi, Herr Bolz, Frau Wielenberg, Herr Jacob, Bar Centrale, Ulrich und Familie, Tanja die lederne Lotusblüte, Uleshka, Irmela, Frau Meyer in Arendsee, Frau Fuchs vom BBK, Reinhard Zapka, Gemeindebüro Kampehl, Familie Schill vom Faklerhof, Herr Hahn von der Erdachsenscharnierschmiernippelkommission, Frau Gruß, Herr Henke in Bautzen, Frau Budig und Frau Fitzner in Waldenburg, Frau Frohriep in Sangerhausen, Herr Spengler, Jürgen Scheffler vom Junkerhaus, Walter Scheele, Herr Mahrenholz, der die Stimmen zum Klingen bringt, Verlag Perlinger, Prof. Kinzelbach, Kakteen Haage, Herr Haßlinger aus Handschuhsheim, Frau Dr. Ludwig vom Kurpfalzmuseum Heidelberg, Fam. Hartung bei den Sandmännern, Herr Mayer aus Waldbröl, Herr Koch aus Bodenwerder, Dr. Jochen Schicht vom Narrenschopf, Herr Riedinger mit seinen Blitzen, Carlo Dietl – Kenner der Magnetfelsen.

# Literatur

1001 Nacht, Arabische Erzählungen, Übersetzung Kurt Weil, Nachdruck: Edition C.o.l.s., Wiesbaden 1982

Gerhard Aick: Deutsche Heldensagen. Verlag Ueberreuther, Wien-Heidelberg, 1963

Ines Anders und Marius Winzeler in: Lausitzer Jerusalem – 500 Jahre Heiliges Grab zu Görlitz, Verlag Gunter Oettel, 2005

Karl Braun: Luisenburg: ein vergessener Landschaftsgarten der Frühromantik, Jonas Verlag, Marburg 2005

Ulrike Budig: Das Waldenburger Naturalienkabinett – ein Museum im Museum, in: Sächsische Museen Band 7: Naturalienkabinett Waldenburg, Sächsische Landesstelle für Museumswesen, Chemnitz, 1999

Gottfried August Bürger: Münchhausen, Reclam, Stuttgart, 1969

Berthold Burkhardt, Haus Schminke: Die Geschichte einer Instandsetzung, Baudenkmäler der Moderne, Karl Krämer Verlag, Stuttgart, 2002

Clemens Caspary: Zum Vernaschen, in: *Die Zeit* 16/1999

Regina Fritsch: Karl Junker und das Junkerhaus: Kunst und Architektur in Lippe um 1900, Verlag für Regionalgeschichte, Bielefeld, 2000

Germanenerbe, Monatszeitschrift für deutsche Vorgeschichte, Heft 9/10, September/Oktober 1940

Ernst Geyer: Hermann Hendrich, Bonavoluntes Verlag (Kurt Frömberg), Krummhübel 1924

Wilfried Hansmann in: Neoklassizistisch und abstrakt – zu den Mosaiken von Otto H. Gerstner, Denkmalpflege im Rheinland, 15. Jahrgang Nr. 2, 2. Vierteljahr 1998, Rheinisches Amt für Denkmalpflege, S. 51

Hengersberger Heimatblätter, Nr. 5/99

Klaus J. Hennig: Malskat, jetzt müssen sie ran: Artikel aus *Die Zeit* 21/2002

Christiane Hoh-Slodczyk: Haus Schminke, Texte zum Haus, Infobrochüre, Wüstenrot Stiftung

Sabine Kebir: Eine Bovary aus Brandenburg, dtv, 1994

Prof. Ragnar K. Kinzelbach: Das Buch vom Pfeilstorch, Basilisken-Presse, Marburg an der Lahn 2005

Andrea Linnebach, Einleitung: Der Fall Raspe, in: Der Münchhausen Autor Rudolf Erich Raspe, euregioverlag, Kassel 2005

Lügenmuseum: Katalog zur Ausstellung. 2007

Jürgen-Kornelius Mahrenholz: Zum Lautarchiv und seiner wissenschaftlichen Erschließung durch die Datenbank IMAGO, www.iasa-online.de/files/2003_Lautarchiv.pdf

Karl Meier: Das schöne alte Lemgo, E. Weege, Lemgo, 1927

Christine Meyer: Gustaf Nagel – Der Provokateur vom Arendsee: eine Dokumentation, Märkischer Kunst- und Heimatverlag, Bismark-Poritz, 2001

Werner Mezger: Das große Buch der schwäbisch-alemannischen Fasnet, Theiss, Stuttgart, 1999

Ingeborg und Werner Perlinger: Seit Jahrhunderten der Drachenstich in Furth, Perlinger Druck GmbH, Furth im Wald, 2007

Alice v. Plato: (K)ein Platz für Karl Marx. Die Geschichte eines Denkmals in Karl-Marx-Stadt, S. 162, in: Adelheid v. Saldern (Hg.): Inszenierte Einigkeit. Herrschaftsrepräsentationen in DDR-Städten, Franz Steiner Verlag 2003, Stuttgart

Krysztof Pomian: Der Ursprung des Museums – Vom Sammeln, Verlag Klaus Wagenbach, Berlin, 1998

Elke Rohling (Hrsg.): Hermann Hendrich, Leben und Werk, Selbstverlag Werdandi, S. 89/99

Birgit Rosendahl-Kraas: Die Stadt der Volkstraktorenwerke, Martina Galunder Verlag, Wiehl 1999

Leopold Schaumann: Der Kahlbutz in Kampehl bei Neustadt an der Dosse, Druck der Kreisblatt Druckerei in Kyritz, 1881

Walter Scheele: Burg Frankenstein: Mythos, Wahrheit, Legende, Societäts Verlag, Frankfurt am Main, 2001

Einar Schleef: Tagebuch 1953–1963, Suhrkamp, Frankfurt/Main 200

Stadt Löbau zu Berge, Dewag Werbung Dresden, 1959

Alfred Stange: Der Schleswiger Dom und seine Wandmalereien, Ahnenerbe Verlag, Berlin-Dahlem, 1940

Tatarische Texte, nach den in der Lautabteilung der Staatsbibliothek befindlichen Originalplatten, Herausgegeben, übersetzt und erklärt von Gotthold Weil, Berlin und Leipzig, Walter de Gruyter & Co., 1930

Vademecum, Zeitschrift für lustige Leute, Berlin 1781 in: Gottfried August Bürger, Münchhausen, Reclam, Stuttgart, 1969

David Friedrich Weinland: Rulaman, Erzählung aus der Zeit des Höhlenmenschen und des Höhlenbären, Knödler Verlag, Reutlingen, 2005

Alida Weiss: Wer war Münchhausen wirklich? Bodenwerder 1960

Edwin Wilhelmi: Bruno Wilhelmi – der Gründer Edens, 1933, Eden Zeitschrift

Bruno Wilhelmi: Aufforderung und Plan zur Gründung einer Obstbaukolonie bei Berlin, 1893, Vegetarische Rundschau, 141

# Anmerkungen

1 Walter Scheele: Burg Frankenstein: Mythos, Wahrheit, Legende, Societäts Verlag, Frankfurt am Main 2001, S. 102.

2 »Sindbad der Seefahrer«, in: 1001 Nacht, Arabische Erzählungen, Übersetzung Kurt Weil, Nachdruck: Edition C.o.l.s., Wiesbaden 1982.

3 »Gudrunlied«, in: Gerhard Aick: Deutsche Heldensagen. Verlag Ueberreuther, Wien-Heidelberg 1963.

4 Franz Gruß, Vater der Saurier und Erbauer des Sauriergartens Großwelka, des Saurierparks Kleinwelka und Urzeitparks Sebnitz, Informationsbroschüre.

5 Ebd.

6 Zeitschrift »Spectrum«, 1984.

7 Franz Gruß, Vater der Saurier und Erbauer des Sauriergartens Großwelka, des Saurierparks Kleinwelka und Urzeitparks Sebnitz, Informationsbroschüre.

8 Einar Schleef, Tagebuch 1953–1963, Suhrkamp, Frankfurt am Main 2004, S. 145.

9 Aus einer Rede anlässlich des 130. Geburtstages von Adolf Gustav Spengler, gehalten von seinem Enkel.

10 Ingeborg und Werner Perlinger: Seit Jahrhunderten der Drachenstich in Furth, Perlinger Druck GmbH, Furth im Wald 2007, S. 40.

11 Ebd., S. 74.

12 Ebd.

13 Ebd., S. 62.

14 Freerk Haye Hamkens: Der Truthahn im Dom zu Schleswig, in: Germanenerbe, Monatszeitschrift für deutsche Vorgeschichte, Heft 9/10, September/Oktober 1940.

15 Alfred Stange: Der Schleswiger Dom und seine Wandmalereien, Ahnenerbe Verlag, Berlin-Dahlem 1940, S. 88.

16 Ebd., S. 60.

17 Ebd., Klappentext innen.

18 Ebd., S.74.

19 Klaus J. Hennig: »Malskat, jetzt müssen sie ran«, Artikel aus *Die Zeit*, 21/2002.

20 Prof. Ragnar K. Kinzelbach: Das Buch vom Pfeilstorch, Basilisken-Presse, Marburg an der Lahn 2005, S. 12.

21  Ebd., S. 21.

22  Ebd., S. 17.

23  Hermann Hendrich in: Elke Rohling (Hrsg.): Hermann Hendrich, Leben und Werk, Selbstverlag Werdandi, S. 89/99

24  Ebd.

25  Ebd., S. 76/77.

26  Ebd., S. 82.

27  Ernst Geyer: Hermann Hendrich, Bonavoluntes Verlag (Kurt Frömberg), Krummhübel 1924, S. 7.

28  Christine Meyer: Gustaf Nagel: Der Provokateur vom Arendsee: eine Dokumentation, Märkischer Kunst- und Heimatverlag, Bismark-Poritz 2001, S. 49.

29  Ebd., S. 171.

30  *Chemnitzer Tageszeitung* vom 2. September 1934, S. 135.

31  Ebd., S. 48.

32  Ebd., S. 65.

33  Ebd., S.154, 20. Oktober 1933.

34  Ebenso S. 157: *Berliner Tagblatt* vom 13.6.1934

35  Karl Meier: Das schöne alte Lemgo, E. Weege-Lemgo, 1927.

36  Stadtarchiv Lemgo, Ansichtskartensammlung, in: Jürgen Scheffler, Lemgo und das Junkerhaus, in: Regina Fritsch, Karl Junker und das Junkerhaus. Kunst und Architektur in Lippe um 1900, Verlag für Regionalgeschichte, Bielefeld 2000, S. 112.

37  Führer durch das Solbad Salzuflen nebst Touren nach dem Lippischen Hügellande, dem Teutoburger Walde und Wesergebirge. Salzuflen 1895, S. 32, in: Jürgen Scheffler, Lemgo und das Junkerhaus, in: Regina Fritsch, Karl Junker und das Junkerhaus: Kunst und Architektur in Lippe um 1900, Verlag für Regionalgeschichte, Bielefeld 2000, S. 111.

38  *Lippische Post* vom 31. Januar 1912 in: Jürgen Scheffler, Lemgo und das Junkerhaus, in: Regina Fritsch: Karl Junker und das Junkerhaus: Kunst und Architektur in Lippe um 1900, Verlag für Regionalgeschichte, Bielefeld, 2000, S. 112

39  Gutachterliche Stellungnahme des Oberbaurates Karl Vollpracht vom 18. September 1952, in: Jürgen Scheffler, Lemgo und das Junkerhaus, in: Regina Fritsch: Karl Junker und das Junkerhaus: Kunst und Architektur in Lippe um 1900, Verlag für Regionalgeschichte, Bielefeld, 2000, S. 118.

40  Stadtarchiv Lemgo, A1055, in: ebd., S. 119.

41  Nordrhein-Westfälisches Stadtarchiv Detmold, D 106 Detmold Nr. 25 in: Jörg Katerndahl: Karl Junkers Werk als Quelle psychiatrischer

Begutachtung nach dem Tode, in: Regina Fritsch: Karl Junker und das Junkerhaus: Kunst und Architektur in Lippe um 1900, Verlag für Regionalgeschichte, Bielefeld 2000, S. 95.

42 David Friedrich Weinland: Rulaman: Erzählung aus der Zeit des Höhlenmenschen und des Höhlenbären, Knödler Verlag, Reutlingen 2005.

43 Karl Braun: Luisenburg: ein vergessener Landschaftsgarten der Frühromantik, Jonas Verlag, Marburg 2005, S. 36/37.

44 Ebd., S. 53.

45 Ebd., S. 90/91.

46 Edwin Wilhelmi: Bruno Wilhelmi – der Gründer Edens, 1933, Eden Zeitschrift

47 Wilhelmi, Bruno: Aufforderung und Plan zur Gründung einer Obstbaukolonie bei Berlin, Vegetarische Rundschau 1893, S. 141.

48 Gründung und Entwicklung Edens, Oskar Mummert, 1918.

49 Ebd.

50 Eden als Stätte der Lebenserneuerung, Ernst Landmann, 1918.

51 Karl Bartes: Die Edener Obstverwertung, 1918, Archiv Eden.

52 Franz Fischer: Das Schwundgeld von Schwanenkirchen, in: Hengersberger Heimatblätter, Nr. 5/99, S.10.

53 Christiane Hoh-Slodczyk: Haus Schminke, Texte zum Haus, Infobrochüre, Wüstenrot Stiftung, S. 13.

54 Ebd.

55 Ebd., S. 14

56 Helga Zumpfe, Erika Inderbiethen: Das Haus unserer Familie, ein persönlicher Rückblick in: Berthold Burkhardt, Haus Schminke – die Geschichte einer Instandsetzung, Baudenkmäler der Moderne, Karl Krämer Verlag, Stuttgart 2002, S. 92.

57 Ebd., S. 91.

58 Ebd.

59 Ebd.

60 Klaus Kürvers: Der Entwurf zum Landhaus Schminke, in: Berthold Burkhardt, Haus Schminke – die Geschichte einer Instandsetzung, Baudenkmäler der Moderne, Karl Krämer Verlag, Stuttgart 2002, S. 41.

61 Stadt Löbau zu Berge, Dewag Werbung Dresden, 1959, S. 41.

62 Ulrike Budig: Das Waldenburger Naturalienkabinett – ein Museum im Museum, in: Sächsische Museen Band 7: Naturalienkabinett Waldenburg, Sächsische Landesstelle für Museumswesen, Chemnitz 1999, S. 10.

63 Krysztof Pomian: Der Ursprung des Museums – Vom Sammeln, Verlag Klaus Wagenbach, Berlin 1998, S. 57.

64 Ulrike Budig: Ein Kabinett voller Raritäten – die Linck-Sammlung, in: Sächsische Museen Band 7: Naturalienkabinett Waldenburg, Sächsische Landesstelle für Museumswesen, Chemnitz 1999, S. 19.

65 Dr. Dietmar Müller: Monstrum Humanum – die anatomische Sammlung, in: Sächsische Museen Band 7: Naturalienkabinett Waldenburg, Sächsische Landesstelle für Museumswesen, Chemnitz 1999, S. 91.

66 Originalaufschrift

67 Originalaufschrift

68 Tatarische Texte, nach den in der Lautabteilung der Staatsbibliothek befindlichen Originalplatten, Herausgegeben, übersetzt und erklärt von Gotthold Weil, Berlin und Leipzig, Walter de Gruyter & Co., 1930, S. 108/109

69 Ebd.

70 Jürgen-Kornelius Mahrenholz: Zum Lautarchiv und seiner wissenschaftlichen Erschließung durch die Datenbank IMAGO, www.iasa-online.de/files/2003_Lautarchiv.pdf.

71 Alice v. Plato: (K)ein Platz für Karl Marx. Die Geschichte eines Denkmals in Karl-Marx-Stadt, S. 162, in: Adelheid v. Saldern (Hg.): Inszenierte Einigkeit. Herrschaftsrepräsentationen in DDR-Städten, Franz Steiner Verlag, Stuttgart 2003.

72 Ebd., S. 166: Interview von Peter Fibich mit Richard Hase, Pseud., Sept. 2001.

73 Ebd., S. 179.

74 Clemens Caspary: Zum Vernaschen, in: *Die Zeit* 16/1999.

75 Ebd.

76 Gottfried August Bürger: Münchhausen, Reclam, Stuttgart 1969, S. 36.

77 Vademecum, Zeitschrift für lustige Leute, Berlin 1781, in: Gottfried August Bürger, Münchhausen, Reclam, Stuttgart 1969, S. 136.

78 Alida Weiss: Wer war Münchhausen wirklich?, Bodenwerder 1960, S. 16.

79 Andrea Linnebach, Einleitung: Der Fall Raspe, in: Der Münchhausen Autor Rudolf Erich Raspe, euregioverlag, Kassel 2005, S 11.

80 Staatsarchiv Marburg, Steckbrief zur Ergreifung Raspes, 17. März 1775, in: Andrea Linnebach, Einleitung: Der Fall Raspe, in: Der Münchhausen Autor Rudolf Erich Raspe, euregioverlag, Kassel 2005, S 11.

81 Bernhard Wiebel: Raspes Münchhausen lügt nicht oder: Munchhausen on German Volcano, in: Andrea Linnebach (Hrsg.), Der Münchhausen Autor Rudolf Erich Raspe, euregioverlag, Kassel 2005, S. 128.

82 Gottfried August Bürger: Münchhausen, Reclam, Stuttgart 1969, S. 49/50.

83 Lügenmuseum: Katalog zur Ausstellung. 2007, S. 40.

84 Ebd., S. 36.

85 Ebd., S. 95.

86 Ines Anders und Marius Winzeler in: Lausitzer Jerusalem – 500 Jahre Heiliges Grab zu Görlitz, Verlag Gunter Oettel 2005, S. 47.

87 Ebd., S. 96.

88 Ebd.

89 Leopold Schaumann: Der Kahlbutz in Kampehl bei Neustadt an der Dosse, Druck der Kreisblatt Druckerei in Kyritz, 1881.

90 Ebd.

91 Sabine Kebir: Eine Bovary aus Brandenburg, dtv, 1994, S. 57.

92 Ebd., S. 10/11.

93 Frieder Hepp: Kurpfälzisches Museum Heidelberg, Sammlungsblatt, Kunstwerk des Monats, Januar 2003.

94 Ebd.

95 Ebd.: zitiert aus dem *Heidelberger Tagblatt* vom 24. 7. 1935.

96 Werner Mezger: Das große Buch der schwäbisch-alemannischen Fasnet, Theiss, Stuttgart, 1999, S. 153 / Generallandesarchiv Karlsruhe 229/ 405, spez. Akten Elzach

97 Ebd., S. 28.

98 Ebd., S. 30.

99 Svenja Baumgarten, Magisterarbeit Universität Siegen: KDF Hotel Waldbröl, Umgang mit der Architektur des Dritten Reiches, Sommersemester 2007, S. 25: Zitat von Robert Ley aus der Rede vom 24. 12. 1940 vor 500 geladenen Gästen im Althoffschen Saal. In: Otto Budde: Waldbröl wie es wurde, was es ist, Oberbergische Reihe, Band 2, Verlag Gronenberg, Gummersbach, 1981, 462–471.

100 Birgit Rosendahl-Kraas: Die Stadt der Volkstraktorenwerke, Martina Galunder Verlag, Wiehl 1999, S. 50

101 Wilfried Hansmann in: Neoklassizistisch und abstrakt – zu den Mosaiken von Otto H. Gerstner, Denkmalpflege im Rheinland, 15. Jahrgang Nr. 2, 2. Vierteljahr 1998, Rheinisches Amt für Denkmalpflege, S. 51

102 Ebenso, S. 85, oder: Auszug aus dem Schreiben des Regierungspräsidenten Köln an die Wehrbereichsverordnung, 8. 2. 1990, Düsseldorf.

103 Monika Herzog: Architekturführer Vogelsang, Edition B, Köln 2007, S. 26

# Register

## A
Alexandersbad 109
Altenberg 128, 130, 132 f.
Arendsee 76–86

## B
Babelsberg 139
Bad Muskau 248
Barbarastollen 7, 24 ff., 30 f.
Bautzen 20, 23, 236–240
Bayreuth 106
Bechstein, Ludwig 138
Beier, Volker 173
Bergisches Land 128, 241
Berlin 40 f., 54, 59, 69, 71 f.,
    80, 84 f., 91 ff. 113 f., 116, 121,
    126, 132, 143, 162, 165, 167 f.,
    170, 172 f., 192, 198, 205, 210,
    230, 244, 251
Bernstadt auf dem Eigen 177 ff.
    181 f.
Blaubeuren 95, 98 ff.
Bodenwerder 183–186, 190 f.
Bonn-Lengsdorf 31
Boxberg-Nochten 248, 251 f.
Brocken 69
Bürger, Gottfried August 190
Burg an der Wupper 74

## C
Cage, John 31 ff.
Celle 126
Chemnitz 82, 159, 169 ff. 175 f.

## D
Darmstadt-Eberstadt 9
Detmold 219, 221
Diebach 101, 103
Dinkelsbühl 36 ff.
Doegen, Wilhelm 164 ff.
Dornheim, Heinrich 142 f.
Düsseldorf 61

## E
Eden 113–118
Eisenhüttenstadt 170
Elbsandsteingebirge 22
Elsner, Jürgen 167
Elzach 222 f., 224–229
Emmerich
–, Georg 199 ff.
–, Urban 201
Erfurt 42, 118, 146 f., 149, 152 f.,
    198

## F
Ferch 30
Fichtelgebirge 104 f.
Fingerin, Agnete 201 f.
Frankfurt am Main 40, 155
Freiburg 24, 31, 224, 229
Furth im Wald 47–54

## G
Gantikow 192, 195 f., 198
Gerhardts, Karl 155
Gesell, Silvio 116, 118
Gießen 10
Goebbels, Joseph 214

**263**

Görlitz 168, 199–204
Gräfenroda 140, 142–145
Griebel
–, Philipp 143 ff.
–, Reinhard 144 f.
Grimm, Jakob u. Wilhelm 11, 133
Großwelka 18, 21, 23
Gruß, Franz 16–23

**H**
Haage
–, Friedrich Adolf 149
–, Hans-Friedrich 152
–, Hans Peter 149
– ,Ulrich 148 f., 152
–, Walter 150 ff.
Halberstadt 32–35
Halle an der Saale 43, 85, 154
Hamburg 61, 91, 108 f., 136, 205,
  209
Hamm 230 ff., 235
Hannover 70, 93
Harz 39, 41
Hasenmayer, Jochen 96 f.
Hebecker, Max 119 f.
Heidelberg 212, 215, 218
Heiligenberg 211 f., 215, 217 f.
Hendrich, Hermann 68–74
Honecker, Erich 174
Horn / Bad Meinberg 221
Hoyerswerda 251

**J**
Junker, Karl 87–94

**K**
Kampehl 205–211
Karl-Marx-Stadt 169–176
Karlsbad 111
Kassel 188 ff.
Kemnade 187

Kerbel, Lew 170, 172 f.
Kinzelbach 65
Kirchzarten 31
Kleinwelka 16, 18, 21, 23
Klütz 63
Koblenz 28
Köln 132, 175, 180, 200, 239
Königsberg 60
Königswinter 73, 75
Kyffhäuser 39, 70

**L**
Leipzig 143, 155, 158 f., 203, 208,
  250
Lemgo 87–94
Ley, Robert 240–243
Linck
–, Heinrich 155–159
–, Johann 158
Löbau 121, 126 f., 177
Lübeck 59 f.

**M**
Malskat, Lothar 59 ff.
Markt Hengersberg 118, 120
Marx, Karl 169–173, 176
Meiningen 135, 138
Mühltal 15
München 27, 49, 52, 71, 91 f., 103
Mummert, Oskar 115

**N**
Nagel, Gustaf 76–86
Neustadt an der Dosse 205, 209
Nieder-Beerbach 11 f.
Nürnberg 141, 146, 180

**O**
Oberammergau 48 f., 51
Oberländer, Karl Ferdinand 155,
  159 f.

Oberried 24 f., 27 f., 30 f.
Odenthal 133
Odenwald 9, 11, 14
Olbers, Hans 57 f.
Oranienburg 117

**P**

Pausa 177–182
Potsdam 30, 139
Prora 243, 245

**R**

Rabenalt, Theodor 52
Raspe, Rudolf Erich 187–190
Reichart, Christian 147
Reichel, Karl Ferdinand 155
Riedinger, Richard 45f
Riesengebirge 72
Rostock 62 f., 65 f.
Rothenburg ob der Tauber 36, 236

**S**

Saalefeld 138
Sangerhausen 39, 42 ff.
Scharoun, Hans 121–126
Schauinsland 24
Scheele, Walter 11 f.
Schleef, Einar 39 ff.
Schleiden 247
Schleswig 55 f., 58, 60 f.
Schminke, Fritz und Charlotte 121–127
Schneider, Wilhelm 131 f.
Schreiberhau 72
Schumann, Heinz 173
Schwanenkirchen 118 ff.
Schwarzwald 24 f., 27 f., 31 f., 222, 224 f., 228
Sebnitz 22 f.
Sehringer, Bernhard 69

Shelley, Mary 11 f.
Siegen 241 f.
Siva Sri Arumugam Paskaraku-rukkal 230 f.
Spengler, Gustav Adolf 38, 40–44
Stange, Alfred 58 ff.
Stendal 76
Stumpf, Carl 166 f.
Stuttgart 28, 122, 229

**T**

Teutoburger Wald 219
Thale 67, 69 f., 75
Trossingen 32

**U**

Uchtspringe 85 f.
Übach-Palenberg 46
Ulbrich, Dr. Hans 251 f.
Ulbricht, Walter 173
Ulm 95 f.
Unteroestheim 101 ff.

**V**

Vetter, Karl 99 f.
Vogelsang 244, 246 f.
von Braunschweig, Prinz Anton Ulrich 184 f.
von Frankenstein, Johann Konrad Dippel 10, 12
von Gigantikow, Richard 196 f.
von Hohenbüssow, Emma 193 f., 196
von Kahlbutz, Christian Friedrich 205–211
von Münchhausen, Freiherr Carl Friedrich Hieronymus 183–191
von Schönburg-Waldenburg, Fürst Otto Victor I. 154 f.

## W

Wachler, Ernst 70
Waldbröl 241 ff., 245
Waldenburg 154, 158–161
Walldorf 134, 136 f., 139
Weißwasser 251
Wenker, Georg 163
Werben 78
Wiebel, Bernhard 189 f.
Wilhelmi, Bruno 113 f.

Wolfgangsee 97
Wollseifen 247
Wunsiedel 104–112
Wuppertal 241 f.,

## Z

Zapka, Reinhard 198
Zipser, Katharina 197

Tobias Micke

# Kuhl!

Das Almhandbuch für Stadtmenschen

Drei Monate ohne Kühlschrank, Waschmaschine und TV. Heißes Wasser zum Duschen nur nach dem Holzhacken. Zweimal täglich die Milchkuh melken, 74 übermütige Jungrinder davon abhalten, nach Italien auszuwandern, ein Kalb zur Welt bringen und den Landwirten im Tal beweisen, dass auch ein Stadtmensch mit viel Einsatz den verantwortungsvollen Job eines Viehhirten bewältigen kann.

Tobias Micke hat es getan: Er hat sich eine Auszeit vom hektische Alltag genommen, um einen langen wunderbaren Sommer auf einer abgelegenen Alm in Kärnten zu verbringen. Und mitten im alltäglichen Kuh-Chaos fand er schließlich auch die Ruhe ein, die er gesucht hatte.

Mit vielen Hirtentipps aus der Almpraxis, leckeren Rezepten, einem Sprachkurs in Rindisch und großem Alm-Anach.

Knaur Taschenbuch Verlag

Lars Weisbrod

# Oh, wie schön ist Parkhaus 4

## Reisen um die Ecke

Haben Sie schon einmal einen Baumarkt besucht, während dort eines dieser Heimwerkerseminare stattfindet? Oder kennen Sie den ganz besonderen Zauber eines Möbelhauses, den man nur nachts und völlig allein erleben kann? Und sind Sie schon einmal in der Autowaschanlage sitzen geblieben, wenn dort all die Wischer, Wäscher und Wachser ihre Arbeit aufnehmen?

Lars Weisbrod hat diese und viele weitere Orte besucht und dabei den ganz besonderen Reiz der „Reisen um die Ecke" kennengelernt. So sind seine Reiseerlebnisse aus dem Alltag eine Einladung für uns alle – zur Entdeckungsreise in die eigene Nachbarschaft

Knaur Taschenbuch Verlag

Sabrina Fox

# Mrs. Fox will wieder heim

Wie ich die Amerikaner verstehen
und die Deutschen lieben lernte

Einmal L.A. und zurück: Bestsellerautorin Sabrina Fox lädt ein
zu einem Blick hinter die Kulissen der vorhanglosen Traumvil-
len. Mit einem Augenzwinkern erzählt sie vom Alltag in Bever-
ly Hills, von den typisch deutschen und amerikanischen Eigen-
heiten und davon, zu welch skurrilen Situationen diese mitunter
führen können.
Sie berichtet aber auch, wie die Distanz zur Heimat über die Jahre hinweg ihren Blick auf Deutschland veränderte, und wie der
Aufenthalt in einem fremden Land sie wichtige Lektionen fürs
Leben lehrte.

Eine charmante Liebeserklärung an Amerika – unterhaltsam und
sehr persönlich!

Knaur Taschenbuch Verlag